权威·前沿·原创

皮书系列为
“十二五”“十三五”国家重点图书出版规划项目

贵州蓝皮书

BLUE BOOK OF GUIZHOU

贵州文化产业发展报告（2016~2017）

ANNUAL REPORT ON CULTURAL INDUSTRY DEVELOPMENT OF GUIZHOU (2016-2017)

主　编／黄　勇　王　前
副主编／蒋莉莉　卯　涛　蔡　伟

社会科学文献出版社
SOCIAL SCIENCES ACADEMIC PRESS (CHINA)

图书在版编目(CIP)数据

贵州文化产业发展报告 . 2016 – 2017 / 黄勇，王前主编 . -- 北京 : 社会科学文献出版社，2019. 11
（贵州蓝皮书）
ISBN 978 – 7 – 5201 – 2125 – 5

Ⅰ. ①贵… Ⅱ. ①黄… ②王… Ⅲ. ①文化产业 – 产业发展 – 研究报告 – 贵州 – 2016 – 2017 Ⅳ. ①G127. 73

中国版本图书馆 CIP 数据核字（2017）第 328120 号

贵州蓝皮书
贵州文化产业发展报告（2016 ~2017）

主　　编 / 黄　勇　王　前
副 主 编 / 蒋莉莉　卯　涛　蔡　伟

出 版 人 / 谢寿光
责任编辑 / 薛铭洁　陈晴钰

出　　版 / 社会科学文献出版社 · 皮书出版分社（010）59367127
地址：北京市北三环中路甲 29 号院华龙大厦　邮编：100029
网址：www. ssap. com. cn
发　　行 / 市场营销中心（010）59367081　59367083
印　　装 / 三河市龙林印务有限公司

规　　格 / 开 本：787mm × 1092mm　1/16
印 张：16. 25　字 数：244 千字
版　　次 / 2019 年 11 月第 1 版　2019 年 11 月第 1 次印刷
书　　号 / ISBN 978 – 7 – 5201 – 2125 – 5
定　　价 / 128. 00 元

皮书序列号 / PSN B – 2018 – 686 – 11/15

《贵州文化产业发展报告》编辑部

主要编撰者简介

黄　勇　贵州省社会科学院区域经济研究所所长、研究员，贵州省省管专家，省宣传文化系统“四个一批”人才。先后就读于武汉大学（法学学士，主修社会学，辅修经济学）、中国社会科学院研究生院（经济学硕士、经济学博士研究生）。主要研究方向为区域经济、产业经济、投资经济、发展经济学。1996年7月以后在贵州省社会科学院工作，分别于2001年、2006年、2009年被评为助理研究员、副研究员、研究员（破格），2008年任西部开发研究所副所长，2012年任区域经济研究所所长。1997~1998年挂职担任贵州省独山县水岩乡政府乡长助理，2010~2012年挂职担任贵州省万山区委常委、副区长，工业园区管委会副主任。2007~2008年在国家发展和改革委员会宏观经济研究院做“西部之光”访问学者，2015~2016年为荷兰乌德勒支大学（Utrecht University）访问学者。至2016年，先后主持国家社科基金项目1项、省级项目10项、其他类项目20多项，参与各级各类课题60多项，独立、合作出版专著10部，公开发表论文40余篇。

王　前　贵州省社会科学院区域经济研究所助理研究员，贵州省社会科学院贵州文化产业发展研究中心执行副主任。1987年毕业于中央民族大学经济系政治经济学专业，先后在贵州省社会科学院《西部开发》杂志任编辑，农业经济研究所、城市经济研究所、区域经济研究所从事区域经济、产业经济、民族经济研究。1987年9月至1988年7月到贵州省从江县支教，1993~2002年停薪留职在外创业。编辑出版成果近100万字，在公开发行刊物上发表文章30多篇，主持完成贵州省软科学课题1项、其他课题10余项，参与各类课题研究近百项。

摘　要

《贵州文化产业发展报告（2016～2017）》以“十三五”时期贵州文化产业发展为主题，由总报告、专题研究篇、案例篇、大事记等部分组成。“十二五”以来，贵州文化产业规模不断壮大，结构不断优化，“文化+”发展战略成效初现，产业发展平台不断夯实，发展环境不断优化，“多彩贵州”文化品牌培育取得良好成效，国有文化企业改革深入推进，形成了报业、期刊、广电、出版、演艺、影视、互联网、文化创意等产业优势互补、竞相发展的格局。“十三五”时期，贵州文化产业发展既迎来政策累积效应叠加、市场需求增大、新技术的融合创新等有利条件，也面临企业整体竞争力缺乏、集聚程度不高、资金不足等不利条件。加快文化产业发展，要优化文化产业发展布局，发展壮大文化市场主体，推动产业结构转型升级，扩大产业发展规模，鼓励和引导文化产品消费，强化文化产业人才培养。同时，要加大文化产业投入，搭建产业发展平台，注重产品的开发与创新，突出品牌打造，做好项目规划，促进产业健康发展。本书对贵州省广电产业、旅游产业、传媒产业等行业发展，以及文化产业园区（基地）、文化企业上市融资、文化与旅游产业的融合发展、民族地区的文化产业发展进行了专题研究；对我国西部、中部、东部地区文化创意产业发展进行了比较，从中总结出发达地区文化产业发展的有益启示和经验。另外，本书对平塘大射电文化旅游产业、万峰林文化旅游产业、安顺文化产业、铜仁电子商务产业，以及印江县、思南县的文化旅游产业发展等案例进行了研究分析。

Abstract

The 2016 – 2017 Cultural Industry Development Report of Guizhou takes the thinking of the development of Guizhou's cultural industry during the 13th Five-Year Plan period as the theme, which consists of general articles, specific research articles, case studies and memorabilia. Since the "12th Five-year Plan" period, the scale of cultural industries in Guizhou has been continuously expanded and the structure has been optimized. The development strategy of "Culture +" has initially proved to be success. The industrial development platform has been continuously strengthened and the development environment has been continuously optimized. The cultivation of "colorful Guizhou" is effective. The deepening reform of the state-owned cultural enterprises has contributed to a pattern in which newspapers, periodicals, radio and television, publishing, performing arts, film and television, Internet, and cultural and creative industries complement each other and compete for development. During the "13th Five-Year Plan" period, the development of Guizhou's cultural industry was not only provided with favorable conditions such as cumulative effects of policies, increased market demand and the integration of new technologies, but also faced unfavorable conditions such as the lack of overall competitiveness, low level of agglomeration and insufficient funds. To speed up the development of cultural industries, we must optimize the layout of cultural industries, develop the main body of cultural markets, promote the transformation and upgrading of industrial structure, as well as expand the scale of industrial development, encourage and guide the consumption of cultural products, and strengthen the cultivation of qualified personnel in cultural industries. At the same time, we should increase investment in cultural industries and build an industrial development platform with much attention to product development and innovation, highlighting brand building for reasonable project planning and promoting the healthy development of the industry. The author of the book, in terms of the radio and television industry, tourism, media industry and other industries and cultural industries Park (base) , listing and financing of cultural enterprises, industrial integration of culture and tourism and development of cultural industries in ethnic regions in Guizhou Province, conducted a specific study; with the central and eastern regions, the development of cultural and creative industries in the western part of China were also compared and the beneficial enlightenments and experiences of the developed regions were drawn. In addition, in the book case studies of the Pingtang radio telescope and cultural tourism industry, Wan Fenglin cultural tourism industry, Anshun cultural industry, Tongren e-commerce industry, and the development of cultural tourism industries in Yinjiang County, Sinan County, were analyzed.

目 录

Ⅰ 总报告

B.1 “十三五”时期贵州文化产业发展思考
…………………… 黄 勇 王 前 蔡 伟 陈绍宥 龙海峰 / 001

Ⅱ 专题研究篇

B.2 “十三五”贵州省文化产业总体发展分析 ………………… 龙海峰 / 016
B.3 新常态下贵州省文化产业发展思考……………………… 陈加友 / 035
B.4 新形势下的贵州文化创意产业发展思考………………… 龙海峰 / 054
B.5 新形势下的贵州广电产业发展思考…………… 朱 微 龙海峰 / 067
B.6 新形势下的贵州旅游业发展研究……………………… 陈绍宥 / 082
B.7 贵州省文化企业上市路径研究………………………… 王红霞 / 088
B.8 贵州省文化产业园区与基地发展的实践与思考………… 王红霞 / 102
B.9 贵州媒体融合发展思考……………………………… 李迎喜 / 110
B.10 贵州民族地区文化产业发展报告 …………… 王 前 龙海峰 / 122
B.11 我国旅游文化的发展走向及路径探析 ……… 王安忠 唐在锦 / 133

B.12 文旅融合视野下历史文化风貌区的旅游开发与保护研究 …… 刘心一 / 140
B.13 “旅游”与“房地产”概念及关系浅述 …… 陈　果 / 150
B.14 安顺屯堡文化资源在文化旅游融合发展中的保护利用现状调查 …… 高守应 / 160

Ⅲ　案例篇

B.15 贵州平塘国际天文科技文化旅游集聚区发展思路研究 …… 蒋莉莉 / 172
B.16 人与自然可持续发展的新型探索与实践 …… / 177
B.17 以文为魂　以产兴业 …… 安顺市文化产业发展委员会办公室 / 191
B.18 地方发展电子商务产业园的问题研究 …… 铜仁市文改文产领导小组办公室 / 199
B.19 推进印江文化事业和文化产业繁荣发展 …… 黄继生 / 210
B.20 绽放“黔中首郡”文化与旅游融合发展新魅力 …… 黄　勇　王　前 / 222

Ⅳ　大事记

B.21 2016年文化产业大事记 …… 王　曼 / 236

皮书数据库阅读**使用指南**

CONTENTS

I General Report

B.1 Reflections on the Development of Guizhou Cultural Industry during the 13th Five Year Plan
Huang Yong, Wang Qian, Cai Wei, Chen Shaoyou and Long Haifeng / 001

II Special Reports

B.2 General Analysis on the Development of Cultural Industry in Guizhou Province during the 13th Five Year Plan *Long Haifeng* / 016

B.3 Reflections on the Development of Guizhou Cultural and Creative Industries under the New Normal *Chen Jiayou* / 035

B.4 Thinking on the Development of Guizhou Cultural and Creative Industries in the New Situation *Long Haifeng* / 054

B.5 Reflection on the Development of Radio and TV Industry in Guizhou in the New Situation *Zhu Wei, Long Haifeng* / 067

B.6 A Study on the Development of Guizhou Tourism under the New Situation *Chen Shaoyou* / 082

B.7 Research on the Listing of Cultural Enterprises in Guizhou Province *Wang Hongxia* / 088

B.8 Practice and Reflection on the Development of Cultural Industry Parks and Bases in Guizhou Province *Wang Hongxia* / 102

B.9 Reflection on Guizhou Media Integration Development *Li Yingxi* / 110

B.10 Guizhou Ethnic Minority Cultural Industry Development Report *Wang Qian, Long Haifeng* / 122

B.11 The Development Trend and Approaches of Tourism Culture in China *Wang Anzhong, Tang Zaijin* / 133

B.12 A Study on Tourism Development and Protection of Historical and Cultural Districts from the Perspective of the Combination of Culture and Travel *Liu Xinyi* / 140

B.13 Travel and Real Estate and Their Relationship *Chen Guo* / 150

B.14 An Investigation on Protection and Utilization of Tunbao Culture Resources for Culture and Tourism Development in Anshun *Gao Shouying* / 160

Ⅲ Example Reports

B.15 A Study on the Development of Astronomical Science and Technology Cultural Tourism Gathering Area in Pingtang, Guizhou Province *Jiang Lili* / 172

B.16 New Exploration and Practice of Sustainable Development of Human and Nature / 177

B.17 Take Culture as Soul to Achieve Industrial Prosperity *Anshun Cultural Industry Development Committee Officet* / 191

B.18 Research on Local Development of E-commerce Industrial Park *Tongren Cultural Reform and Cultural Industry Leading Group Office* / 199

B.19 Promote the Cultural Industries in Yinjiang for Prosperity and Development of Cultural Industries *Huang Jisheng* / 210

B.20 Blooming the New Charm of the Integration Development of Culture and Tourism in the First County of Central Guizhou

Huang Yong, Wang Qian / 222

Ⅳ Memorabilia

B.21 Events in Cultural Industries in 2016 *Wang Man* / 236

总报告

General Report

B.1
"十三五"时期贵州文化产业发展思考

黄勇　王前　蔡伟　陈绍宥　龙海峰*

摘　要："十二五"以来，贵州文化产业规模不断壮大，结构不断优化，"文化+"发展战略成效初现，产业发展平台不断夯实，发展环境不断优化，"多彩贵州"文化品牌培育取得良好成效，国有文化企业改革深入推进，形成了报业、期刊、广电、出版、演艺、影视、互联网、文化创意等产业优势互补、竞相发展的格局。"十三五"时期，贵州文化产业发展既迎来政策累积效应叠加、市场需求增大、新技术的融合创新等有

* 黄勇，贵州省社会科学院贵州文化产业发展研究中心执行主任、研究员，中国社会科学院研究生院经济学博士，研究方向为区域经济、产业经济、投资经济、发展经济学；王前，贵州省社会科学院贵州文化产业发展研究中心副主任，研究方向为区域经济、产业经济、文化产业；蔡伟，贵州省社会科学院区域经济研究所助理研究员，研究方向为区域经济、产业经济；陈绍宥，贵州省社会科学院区域经济研究所助理研究员、博士，研究方向为区域经济、新兴产业；龙海峰，贵州省清镇市委党校讲师，研究方向为区域经济、产业经济。

利条件，也面临企业整体竞争力缺乏、集聚程度不高、资金不足等不利条件。加快文化产业发展，要优化文化产业发展布局，发展壮大文化市场主体，推动产业结构转型升级，扩大产业发展规模，鼓励和引导文化产品消费，强化文化产业人才培养。同时，要加大文化产业投入，搭建产业发展平台，注重产品的开发与创新，突出品牌打造，做好项目规划，促进产业健康发展。

关键词： 文化产业　发展战略　“十三五”时期

一　“十二五”文化产业发展回顾

（一）主要成就

“十二五”以来，全省上下坚持“加速发展、加快转型、推动跨越”主基调，围绕将文化产业打造成国民经济重要支柱产业的奋斗目标，努力克服全国经济下行带来的不利挑战，以深入推进文化体制改革、营造良好发展环境、积极培育市场主体等为重要抓手，推动全省文化产业发展取得显著成效。

1. 产业规模不断壮大

全省文化及相关产业单位由2012年的8469个增加到2015年的15262个（包括行政事业单位、社团和企业），增加6793个、增长80.21%；个体工商户由27469户增加到28818户，增加1349个、增长4.91%；产业收入由386.19亿元增加到827.14亿元，增加440.95亿元，增长114.18%；产业增加值由152.03亿元增加到344.44亿元，增加192.41亿元，年平均名义增长31.34%，超额完成《贵州省“十二五”文化事业和文化产业发展专项规划》中“力争文化产业增加值达到240亿元以上，平均增长达20%以上”的奋斗目标；产业增加值占 GDP 的比重由 2.44% 提高到 3.28%（见表 1）。

表 1　2010~2015 年贵州省文化及相关产业发展情况

年份	单位（个）	个体工商户（户）	从业人员（万人）	收入（亿元）	增加值（亿元）
2010	6047	18699	13.69	321.56	112.21
2011	—	—	—	—	111.18
2012	8469	27469	23.2	386.19	152.03
2013	11698	50344	32.82	483.00	209.72
2014	12911	51336	36.48	705.68	296.85
2015	15262	28818	30.73	827.14	344.44

资料来源：贵州省文化改革发展办、贵州省统计局：《2015 年贵州省文化及相关产业统计报告》，2010 年数据是原统计口径数值。

2. 结构不断优化

从文化产品的生产和文化相关产品的生产两大层别构成看，文化产品的生产在全省文化及相关产业的主体地位更加明显。2015 年全省文化及相关产业中文化产品的生产收入为 558.88 亿元，占全部文化及相关产业收入的 67.6%，比 2012 年提高个 4.9 个百分点；增加值为 268.49 亿元，占全部文化及相关产业增加值的 78.0%，比 2012 年提高 5.82 个百分点（见表 2）。

表 2　全省文化产业收入、增加值变化情况

单位：亿元

指标	文化产业两大层别	2012 年	2013 年	2014 年	2015 年
收入	文化产品的生产	242.14	302.64	463.75	558.88
	文化相关产品的生产	144.05	180.36	241.93	268.25
	全省文化产业合计	386.19	483.00	705.68	827.14
增加值	文化产品的生产	109.73	154.92	227.28	268.49
	文化相关产品的生产	42.30	54.80	69.57	75.95
	全省文化产业合计	152.03	209.72	296.85	344.44

从法人结构看，2015年底全省文化及相关产业国有法人企业有442家，实现增加值25.51亿元，占全省文化及相关产业增加值的7.41%；从业人员为16872人，占全省文化及相关产业从业人员数的5.49%。其中，省直国有文化企业集团7个，总资产130.99亿元，营业收入83.20亿元，实现净利润6.62亿元。全省民营法人企业10791家，实现增加值218.99亿元，占全省文化及相关产业增加值的63.58%；从业人数为113846人，占全省文化及相关产业从业人员数的37.04%。

从企业规模看，2015年全省“三上”文化法人企业有390个，资产合计426.84亿元，总产出达139.80亿元，实现增加值67.06亿元，占全省文化产业增加值的19.50%；“三下”文化法人企业有11010个，资产合计968.23亿元，总产出达287.84亿元，实现增加值183.99亿元，占全省文化产业增加值的53.42%。

3. “文化+”发展战略成效初现

全省上下大力实施“文化+”发展战略，不断拓展文化产业链条，提升文化产业发展的整体实力。其一，大力实施“大数据+文化”战略，启动建设中国文化（出版广电）大数据产业（CCDI）项目，该项目为全省重大项目之一。目前该项目中的“版权云”“广电云”两个集群项目主体工程建设已完工。同时，省内党刊大数据和宣传文化云等一批文化科技融合发展项目建设正在加快推进中。其二，大力实施“文化+旅游”战略，围绕以民族和山地为特色的文化，启动多彩贵州文化创意园、多彩贵州城、平塘国际射电天文科普旅游文化园等一批项目建设，推出了科幻体验、民族民俗演艺、影视动漫、文化主题餐厅等一批丰富多彩的休闲旅游产品，积极推进特色文化与旅游融合发展，打造以“山地公园省·多彩贵州风”为品牌的世界知名山地旅游目的地。

4. 产业发展平台不断夯实

按照《贵州“十二五”国民经济和社会发展规划纲要》提出的“壮大文化企业孵化平台、促进全省文化产业集聚发展，有效提高全省文化产业的规模化、专业化和集约化水平”目标，全省着力夯实文化产业集聚发展的载体和平台。一是加快推进贵州“十大文化产业园”“十大文化产业基地”建设，截至2015年底，全省21个十大文化产业园区、基地建设项目总体进展顺利，其中9个已建成并投入使用，余下12个正在规划建设之中。二是搭建了“大数据+民博会”民族民间文化旅游商品电商平台，平台将授权网店线上销售、民博会活动情况、贵州工艺大师介绍、龙头企业产品展销集于一体，实现了永不落幕的“网上民博会”目标。三是围绕省委、省政府确定的“大旅游”、“大数据”和“民族特色文化强省”等发展战略，举办了文化与大旅游、大数据融合发展高峰论坛，文创发展恳谈会，文创产业博览交易会等，为贵州文化旅游、文化大数据、文创产业等发展营造建言献策平台。

5. 发展环境不断优化

全省在做好文化产业发展基础设施硬环境的同时，深入推进改革创新，采取一系列政策措施，优化全省文化产业发展软环境，着力增强发展要素吸引能力。“十二五”以来，先后出台了《中共贵州省委贵州省人民政府关于深化文化体制改革的意见》（黔党发〔2011〕16号）、《贵州省人民政府关于深化改革开放加快旅游业转型发展的若干意见》（黔府发〔2014〕3号）、《省人民政府办公厅转发省工商局等部门关于促进贵州省广告业又好又快发展的指导意见的通知》（黔府办发〔2012〕50号）、《贵州省中小微文化企业融资风险补偿基金使用管理暂行办法》、《贵州省文化创意和设计服务与相关产业融合发展实施意见（2014～2020）》、《关于扶持文化产业园区（基地）建设发展的若干政策》等一系列支持文化产业加快发展的相关政策措施，对工商注册、财政、金融、税收、土地、知识产权保护等方面重点支持。据统计，从2004年到2015年，全省文化企业共享受税收优惠总额为16.56亿元；从投入的省级文化产业发展专项资金来看，由2006年的1500万元逐年递增到2016年的6500万元，累计投入4.23亿元；从全省文化类企业贷款余额来看，由2012年的21.6亿元增长到2015年的110.2亿元，年均增速达38.6%，高出企业贷款年均增速23.3个百分点。2013年，由省财政出资2亿元，广电、出版等省属国有文化企业出资2.5亿元，共同设立了省文化产业发展基金，推动全省文化体制改革和文化产业发展，基金先期规模为4.5亿元，2016年基金管理规模已近50亿元。2016年创新推出金融产品“文企贷”，向中小微文化企业发放贷款，2016年已向第一批15家中小微文化企业集中发放贷款3340万元。

6. “多彩贵州”文化品牌培育取得良好成效

贵州省委省政府通过加大“多彩贵州”品牌外宣力度、成立专门机构、编制发展规划、开展品牌运作等举措，不断增强“多彩贵州”品牌的传播力、影响力和竞争力。目前，“多彩贵州”品牌已荣获“中国最佳品牌建设优秀案例奖”、“中国元素国际创意大赛文化贡献奖”、贵州省自主创新品牌100强和贵州省十佳著名商标称号，2015年被评为中国驰名商标，品牌授权涉及演艺、地产、白酒、茶叶、饮料、网站、酒店、网站、教育、金融、航空等十余个行业的20余家企业，拉动投资突破40亿元，已打造成为全国首个省级区域文化品牌。

7. 国有文化企业改革深入推进

为加快推进“多彩贵州”民族特色文化强省建设和全省文化产业发展，贵州多措并举深入推动国有文化企业改革。一是各级党政部门深入贯彻落实《关于推动国有文化企业把社会效益放在首位、实现社会效益和经济效益相统一的指导意见》（中办发〔2015〕50号），真正履职尽责做到不缺位、不越位、不错位，加快推进从“办文化”向“管文化”转变。二是大力推动国有经营性文化事业单位“转企改制”，着力培育文化市场主体，先后组建成立了6家省管大一型、5家省管大二型国有文化企业，构建了报业、期刊、广电、出版、演艺、影视、互联网、文化创意等优势互补和竞相发展的文化产业发展格局。

（二）存在问题

尽管“十二五”期间全省文化产业发展取得显著成效，但是仍存在一些制约全省文化产业发展的长期性、深层次的问题也逐渐凸显。

一是产业发展滞后。全省文化产业总量规模不大、占比不高，2015年全省文化产业增加值仅占同期全国文化产业增加值的1.26%，文化产业增加值占 GDP 比重与全国同期水平相比低 0.69 个百分点。同时全省文化产业仍存在层次不高、耦合不强、配套不足等问题。

二是区域发展不平衡性问题突出。2015 年，全省九个市（州）中文化及相关产业增加值最大的贵阳市实现增加值 100.88 亿元，占同期全省文化及相关产业增加值的 29.29%；最小的黔西南州实现增加值 15.18 亿元，仅占全省的 4.41%。文化及相关产业增加值占 GDP 比重最高的是黔南州 4.23%，最低的是毕节市仅 1.48%。88 个县（市、区、特区）中文化及相关产业增加值占 GDP 的比重达到全面小康统计监测目标值 4%（含 4%）的有 21 个，占比在 3%（含 3%）~4% 的有 23 个，2%（含 2%）~3% 的有 18 个，1%（含 1%）~2% 的有 21 个，1% 以下的有 5 个，其中文化及相关产业增加值占 GDP 比重最高的是观山湖区，达 15.44%，最低的是水城县仅 0.34%（见表 3）。

表 3　2015 年全省各市（州）及县（市、区、特区）文化产业增加值及占 GDP 比重

地区	2015 年文化产业增加值（亿元）	文化产业增加值占 GDP 比重（%）	地区	2015 年文化产业增加值（亿元）	文化产业增加值占 GDP 比重（%）	地区	2015 年文化产业增加值（亿元）	文化产业增加值占 GDP 比重（%）
贵州省	344.44	3.28	西秀区	12.74	5.14	册亨县	0.44	1.20
贵阳市	100.88	3.49	平坝区	2.04	1.98	安龙县	1.29	1.46
南明区	20.35	3.36	普定县	3.16	3.75	黔东南州	27.43	3.38
云岩区	19.99	3.08	镇宁县	3.83	5.11	凯里市	5.63	2.68
花溪区	8.13	1.64	关岭县	2.50	3.54	黄平县	1.57	3.59
乌当区	3.19	2.20	紫云县	1.38	2.68	施秉县	1.07	3.46
白云区	7.06	3.96	毕节市	21.61	1.48	三穗县	1.59	4.51
观山湖区	23.66	15.44	七星关区	5.71	1.97	镇远县	2.10	3.45
开阳县	3.00	1.60	大方县	2.16	1.21	岑巩县	1.85	5.05
息烽县	1.31	0.88	黔西县	1.45	0.83	天柱县	1.34	1.99
修文县	5.65	4.03	金沙县	3.40	1.65	锦屏县	1.34	3.85
清镇市	8.54	3.37	织金县	4.08	2.64	剑河县	1.38	3.83
六盘水市	32.34	2.69	纳雍县	1.41	0.82	台江县	0.99	3.87
钟山区	15.03	3.91	威宁县	2.02	1.07	黎平县	1.53	2.28
六枝特区	1.36	0.92	赫章县	1.38	1.23	榕江县	0.95	1.97
水城县	0.69	0.34	铜仁市	18.68	2.42	从江县	1.58	3.28
盘县	15.25	3.21	碧江区	3.84	2.99	雷山县	2.43	10.22

续表

地区	2015 年文化产业增加值（亿元）	文化产业增加值占 GDP 比重（%）	地区	2015 年文化产业增加值（亿元）	文化产业增加值占 GDP 比重（%）	地区	2015 年文化产业增加值（亿元）	文化产业增加值占 GDP 比重（%）
遵义市	64.50	2.97	万山区	0.49	1.27	麻江县	1.14	4.29
红花岗区	6.99	2.11	江口县	1.79	4.32	丹寨县	0.94	3.86
汇川区	6.33	2.60	玉屏县	0.73	1.16	黔南州	38.18	4.23
遵义县	14.26	4.53	石阡县	0.70	1.18	都匀市	6.95	4.05
桐梓县	2.25	1.79	思南县	3.01	2.97	福泉市	3.94	3.17
绥阳县	3.49	4.04	印江县	1.83	2.46	荔波县	2.46	5.44
正安县	1.49	2.09	德江县	1.64	1.94	贵定县	3.50	5.02
道真县	2.18	4.52	沿河县	1.19	1.41	瓮安县	5.60	5.76
务川县	2.06	3.99	松桃县	3.46	3.34	独山县	2.50	4.04
凤冈县	2.85	4.74	黔西南州	15.18	1.89	平塘县	1.41	2.97
湄潭县	2.76	3.58	兴义市	5.05	1.58	罗甸县	1.18	2.07
余庆县	2.05	3.18	兴仁县	2.57	2.27	长顺县	1.57	3.42
习水县	7.06	5.52	普安县	1.50	2.49	龙里县	5.59	7.81
赤水市	5.46	6.49	晴隆县	1.63	2.96	惠水县	1.86	2.63
仁怀市	5.27	1.04	贞丰县	1.95	2.13	三都县	1.61	3.30
安顺市	25.65	4.10	望谟县	0.76	1.64			

资料来源：贵州省文化改革发展办、贵州省统计局：《2015 年贵州省文化及相关产业统计报告》。

三是内生动力不足。尽管近年来全省一批文化产业重大项目建设为文化企业发展营造了良好平台，培育和集聚了一批文化创意企业，但是大多数文化创意企业的创意创新成果不多，大多成果还处于概念阶段，成果转化率和产业化率偏低，创新驱动能力不足。同时全省的人才总量少，不仅文化创意人才缺乏，文化企业的高级技术人员、管理人员也普遍缺乏，职业教育、技能培训、人才引进相对滞后，智力支撑明显不足。

四是国有文化企业改革有待深入推进。文化企业改革过程中仍不同程度地存在思路不宽、理念不新、决心不大、办法不多等问题，导致政府职能转变、国有企业改革、资源配置改革、投融资体制改革等滞后，制约了资本、项目、人才的引进，发展环境比较优势不明显。

五是部分优惠政策红利有待进一步释放。国家出台了一系列促进文化产业发展的优惠政策措施，但是部分政策措施出台时间不长，导致部分优惠政策还尚未转化为可操作、可实施的细则，未能最大限度地释放政策红利。

二 “十三五”时期文化产业发展的环境条件分析及趋势判断

“十三五”时期，贵州文化产业发展既迎来政策累积效应叠加、市场需求增大、新技术的融合创新等有利条件，又面临企业整体竞争力缺乏、集聚程度不高、资金不足等不利条件，综合来看，全省文化产业发展迎来了新的历史机遇，加快文化产业发展的条件总体较好。

（一）有利条件

一是国家支持文化产业发展的政策累积叠加效应。为把文化产业培育成国民经济的支柱产业，国家有关部门出台了支持文化产业发展的多项政策，各地也配套出台相关的支持措施，有力地推动了我国文化产业发展。国家明确提出了“文化产业成为国民经济支柱性产业”的“十三五”时期发展目标，这表明了文化产业成为国民经济支柱性产业从“进行时”到“完成时”是约束性的目标任务。为了确保这一目标的实现，国家将会进一步加大支持文化产业发展的力度，这有利于贵州充分用足用好相关政策，加快文化产业发展。

二是供给侧结构性改革为文化产业加快发展提供了广阔空间。供给侧结构性改革是“十三五”时期国家着力实施的重大战略，其核心要义是要提高供给体系质量和效率，增强经济持续增长的活力与动力。在全国供给侧结构性改革的大背景下，能够最大限度发挥创新优势，推动产业结构调整、转型升级的产业将是新兴增长点，而文化产业既是创新可能性最大的产业，又是融合性、关联性较强的绿色产业，将在供给侧结构性改革战略下获得广阔的发展空间。

三是文化消费快速增加的巨大市场需求。市场需求是文化产业做大做强的根本，有效的市场需求是文化产业发展的生命线。根据收入水平与文化产业的相关性判断，我国进入文化产业快速发展时期；从文化产品消费占家庭消费的比例来看，我国平均文化消费只占家庭消费的7%左右，而欧美、日本等发达国家占家庭消费20%～30%，文化产品消费潜力大。综合来看，基于我国已进入城乡居民消费结构升级阶段，对娱乐、感受、体验等文化产品有强劲消费需求的判断，结合当前我国文化产品消费占家庭消费的比例较低的现状，可得出，“十三五”时期是我国文化产品消费快速增长的时期，我国文化产业加快发展具有巨大的有效市场需求。

四是新技术为文化产业创新发展带来新机遇。文化产业是创新创意可能性最大的产业，也是最易于与现代科技融合发展的产业。当前，经济社会发展进入了以互联网、云计算、大数据为核心的第三次技术革命浪潮，加快这些新技术在文化产业中的应用，既可以丰富文化产品的表现形式，又可以创造新的文化内容产品，也可以衍生新的文化新业态。加快文化产业与新技术的融合发展，既是文化产业与其他产业发展的大势所趋，又是文化产业升级发展的关键。新技术的不断涌现，为文化产业发展迎来了千载难逢的新机遇。

（二）不利条件

整体来看，加快贵州文化产业发展面临的不利条件主要是缺乏竞争力强的企业，缺乏进一步发展的资金，产业发展规模化集聚度低。

一是缺乏竞争力强的企业。尽管贵州有省直国有文化企业集团7个、民营法人企业10791家，但从全国范围来看，在这些企业中还缺乏在全国具有较大影响力、较强竞争力的企业，且全省龙头文化企业集团都集中在出版、网络等领域，在文化创意和设计服务业这一最具升值空间、最易于形成核心竞争力的领域没有龙头型、引领型的企业。

二是产业发展规模化集聚度不高。总体来看，全省文化产业企业的规模化、集约度不高。截至2015年，全省“三上”文化法人企业仅有390个，仅占全省文化产业企业的3.6%。另外，在全省“十大文化产业园”“十大文化产业基地”中，文化产业企业的集聚耦合效应还远没有真正实现。

三是缺乏壮大发展资金。从整体来看，全国的文化产业企业多是中小企业，贵州的文化产业企业更是如此。在当前全国经济形势相对低迷、企业发展资金相对缺乏的背景下，中小文化企业获取发展资金难度很大。加之，囿于对文化产业企业数值的相关统计、资产估值、抵制质押方面的滞后，文化产业企业融资难度增大。

（三）发展趋势

基于全省文化产业发展的环境条件及现实基础的分析，可以得出，“十三五”时期，全省文化产业发展的总体趋势是：文化产业成为全省支柱产业，文化产业新业态将不断涌现，文化产业规模化集约化程度显著提高。

一是文化产业成为全省支柱产业。2015 年底，全省文化及相关产业增加值为 344.44 亿元，比上年增加 47.59 亿元，增加值占 GDP 的比重为 3.28%。立足全省文化产业基础，综合考虑“十三五”国家为实现文化产业发展目标的相关政策支持保障、文化产业快速增长态势等，可以判断“十三五”全省文化产业增加值占 GDP 的比重将在 5% 以上，成为全省支柱产业。

二是文化产业新业态将不断涌现。国家“十三五”规划纲要提出推进文化业态创新，促进文化与科技、信息、旅游等产业融合发展。综合考虑贵州作为国家大数据综合试验区，在以大数据为核心的信息产业方面的基础及优势，在旅游业方面的优势，随着深入实施国家文化产业发展战略，推进“文化 +”创新发展，推进新兴信息技术与文化产业融合发展，全省文化产业的新业态将不断涌现。

三是文化产业规模化集约化程度显著提高。通过“十二五”期间发展，贵州文化产业规模不断壮大，基础不断夯实，进入了转型升级发展的新阶段。“十三五”期间，贵州规划建设“园区基地、街区小镇、文产项目、续建项目”4 大类别的 44 个重点项目，着力通过抓好园区、基地、街区、小镇等文化产业集聚发展的载体和平台，大力提升全省文化产业的规模化、集约化和专业化水平。可预见，“十三五”时期，全省文化产业“小散弱”的局面大为改观，文化产业发展规模化、集约化程度显著提高。

三 “十三五”期间文化产业发展的主要任务

第一，进一步优化全省文化产业发展布局。

结合贵州大数据、大扶贫战略，以建设生态文明、发展山地特色现代农业和山地旅游为契机，优化全省文化产业布局，引导各地文化产业多元化发展、差异化发展、特色化发展，增强各地文化产业的市场竞争力。

第二，发展壮大全省文化市场主体。

利用“大众创业、万众创新”政策优势，加快扶持文化产业市场主体发展，支持文化产业的“众创空间”、文化企业孵化器、文化资源服务平台建设，鼓励具有地方特色和民族特色的文化企业创新发展。

第三，推动文化产业结构转型升级。

围绕“大数据”发展战略，依托互联网发展优势，加快推动电视广播产业发展，尤其是电影、动漫、网络游戏、文化电子产品设计等新兴产业的发展。加快传统民族文化产业与新兴文化产业融合，借助网络和电子发展技术优势，创新和延长文化产业链条，形成具有市场活力的文化产业发展态势。

第四，扩大文化产业发展规模。

随着贵州经济社会发展的加快，结合贵州丰富的文化资源，加快文化资源开发，夯实文化产业发展平台，加快文化产业投资，壮大市场主体，促进文化产业与相关产业创新融合发展，不断发展壮大全省文化产业的发展规模，提高文化产业的产出效率和市场影响力。

第五，鼓励和引导文化产品消费。

加快推进文化产业的供给侧结构性改革，提高文化产品的品质和质量，完善文化服务水平，提供更高水平的文化供给产品。结合大众消费需求，积极开发市场需求的大众文化产品，鼓励和引导大众文化消费，尤其在旅游文化产业、动漫产业、电影产业等方面，是大众文化消费的主要产品消费市场。

第六，强化文化产业人才培养。

文化产业人才是贵州文化产业发展薄弱的环节，“十三五”期间，尤其要加快文化产业人才的培养。要通过引进、在职培养等多种方式，壮大文化产业人才队伍。尤其在高端文化人才领域，要加强培养和扶持，重点对高端创意设计、产品开发、经营管理等专业人才进行引进和培养扶持。

四　“十三五”期间加快文化产业发展的对策建议

第一，加大文化产业投入，促进文化产业快速发展。

“十三五”时期是贵州省文化产业快速发展的关键期，文化产业投入直接影响到文化产业的发展壮大。因此，要加快文化产业的投入，尤其要加大文化产业基础设施建设的投入。贵州省丰富的文化资源分布在各个区县、各个民族之间。文化产业要加快发展，就要先挖掘隐藏在民族民间的文化资源，首先，就是要通过文化基础设施建设，促进民族民间文化产业发展，从民族民间文化中挖掘有潜力、有价值的民族民间文化资源。其次，加大文化产业重点项目建设力度。文化产业重点项目是做大全省文化产业规模和壮大文化产业实力的基础，文化产业要发展成支柱产业，离不开文化产业项目的持续性投入和建设。“十三五”期间，要把文化产业发展重点项目作为产业发展的重点来抓，通过发展重点项目，带动文化产业快速发展。再次，加大民族民间文化产品的开发投入。贵州丰富的民族民间文化是贵州文化产业发展的根本载体，离开民族民间文化，贵州文化产业的发展就会脱离实际，不管是电影产业、广播电视产业以及旅游产业，都将无法面对当前激烈的市场竞争，因此，加大民族民间文化产业开发投入，是贵州省文化产业赢得市场的重要举措。最后，加大人才开发投入。文化产业人才是文化产业发展的关键要素，当前贵州省文化产业面临的重要问题之一就是缺乏文化产业人才。加大人才开发投入，是促进文化产业快速发展的必要措施。

第二，搭建产业发展平台，推动文化产业走向全国市场。

为国有文化企业和发展潜力好的民营文化企业搭建平台、创造条件，加快推动有条件的文化企业上市。加强与金融机构的对接，发挥好文产专项资金的杠杆作用，通过平台建设、政策支持等方式，引导文化企业与银行、风险投资、股权投资进行对接，努力在文化金融创新方面取得突破。同时，做好文化产品宣传，通过产业交流平台，向外界介绍贵州的文化产品，增加产品的知名度和美誉度，提升文化产品的市场竞争力。

第三，注重产品开发，促进文化产业融合发展。

文化产业发展离不开文化产品开发，文化产品包含有形的文化产品和无形的文化产品。有形的文化产品有手工艺产品、动漫产品、民族民间文化体育器材产品、民族文化服饰产品、民族民间饮食产品等。无形的文化产品有民风民俗、诗词歌舞、宗教文化、影视广播等。这些有形和无形的文化产品是构成文化产业的基础。“十三五”期间，要注重文化产品的开发与创新，一方面，为文化产业的发展注入新的活力，促进文化产业的“血液”更新；另一方面，为产业融合发展注入“新动力”。文化产品的创新，是文化产业融合发展力量的源泉，只有注重产品的创新开发，才能适应当今社会的发展和市场的需求。

第四，突出品牌打造，提高文化产业发展质量。

建立健全省（市、区）宣传、科技、文化部门共建国家级文化和科技融合示范基地工作机制和政策体系，建立文化科技融合发展工作方案，并逐年推进实施。围绕国发 2 号文件关于贵州建设文化旅游创新区的定位，健全宣传、文化、旅游共建工作机制，按年度落实《关于进一步促进文化旅游融合发展的实施意见》，重点围绕“多彩贵州”品牌，在文化旅游商品研发、城市旅游空间拓展、文化旅游演出季、文化旅游精品线路打造、文化主题酒店建设等方面做实品牌支撑。深入挖掘文化资源，重视非物质文化遗产及民族民俗文化资源的保护利用，根据《贵州省非物质文化遗产保护发展规划（2014～2020 年）》精神，在影视、演艺、美术、出版等领域推出一批精品力作。

第五，做好项目规划，促进产业健康发展。

做好全省“十三五”文化产业项目的编制工作，建立完善全省文化产业项目库并推进动态管理。加快推进省“十大文化产业园”和“十大文化产业基地”涉及的项目建设。深入挖掘民族文化资源，弘扬优秀传统文化。认真梳理和整合贵州民族文化资源、历史文化资源、生态文化资源，以侗族文化、苗族文化、奢香文化、阳明文化、酒文化等为主要载体，通过省市共建、多方参与等方式拓展延伸区域文化研究、传播和传承平台，打造贵州文化新名片和中华文化传承交流的重要窗口。

参考文献

《贵州省国民经济和社会发展第十三个五年规划纲要》，《贵州日报》2016 年 2 月 17 日。

贵州省人民政府：《贵州省“十三五”文化事业和文化产业发展规划》，2017。

专题研究篇

Special Reports

B.2

“十三五”贵州省文化产业总体发展分析

——基于灰色预测模型

龙海峰*

摘　要： 本文通过对“十二五”期间贵州省文化产业发展取得的成绩进行总结，分析了“十三五”期间贵州省文化产业面临的环境和发展优势。从文化产业开发、保护、创新、融合等方面对“十三五”贵州省文化产业发展的路径选择进行了分析。提出了“十三五”时期贵州省文化产业要坚持开发和保护，促进创新发展，加强产业融合。本文还对未来几年贵州文化产业增加值和增速进行预测，未来几年文化产业增加值仍将

* 龙海峰，中共清镇市委党校教师，贵州省社会科学院“甲秀之光”访问学者，法学硕士，研究方向：中国少数民族经济。

保持高速增长。

关键词： 文化产业　开发与保护　产业融合　可持续发展

一　“十二五”贵州文化产业发展取得成绩

（一）产业整体发展步伐加快

“十二五”期间，贵州省文化产业通过不断努力，整体发展步伐逐渐加快。2010 年底，贵州省文化产业单位共有 6047 个，个体工商户有 18699 户，文化产业从业人员达 13.69 万人，产业收入 321.56 亿元，实现产业增加值 112.21 亿元，增加值占全省 GDP 比重为 2.44%。截至 2014 年底，全省文化产业单位有 12911 个，增加了 6864 个，年均增加 1716 个，年均增速为 20.88%；个体工商户为 51336 户，年均增长 8159 户，年均增速为 28.72%；从业人员为 36.48 万人，年均增长 5.7 万人，年均增速为 27.77%；文化产业营业收入 705.68 亿元，年均增长 96 亿元，年均增速为 21.70%；产业增加值达 296.85 亿元，年均增长 46.16 亿元，年均增速为 27.53%。增加值占全省 GDP 的 3.21%，增加了 0.77 个百分点。

从图 1 可以看出，2010～2014 年，贵州省文化产业的发展速度整体保持高速增长的态势，文化产业发展步伐不断加快。

（二）行业发展齐头并进

1. 广播电影电视服务业覆盖率不断扩大

“十二五”期间，贵州省广播电影电视行业在改革与发展中，机构逐渐精简，从业人员波动较大，收入和产业增加值有所下降。但从广播和电视覆盖率来看，覆盖率不断扩大，服务群体不断扩大，行业结构得到不断优化。2010 年，贵州省广播电视服务业单位共有 381 个，个体工商户有 48 户，从业人员

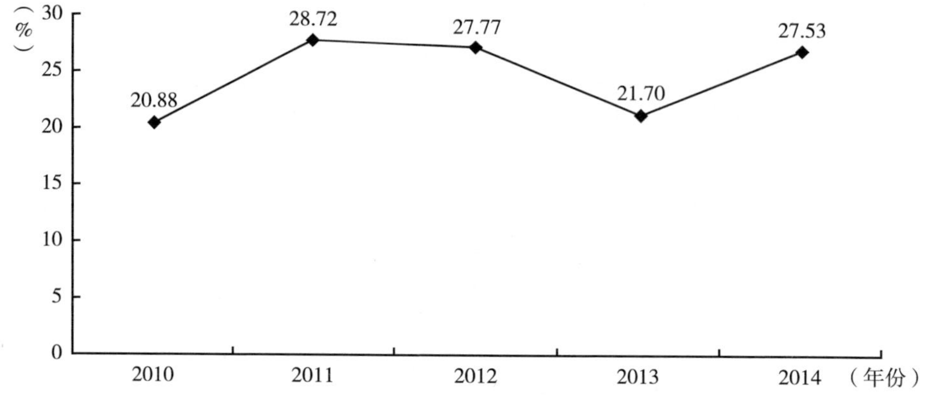

图1　2010～2014年贵州省文化产业发展速度

有10706人，行业收入为27.95亿元，产业增加值为28.79亿元，增加值占GDP的0.63%，年末广播人口覆盖率为87.50%，电视人口覆盖率为92.50%；2014年，广播电视服务业单位有314个，相比2010年减少了67个；个体工商户29个，相比2010年减少19个；从业人员9095人，相比2010年减少了1611人；行业收入27.23亿元，相比减少了0.72亿元；产业增加值10.87亿元，相比2010年减少了17.92亿元；增加值占GDP的0.12%，减少了0.41个百分点。年末广播人口覆盖率为91.52%，比2010年提高了4.02个百分点；电视人口覆盖率95.39%，比2010年提高了2.89个百分点（见图2）。

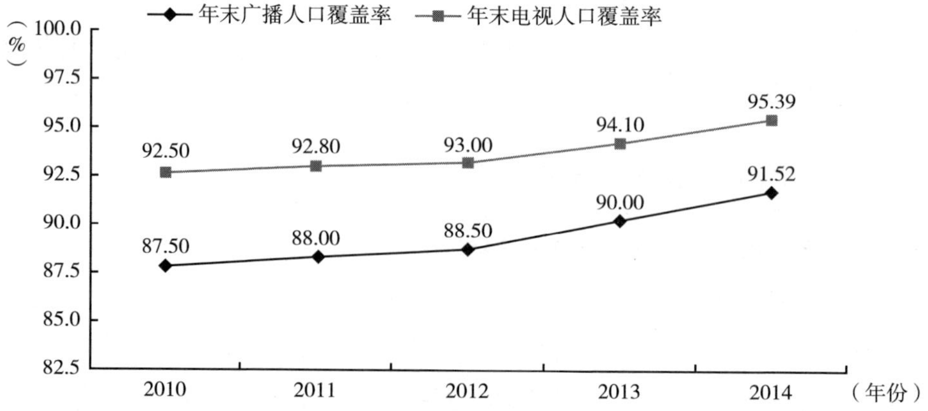

图2　贵州省广播电影电视人口覆盖率

2. 文化艺术服务业快速发展

“十二五”期间，贵州省文化艺术服务业快速发展，行业规模和就业人员快速增长，行业收入连续几年快速增长。2010 年，贵州省文化艺术服务业单位共有 1504 个，个体工商户有 459 户，从业人员有 18028 人，行业收入为 1.70 亿元，产业增加值为 8.10 亿元，增加值占全省 GDP 的 0.18%。“十二五”期间，贵州省文化艺术服务业得到快速发展。到 2014 年底，全省文化艺术服务业单位共有 3397 个，比 2010 年增加了 1893 个；个体工商户有 3000 户，比 2010 年增加了 2541 户；从业人员有 67386 人，比 2010 年增加了 49358 人；行业收入 14.18 亿元，年均增长 69.94%；产业增加值达 18.81 亿元，年均增长 23.45%，占全省 GDP 的 0.21%（见表 1）。

表 1　2010～2014 年贵州省文化艺术服务业发展情况

年份	文化艺术服务业单位(个)	个体工商户（户）	从业人员（人）	行业收入（亿元）	产业增加值（亿元）	增加值占全省 GDP(%)
2010	1504	459	18028	1.7	8.1	0.18
2011	1921	540	23883	2.96	8.91	0.16
2012	2521	976	26790	4.34	9.21	0.13
2013	2808	2551	55771	8.34	12.61	0.16
2014	3397	3000	67386	14.18	18.81	0.21

资料来源：2009～2014 年贵州省文化产业统计报告。

3. 新闻出版和版权业生产效率不断提高

“十二五”期间。贵州省新闻出版和版权业加快改革步伐，调整产业结构，生产效率得到进一步提高。2010 年，贵州省新闻出版和版权业单位共有 923 个，个体工商户有 3682 个，从业人员有 27072 人，行业收入为 55.79 亿元，从业人均行业收入 20.61 万元，产业增加值达 15.75 亿元，从业人均产业增加值为 5.82 万元，增加值占 GDP 的 0.34%。到 2014 年底，新闻出版和版权业单位有 367 个，比 2010 年减少了 556 个；个体工商户有 2505 户，比 2010 年减少了 1177 户；从业人员有 15894 人，比 2010 年减少 11178 人；行业收入 69.47 亿元，比 2010 年增加 13.68 亿元；从业人均行业收入 43.71 万元，年均增长 20.68%；增加值为 17.08 亿元，从业人均产业增加值为 10.75 万元，年均增长 16.58%（见图 3）。

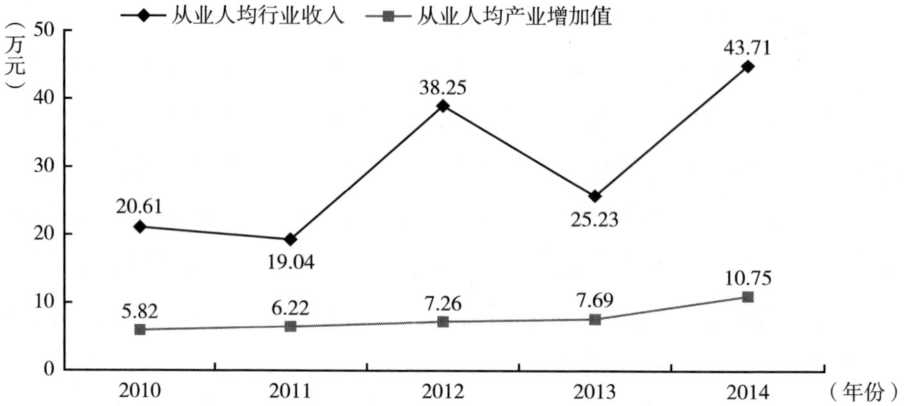

图3　2010～2014年贵州省新闻出版和版权业从业人均行业收入和人均产业增加值

4. 文化休闲娱乐服务业高速发展

“十二五”期间，贵州省加快旅游开发，全力打造以“多彩贵州”为主题的生态旅游产业，促进了贵州省文化休闲娱乐服务业高速发展。2010年贵州省文化休闲娱乐服务业单位有1953个，个体工商户有5456户，从业人员有46094人，行业收入39.01亿元，产业增加值为16.17亿元，增加值占全省GDP的0.35%。到2014年底，全省文化休闲娱乐服务业单位增至2479个；个体工商户数量达到14693户，比2010年增加了9237户；从业人员为88059人，比2010年增加了41965人；行业收入125.54亿元，比2010年增加86.53亿元，年均增长33.94%；产业增加值为84.66亿元，比2010年增加了68.49亿元，年均增长51.27%，占全省GDP的0.92%（见表2）。

表2　2010～2014年贵州省文化休闲娱乐服务业发展情况

年份	文化休闲娱乐服务业单位(个)	个体工商户(户)	从业人员(人)	行业收入(亿元)	产业增加值(亿元)	增加值占全省GDP(%)
2010	1953	5456	46094	39.01	16.17	0.35
2011	1879	7024	54531	63.61	19.83	0.35
2012	1871	10232	65449	68.71	41.39	0.6
2013	2328	15347	91328	120.2	69.02	0.86
2014	2479	14693	88059	125.54	84.66	0.92

资料来源：2009～2014年贵州省文化产业统计报告。

5. 相关文化产品生产与销售产业实现“跨越式”发展

“十二五”期间，随着贵州省文化产业的快速发展，贵州省相关文化产品的生产和销售产业在市场经济的带动下实现了“跨越式”发展。2010 年，贵州省相关文化产品生产与销售单位共有 350 个，个体工商户有 8074 户，从业人员有 24930 人，行业收入 61.84 亿元，产业增加值有 5.76 亿元，增加值占全省 GDP 的 0.13%。随着文化产业和旅游产业的快速发展，相关文化产品生产、销售不断创新与发展，相关产业收入实现成倍增长。到 2014 年底，全省相关文化产品生产与销售的单位有 3033 个，比 2010 年增加了 2683 个；个体工商户有 28459 户，比 2010 年增加了 20385 户；从业人员有 124697 人，比 2014 年增加了 99767 人；行业收入 333.30 亿元，比 2010 年增加了 271.46 亿元，年均增长 52.37%；产业增加值为 101.36 亿元，比 2010 年增加了 95.60 亿元，年均增长 104.81%，占全省 GDP 的 1.09%（见图 4）。

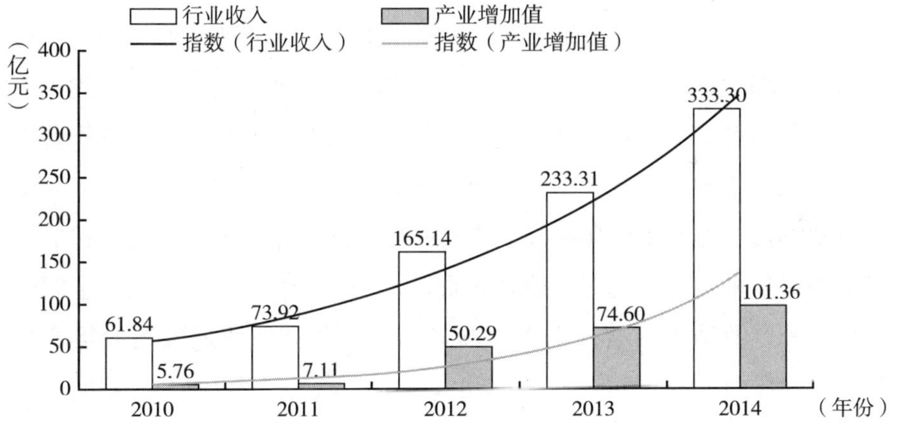

图 4　2010～2014 年贵州省相关文化产品生产与销售收入与增加值

二　“十三五”贵州省文化产业发展环境与条件

2016 年是“十三五”开局之年，当前国内经济环境持续走低，文化产业属于第三产业的重要组成部分，在一定程度上受到当前国际国内经济的影响，“十三五”继续保持快速发展的形势极其严峻。贵州省相比较全国其他省份来说，发展经济仍然是重要的战略选择，文化产业是贵州经济发展的重要产业之一。贵州省拥有32个少数民族，民族文化、旅游文化和生态文化资源极其丰富。在“十三五”时期，贵州省如何加快经济发展，推动全省文化产业继续保持高速增长，仍然面临着严峻的形势和挑战。

（一）外部环境

受当前国际国内经济环境的影响，目前国内文化产业发展后劲不足。从国内文化产业结构调整来看，东部地区加快文化产业转型升级，淘汰落后产能；中部地区和西部地区一方面加快承接东部产业转移，提高经济发展动力，另一方面也在加快产业结构调整，提高经济发展质量和水平。从文化产业的投资来看，区域竞争压力大。全国各省市都在大力发展自身文化产业，尤其是生态旅游文化产业、红色文化旅游产业以及广播电影电视产业等，贵州属于西部贫困省份，在资金、人力和物力投入上都比不上东部沿海地区和大多数中西部地区。近年来，虽然贵州省加快文化产业的宣传和开发，但比起周边省份来看发展还存在一定差距。从文化产品的消费来看，全国各省市文化产业消费水平差异较大，东部沿海地区通过大力发展第三产业，对文化产品消费的需求近年来逐年提高。在贵州生周边省市，旅游文化和民族文化需求成为近年来拉动文化产业快速发展的动力。“十三五”时期，全国经济下行压力和产业结构调整，成为影响贵州生文化产业快速发展的重要外在力量。

（二）内部环境

贵州省文化产业发展内部环境主要有以下几个方面：第一是政策环境，在国家层面，国发2号文件出台了一系列促进贵州省文化产业发展的优惠政策。贵州省为加快文化产业的快速发展，“十二五”期间，在国发2号文件的指导下，贵州省文产办制定了一系列促进文化产业发展的政策文件，比如2014年贵州省颁布《2014年全省文化改革发展工作要点及责任分解》，

2015年9月，贵州省发布了3个15万扶持政策：《关于大力发展文化及相关产业微型企业的通知》，等等，除了在省的层面上提出了一系列的优惠政策文件外，各个地州市结合自身文化产业的发展情况也出台了相应的政策文件，帮助促进各个地州市文化产业的健康快速发展。“十三五”期间，贵州省文化产业发展的政策基本上不会发生很大的改变，在承接“十二五”发展的基础上，进一步从调结构和增效益上推动文化产业转型发展。第二是生态环境，“十三五”期间，贵州省文化产业发展要秉承五大发展理念，才能实现文化产业的健康发展，生态环境是五大理念中一个重要的理念之一，是贵州省文化产业可持续发展的重要内部环境。从生态环境来看，贵州良好的生态环境是贵州与周边地区相比呈现的优势，在文化产业发展过程中，生态文化产业是贵州省文化产业的重要组成部分，保护好生态环境就是发展贵州文化产业生产力。第三是金融环境，金融环境是制约贵州省文化产业快速发展的重要因素之一，贵州省文化产业的发展，离不开金融政策的支持，从目前贵州省发展文化产业的金融环境来看还处于起步阶段。虽然政府加大力气推进金融扶持文化产业的发展，但是受到文化产业自身发展条件的限制，文化产业在融资上存在一定的困难，文化产业项目发展还是以政府部门推动为主。第四是人才环境，在文化产业发展人才环境上，“十二五”时期，贵州省加快文化产业人才开发和储备，文化人才每年都在逐渐增加。“十三五”时期，贵州省文化产业的人才环境在政府的大力推动下将迎来一个良好的局面。第五是基础设施建设，近年来，贵州省加快文化产业发展的平台建设，平台的水电路气网等基础设施逐渐完善，极大地改善了贵州省文化产业基础设施过去落后的面貌。在2015年底，全省实现省内县县通高速，高铁大通道建设也取得了显著的成效。基础设施的改善，为“十三五”期间贵州省文化产业的发展注入新的动力。

（三）发展优势

贵州省文化产业相对于周边地区来说，存在资金投入、开发建设力度的不足。同样与周边地区相比也有两大明显优势：第一是拥有丰富的民族文化资源。贵州省是一个多民族共居的省，全省有苗族、彝族、布依族等少数民族共48个，仅次于云南省①。少数民族人口达到1254万人，占全省总人口的36%左右，许多民族聚居区民族文化千姿百态，民族特色明显。民族节庆、民族民间歌舞、民族民间建筑、民族文物古迹等资源丰富，民族文化旅游景点众多。在“十二五”期间，全省加快旅游文化产业发展，积极开发民族地区旅游产业，多姿多彩的民族文化逐渐被越来越多的人所认知，已成为这一时期贵州省民族文化旅游产业发展的亮点和优势。第二是拥有良好的生态文化环境。贵州生态环境总体良好，从水资源来看，全省44条主要河流水质达到Ⅰ~Ⅲ类的比例占81.2%，较全国平均水平高出10个百分点。出省河流断面达到Ⅰ~Ⅲ类的比例占85.7%，高出全国平均水平20.8个百分点。13个设市城市空气质量达到国家二级标准，贵阳市空气质量指数优良率为86%。88个县生态环境质量评为“良”以上的有64个，占全省县城的72.73%，较全国高出7个百分点。贵州省经历了“九五”时期的环境开发污染后，逐渐开始加大生态环境的保护工作力度，通过生态立省战略，加快产业结构布局，创建国家环境保护示范城市，加强生态文明建设等一系列措施②，通过不断努力，生态环境逐渐改善。目前，贵州省生态文化环境已经成为贵州省招商引资和吸引游客的重要资源环境，也是“十三五”时期推动文化产业快速转型升级的优势。

三 “十三五”贵州省文化产业发展路径选择

“十三五”是全面实现小康社会的攻坚期，也是中央提出“四个全面”发展的关键期。贵州省文化产业在“十三五”时期要实现快速健康发展，发展路径的选择非常重要，关系到贵州省文化产业未来发展的方向。本文从三个角度，对贵州省“十三五”时期的文化产业发展路径选择做出分析。

---

① 刘梅：《从多元的民族文化资源看贵州特色数据库建设》，《图书馆》2008年第5期。

② 熊德威、袁其国、赵建平、薛松贵：《后发展地区生态环境保护路径选择——以贵州省为例》，《环境保护》2016年第6期。

（一）文化产业的开发与保护

贵州省文化产业的发展离不开开发与保护。“十三五”时期，贵州省文化产业要实现快速发展，就要抓住机遇，加快文化产业投资，积极开发文化产业资源，使文化产业资源的开发惠及民生，满足人民群众的文化生活需求。尤其是民族文化的开发，既是对文化资源的有效利用，也有利于文化资源的传承。在文化资源开发的同时要加强对文化资源的保护，严禁在开发中破坏，文化资源是文化产业发展的基础，文化资源的破坏很难修复。“十三五”时期，贵州要加大文化资源开发和保护力度，严厉打击破坏文化资源的行为。加快民族民间歌舞、民族民间文物古迹、民族民间建筑、民族节庆等本地特色文化的开发和保护工作，促进贵州省文化产业走一条可持续发展之路。

（二）文化产业的创新与发展

“十三五”时期，贵州省文化产业的发展离不开创新与发展。如果没有创新，文化产业很难适应当前经济社会发展的需求。“十三五”时期是贵州经济保持中高速增长期，人民群众生活水平将会进一步提高，人民群众对文化生活的需求将随着经济社会的发展，生活水平的提高而提高。比如电视、电影、新闻出版、动漫、旅游产品开发等产业发展方面，在“十三五”时期将需要更多的创新才能适应经济社会的发展，才能满足人民对文化生活的需求。因此，“十三五”时期，贵州要加快文化产业的科技投入，加快文化产业的创新发展，提高文化产业科技含量和文化产品的经济附加值。

（三）文化与其他产业的融合

文化与其他产业的融合发展是贵州省文化产业发展的趋势，只有加快产业之间的融合发展，才能快速提高产业发展的质量，促进产业的健康发展。在“十三五”时期，贵州省文化与其他产业的融合最容易实现的产业有文化与旅游产业的融合发展、文化与山地农业的融合发展、文化与电子产业的融合发展等诸多方面。做好文化产业与其他产业的融合发展，对贵州省文化资源的开发与保护，创新与发展都有积极的推动作用。所以，“十三五”时期，贵州省要找准文化产业融合发展的方法和途径，实现文化产业的转型升级和提质增效。

四　贵州省文化产业增加值预测分析

（一）GM（1，1）模型构建

设$X^{(0)}=X^{(0)}(1), X^{(0)}(2), \cdots, X^{(0)}(n)$，做1—AGO，得$X^{(1)}=X^{(1)}(1), X^{(1)}(2), \cdots, X^{(1)}(n)=X^{(1)}(1), X^{(1)}(1)+X^{(0)}(2), \cdots, X^{(1)}(n-1)+X^{(0)}(n)$，则GM（1，1）模型的灰色微分方程为：

$$\frac{dx^{(1)}}{dt}+aX^{(1)}=u \tag{1}$$

式中：u称为内生控制灰数，a为发展灰色作用量。设$\hat{\alpha}=(a, u)^{T}$，按最小二乘法得到：

$$\hat{\alpha}=(B^{T}B)^{-1}B^{T}Y_1 \tag{2}$$

其中：

$$Y_1=\begin{pmatrix} X^{(0)}(2) \\ X^{(0)}(3) \\ \cdots\cdots \\ X^{(0)}(n) \end{pmatrix}, B=\begin{pmatrix} -\frac{1}{2}[X^{(1)}(1)+X^{(1)}(2)]^{1} \\ -\frac{1}{2}[X^{(1)}(2)+X^{(1)}(3)]^{1} \\ \vdots \\ -\frac{1}{2}[X^{(1)}(n-1)+X^{(1)}(n)]^{1} \end{pmatrix}$$

求得，方程（1）的解为：

$$\hat{X}^{(1)}(k+1)=\left[X^{(0)}(1)-\frac{u}{a}\right]e^{-ak}+\frac{u}{a};\ k=1,2,\cdots,n. \tag{3}$$

（二）模型检验

灰色预测模型检验一般有残差检验、关联度检验和后验差检验。

1. 残差检验

按照预计模型计算 $\hat{X}^{(1)}$（i），并将 $\hat{X}^{(1)}$（i）累减生成 $\hat{X}^{(0)}$（i），然后计算原始序列 $X^{(0)}$（i）和 $\hat{X}^{(0)}$（i）的绝对误差序列及相关误差序列。

$$\Delta^{(0)}(i) = |X^{(0)}(i) - \hat{X}^{(0)}(i)| \qquad i = 1, 2, \cdots, n$$

$$ø(i) = \frac{\Delta^{(0)}(i)}{X^{(0)}(i)} \times 100\% \qquad i = 1, 2, \cdots, n$$

2. 关联度检验

定义 1 选取参考数列

$$X_0 = \{X_0(k) | k = 1, 2, \cdots, n\} = \{X_0(1), X_0(2), \cdots, X_0(n)\}$$

K 表示时刻，假设有 m 个数列，则：

$$X_i = \{X_i(k) | k = 1, 2, \cdots, n\} = \{X_i(1), X_i(2), \cdots, X_i(n)\} \quad i = 1, 2, \cdots, m$$

则称：

$$\xi_i(k) = \frac{\min_i \min_k |X_0(k) - X_i(k)| + \rho \max_i \max_k |X_0(k) - X_i(k)|}{|X_0(k) - X_i(k)| + \rho \max_i \max_k |X_0(k) - X_i(k)|} \tag{4}$$

ξ_i（k）为比较数列 X_i 对参考数列 X_0 在 k 时刻的关联系数，ρ 是分辨系数，取值为（0，1）之间，一般取 0.5。在（4）中，$\min_i \min_k | X_0(k) - X_i(k) |$、$\max_i \max_k | X_0(k) - X_i(k) |$ 分别是两级最小差和两级最大差。为了在每个时刻都有一个关联数，我们定义一个方程，使其满足每个时刻都便于比较。

定义 2：

$$r_i = \frac{1}{n} \sum_{k=1}^{n} \xi_i(k) \tag{5}$$

方程（5）为数量 X_i 对参考数列 X_0 的关联度。由（5）得出，关联度是把各个时刻的关联系数集中为一个平均值，也就是把过于分散的信息集中处理，根据前面所述关联度计算出 $\hat{X}^{(0)}$（i）与原始序列 $X^{(0)}$（i）D 的关联系数，然后计算出关联度，根据经验，当 ρ =0.5 时，关联度大于 0.6 就满意了。

3. 后验差检验

a. 计算原始序列标准差：

$$S_1 = \sqrt{\frac{\sum[X^{(0)}(i) - \overline{X}^{(0)}]^2}{n-1}} \tag{6}$$

b. 计算绝对值误差序列的标准差：

$$S_2 = \sqrt{\frac{\sum[\Delta^{(0)}(i) - \overline{\Delta}^{(0)}]^2}{n-1}} \tag{7}$$

c. 计算方差比：

$$C = \frac{S_2}{S_1} \tag{8}$$

d. 计算小误差概论：

$$P = p\{|\Delta^{(0)}(i) - \overline{\Delta}^{(0)}| < 0.6745S_1\} \tag{9}$$

令 $e_i = |\Delta^{(0)}(i) - \overline{\Delta}^{(0)}|$，$S_0 = 0.6745S_1$，则 $P = p\{e_i < S_0\}$。

表 3　检验标准

P	C	标准
>0.95	<0.35	好
>0.8	<0.5	合格
>0.7	<0.65	勉强合格
≤0.70	≥0.65	不合格

若残差检验、关联度检验和后验差检验都能通过，则可以用所建模型进行预测；若用原始时间序列 $X^{(0)}$ 建立的 GM（1，1）模型检验不合格或精度不够理想时，这时需要建立的 GM（1，1）模型进行修正或提高模型的预测精度，其修正方法如下：设原始序列 $X^{(0)}$ 建立的 GM（1，1）模型为 $\hat{X}^{(1)}(i+1) = \left[X^{(0)}(1) - \frac{u}{a}\right]e^{-ai} + \frac{u}{a}$；$i = 1, 2, \cdots, n$. 可获得生成时间序列 $X^{(1)}$ 的预测值 $\hat{X}^{(1)}$，即对于 $X^{(1)} = X^{(1)}(1), X^{(1)}(2), \cdots, X^{(1)}(n)$ 有

预测序列 $\hat{X}^{(1)}=\hat{X}^{(1)}$ (1), $\hat{X}^{(1)}$ (2), …, $\hat{X}^{(1)}$ (n), 定义残差序列为:

$$e^{(0)}(j)=X^{(1)}(j)-\hat{X}^{(1)}(j) \quad j=1,2,\cdots,n$$

若取 j=i, i+1, …, n, 则与 $\hat{X}^{(1)}$ 及 $X^{(1)}$ 对应的残差序列为:

$$e^{(0)}=\{e^{(0)}(i),e^{(0)}(i+1),\cdots,e^{(0)}(n)\}$$

为便于计算，将上式写为 $e^{(0)}=\{e^{(0)}(1'), e^{(0)}(2'), \cdots, e^{(0)}(n')\}$, $e^{(0)}$ 的累加生成序列 $e^{(1)}=\{e^{(1)}(1'), e^{(1)}(2'), \cdots, e^{(1)}(n')\}$ $n'=n-i$

$e^{(1)}$ 可建立相应的 GM (1, 1) 模型: $\hat{e}^{(1)}(k+1)=\left(e^{(0)}(1)-\frac{u_e}{a_e}\right)e^{-a_e k}+\frac{u_e}{a_e}$, 该模型的导数 $\hat{e}^{T}(k+1)=(-a_e)\left(e^{(0)}(1)-\frac{u_e}{a_e}\right)e^{-a_e(k-1)}$, $\hat{e}^{(1)(k+1)}$ 和 $\hat{e}^{T}(k+1)$ 两式相加，修正 $\hat{X}^{(1)}(k+1)$，得修正模型: $\hat{X}^{(1)}(k+1)=\left(X^{(0)}(1)-\frac{u}{a}\right)e^{-ak}+\frac{u}{a}+\delta(k-1)(-a_e)\left(e^{(0)}(1)-\frac{u_e}{a_e}\right)e^{-a_e(k-1)}$, 其中 $\delta(k-1)=\begin{cases}1 & k\geq 2\\ 0 & k<2\end{cases}$ 为修正系数，最后给出经过残差修正的原始序列预测模型:

$$\hat{X}^{(0)}(k+1)=\hat{X}^{(1)}(k+1)-\hat{X}^{(1)}(k) \quad k=1,2,\cdots,n$$

(三)数据的选择

文化产业增加值是体现文化产业整体发展的重要指标之一，近几年来，贵州省文化产业增加值一直都保持着高速增长，贵州文化产业的发展速度不断加快，为了更好地对"十三五"时期文化产业的发展有一个判断，对贵州省文化产业增加值的预测很有必要。因此，预测选择贵州省 2010～2014 年的文化产业增加值数据作为预测数据（见表4）。

表 4　贵州省 2010～2014 年文化产业增加值

单位：亿元

年份	2010	2011	2012	2013	2014
增加值	112.21	140.23	152.03	209.72	296.85

资料来源：2010～2015 年贵州省文化产业统计报告。

根据表 4 的数据，建立贵州省文化产业增加值的灰色预测模型 GM（1，1），并预测 2015～2020 年贵州省文化产业的增加值。

1. 模型的构建和预测

建立 GM（1，1）模型，令 $X^{(0)}=X^{(0)}(1), X^{(0)}(2), \cdots, X^{(0)}(5)=\{112.21, 140.23, 152.03, 209.72, 296.85\}$，构造矩阵 B 和数据向量 Y_1。

$$Y_1=\begin{pmatrix} X^{(0)}(2) \\ X^{(0)}(3) \\ X^{(0)}(4) \\ X^{(0)}(5) \end{pmatrix}=\begin{pmatrix} 140.23 \\ 152.03 \\ 209.72 \\ 296.85 \end{pmatrix},$$

$$B=\begin{pmatrix} -\frac{1}{2}[X^{(1)}(1)+X^{(1)}(2)] & 1 \\ -\frac{1}{2}[X^{(1)}(2)+X^{(1)}(3)] & 1 \\ -\frac{1}{2}[X^{(1)}(3)+X^{(1)}(4)] & 1 \\ -\frac{1}{2}[X^{(1)}(4)+X^{(1)}(5)] & 1 \end{pmatrix}=\begin{pmatrix} -182.325 & 1 \\ -328.455 & 1 \\ -509.33 & 1 \\ -762.615 & 1 \end{pmatrix}$$

计算微分方程的参数：

$$B^{T}B=\begin{pmatrix} 982123.77978 & -1782.425 \\ -1782.425 & 4 \end{pmatrix}$$

$$(B^{T}B)^{-1}=\begin{pmatrix} 0.000005323 & 0.00237196 \\ 0.00237196 & 1.306960713848 \end{pmatrix}$$

$$B^{T}Y_1=\begin{Bmatrix} -408701.3988 \\ 798.83 \end{Bmatrix}$$

$$\hat{\alpha}=(B^{T}B)^{-1}B^{T}Y_1=\begin{Bmatrix} -0.280724739 \\ 74.61605715 \end{Bmatrix}$$

即$\begin{cases}a=-0.280724739\\u=74.61605715\end{cases}$，预测模型为：$\frac{dx^{(1)}}{dt}-0.280724739X^{(1)}=74.61605715$，

$$X^{(0)}(1)=112.21,\frac{u}{a}=-265.7979393$$

$$X^{(0)}(1)-\frac{u}{a}=378.0079393,\hat{X}^{(1)}(k+1)=\left(X^{(0)}(1)-\frac{u}{a}\right)e^{-ak}+\frac{u}{a}$$

$$X^{('1)}(k+1)=378.0079393\times e^{0.280725k}-265.7979393$$

2. 模型检验

a. 关联度检验

通过计算，

$$\Delta^{(0)}=\{0\quad 17.72\quad 10.18\quad 5.06\quad 12.45\}$$

$$\min\{\Delta k\}=0,\ \max\{\Delta k\}=17.72$$

$$\xi(1)=1,\xi(2)=0.3333333,\xi(3)=0.46533613,\xi(4)=0.636494,\xi(5)=0.415767$$

$$r=\frac{1}{5}(1+0.33333+0.465336+0.636494+0.415767)=0.570186$$

$r=0.570186$ 基本满足 $\rho=0.5$ 时，$r>0.57$。因此，关联度检验虽然没有达到满意的结果，但距离 $r=0.6$ 很近，基本上可以通过。

b. 后验差检验

$$\overline{X}^{(0)}=\frac{1}{5}(112.21+140.23+152.03+209.72+296.85)=\frac{911.04}{5}=182.208$$

$$S_1=\sqrt{\frac{\Sigma[X^{(0)}(i)-\overline{X}^{(0)}]^2}{n-1}}=\sqrt{\frac{\Sigma[X^{(0)}(i)-182.208]^2}{5-1}}=73.26711$$

残差均值：

$$\overline{\Delta}=\frac{1}{5}(0+17.72+10.08+5.06+12.45)=9.082$$

残差的标准差：

$$S_2=\sqrt{\frac{\Sigma[\Delta^{(0)}(i)-\overline{\Delta}^{(0)}]^2}{n-1}}=\sqrt{\frac{\Sigma[\Delta^{(0)}(i)-9.082]^2}{4}}=6.815815$$

$$C=\frac{S_2}{S_1}=\frac{6.815815}{73.26711}=0.093027$$

$$S_0=0.6745S_1=0.6745\times 73.26711=49.41867$$

$$e_i=|\Delta^{(0)}(i)-\overline{\Delta}^{(0)}|=\{9.082,8.638,1.098,4.022,3.368\}$$

所有的 e_i 都小于 S_0，因此，$P=1$，$C<0.35$，所以，后验差检验通过。

c. 残差检验

计算 $X^{(,1)}(1)=112.21$，$X^{(,1)}(2)=234.72$，$X^{(,1)}(3)=396.93$，$X^{(,1)}(4)=611.71$，$X^{(,1)}(5)=896.11$。

累减生成序列：$\hat{X}^{(,0)}(1)=112.21$，$\hat{X}^{(,0)}(2)=122.51$，$\hat{X}^{(,0)}(3)=162.21$，$\hat{X}^{(,0)}(4)=214.78$，$\hat{X}^{(,0)}(5)=284.4$

绝对误差及相对误差序列：

$$\Delta^{(0)}=\{0 \quad 17.72 \quad 10.18 \quad 5.06 \quad 12.45\}$$
$$\phi=\{0 \quad 12.64\% \quad 6.7\% \quad 2.41\% \quad 4.19\%\}$$

相对误差中有的相对误差较大，因此，要对原模型进行残差修正提高精度。取

$$e^{(0)}=\{0 \quad 17.72 \quad -10.18 \quad -5.06 \quad 12.45\}$$
$$e^{(1)}=\{0 \quad 17.72 \quad 7.54 \quad 2.48 \quad 14.93\}$$
$$\hat{e}^{(1)}(k+1)=18.94e^{0.37027k}-18.94$$
$$\hat{e}^{T}(k+1)=0.37027\times 18.94e^{0.37027(k-1)}$$
$$\hat{X}^{(1)}(k+1)=378.0079393\times e^{0.280725k}-265.7979393+\delta(k-1)\times 0.37027\times 18.94e^{0.37027(k-1)}$$

其中：$\delta(k-1)=\begin{cases}1 & k\geq 2\\ 0 & k<2\end{cases}$，修正后得出残差计算（见表5）。

通过残差修正，修正后相对误差减小，可以用来预测“十三五”时期贵州省文化产业增加值变化情况（见表6、图5）。

表5　修正后的残差计算

序号 i	$X^{(1)}(i)$	$\hat{X}^{(1)}(i)$	修正后误差	相对误差(%)
3	404.47	397.95	6.52	1.61
4	614.19	613.18	1.01	0.16
5	911.04	898.24	12.8	1.41

表6　贵州省文化产业增加值预测值

单位：亿元

年份	$X^{(1)}(i)$	$\hat{X}^{(1)}(i)$	$X^{(0)}(i)$	$\hat{X}^{(0)}(i)$
2014	911.04	898.24	296.85	285.05
2015		1275.75		377.51
2016		1775.73		499.98
2017		2437.92		622.19
2018		3314.98		877.05

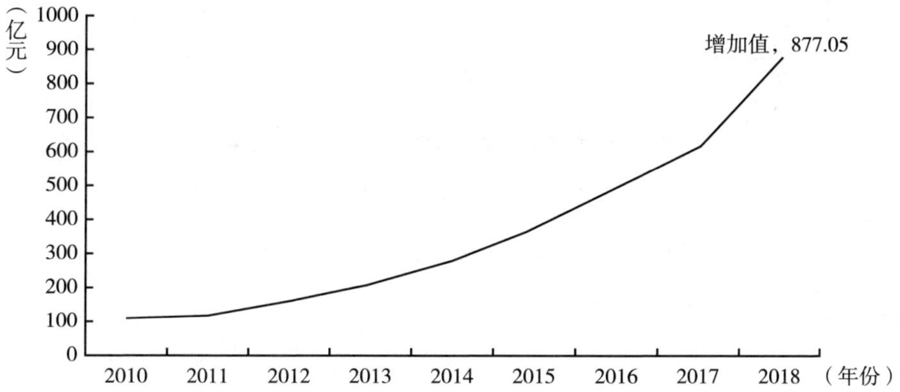

图5　贵州省文化产业增加值发展趋势预测

五　结论

近年来，虽受国内经济下行压力的影响，但贵州省文化产业的发展仍然保持稳定的增长趋势（见图6）。从增速来看，在未来几年，贵州省文化产业增加值年均增长保持在24%以上，相对于全国其他省份来说，贵州文化产业处于高速发展时期，到2018年文化产业增加值达到877亿元左右。通过对贵州省文化产业“十三五”发展环境和条件分析，从文化产业的开发、保护、创新、发展、融合等角度对“十三五”时期贵州省文化产业的发展路径进行分析，认为贵州只有坚持文化产业的开发和保护，促进创新发展，加强产业融合，才能走出一条文化产业健康发展的可持续之路。

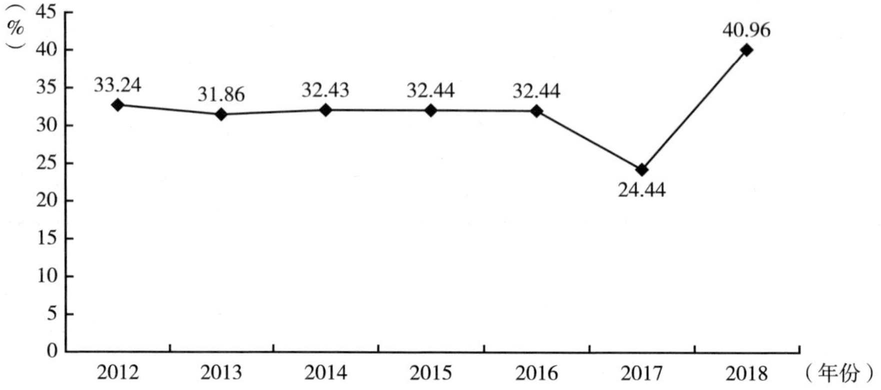

图 6　贵州省文化产业增加值增速发展趋势

参考文献

刘梅：《从多元的民族文化资源看贵州特色数据库建设》，《图书馆》2008 年第 5 期。

熊德威、袁其国、赵建平、薛松贵：《后发展地区生态环境保护路径选择——以贵州省为例》，《环境保护》2016 年第 6 期。

宋明、黄勇、王前等：《加快产业园区建设　推动文化产业快速发展——贵州文化产业发展报告（2014）》，载《2014 年贵州文化产业发展报告》，知识出版社，2014。

B.3
新常态下贵州省文化产业发展思考

陈加友*

摘　要： 文化产业与经济发展之间从来关系都十分密切，无论是经济萧条还是金融危机时期，经济领域发生的所有问题都会给文化产业发展带来复杂影响。当前我国经济发展步入新常态，文化市场和文化产业的发展也与经济领域其他产业的发展一样，总体呈现出不同程度的新常态现象。贵州的经济发展与全国及周边省（区、市）比较，各方面虽相对滞后，但因得天独厚的文化底蕴、民族结构和自然特点，文化产业的发展却有着得天独厚的禀赋优势。下一步，贵州省文化产业发展应紧紧抓住新常态下迎来的机遇，积极应对挑战，选择合理的发展路径，着力抓好一批融合发展的重大项目、打造精品品牌、推动文化产品“走出去”，在广阔的经济大舞台上创造出适合自身的发展之道。

关键词： 新常态　机遇　挑战　发展

一　经济发展新常态

习近平总书记指出：“我国发展仍处于重要战略机遇期，我们要增强信

* 陈加友，贵州省社会科学院对外经济研究所副研究员，博士，研究方向为产业经济、文化产业。

心，从当前我国经济发展的阶段性特征出发，适应新常态，保持战略上的平常心态。”以新常态的思维、理念和发展视角，判断我国当前的经济特征，将其上升到全球战略高度，说明中央对我国当前经济发展阶段的变化规律在认识上更加准确、更加长远和更加深刻，对国家宏观政策的决策级各类企业的升级转型产生战略性、方向性的影响。

（一）经济新常态的内涵

所谓经济的“常态”是一个经济体运行的“经常性状态”或“稳定性状态”的简称。经济新常态，显然隐含了一个时期或阶段的概念，即所谓经济的“常态”应该是一个经济体在“某一特定时期或阶段”内运行的“经常性状态”或“稳定性状态”的简称。依此定义，“经济新常态”由于有个“新”字，那就一定是相对于“上个时期或阶段”经济运行的状态而言的，或者是相对于“历史时期或阶段”经济运行的状态而言的。人类社会经济的发展受到诸多因素的影响，这些因素不仅在维度上难以穷尽，而且在内涵或形式上也无法完全控制或重复，即人类社会经济发展的历史不可能简单重复。从这个意义上说，有别于“上个时期或阶段”的经济运行状态，一旦趋于稳定，并可以维持一段时间，那就是经济运行的“新常态”。

（二）经济新常态的实质

经济增长从现象上表现为发展要素的积累和投入增长，但实际上是资源配置的优化组合，产业结构的不断演进和动态发展过程。当前，从贵州省生产要素的产业调配来看，首先，水泥、钢铁等产能过剩行业，在要素配置中占用的生产资源比重较大，产生了很大的经济风险；其次，医疗、教育、养老等行业受体制机制及市场发育制约，社会资源、要素等市场进入不足，严重削弱产业的市场竞争，导致资源错配，使得产业发展经济效率低下。以前，贵州省主要依靠投资驱动，高投资促使高增长成为贵州省经济增长的基本态势。随着经济新常态的到来，今后，贵州省必须转型发展，从投资驱动路径转换成创造驱动路径，让经济增长“从高速增长转为中高速增长”和

“经济结构不断优化升级”成为一种新常态。所以，所谓新常态，实质就是旧增长形态到新增长形态的跳跃和转变。

（三）经济新常态的关键

经济新常态的关键，就是经济发展形态的改变和经济发展动能的转换。很长时期内，我国受计划经济体制影响，经济发展动力机制十分单一，主要依靠政府强力推动，市场作用发挥受限，经济发展中不全面、不稳定和不持续问题始终是改革开放过程中的重点问题。随着全国经济快速发展、经济总量的不断壮大，以前单一的动力机制与我国新常态下的经济发展需要严重不适应。而发达国家长期的发展历史表明，每一次重大技术革命后，都不是经济增速的提升，而是生产效率的短期内明显下降。因此，作为经济发展处于新常态的我国，要认识到“从高速增长转为中高速增长”，是经济发展实现“换挡提速”过程的必然表现，是经济发展动力机制转型的必然要求；同时，还要考虑到这一过程中随时会遇到的各种风险。

二　贵州文化产业在新常态下迎来的机遇和挑战

（一）机遇

机遇一：文化产业作为一种主要经济形态，其发展完全遵循经济发展的所有规律、与经济社会发展是血脉相依的密切关系。但考虑其自身的特殊性及发展阶段，文化产业又因价值规律作用而表现出一定程度的滞后性。[①] 因此，从时间坐标分析，2015 年，是我国经济发展进入经济新常态的第二年；从国家战略考量，2015 年，是国家全面深化改革的关键节点。战略与时间的迎合，催生出我国新的发展机遇。

机遇二：依存高速增长的经济发展态势，文化产业也基本保持了 15%

① 杨吉华：《文化产业政策研究》，中共中央党校博士学位论文，第 10 页。

以上增长速度，到2013年，文化产业站址已占GDP比重达3.77%以上。保持如此高的增长速度，虽有我国文化产业发展基数小、起点低的原因，但是，其最主要的深层次动力是国家出台的大量利好政策的强力推动，为文化产业发展迎来了一个快速增长的爆发期。因此，新常态的经济发展背景下，中央及国家各部委密集出台的大量利好政策，必将为文化产业新一轮的发展创造诸多条件。

机遇三：从产业结构调整的角度分析，现代服务业中，文化产业扮演着十分重要的角色。随着人们消费观念和消费层次的提高，文化产业的发展已经成为城市现代文明的重要标志，作为推动城镇产业结构不断优化转型的主要动力，借力文化产业与互联网、高新技术、现代金融等的融合，推动整个产业结构转型升级的同时，也为文化产业的进一步发展壮大带来新机遇、新动力。

机遇四："一路一带"是我国外交战略的重要支点，为中华文化走出国门、走向世界提供了一条新通道、新载体。而国家这一重大战略的实施，必须立足进一步的对外开放，尤其是进一步加快发展相对落后的西部地区的对外开放，为几千年来的我国丝绸之路注入了新的时代和精神内涵，这必将给文化产业的快速发展提供难得的历史和战略机遇。

（二）挑战

理论挑战：贵州省文化理论的演化依存于全国文化理论，其几千年的文化发展，缺乏独自的文化理论支撑和指导。随着文化产业的兴起和发展，文化理论的支撑不仅突破了理论的抽象指导，在实践层面，对文化产业的规划、布局等具有实践指导作用的理论发展更加滞后，贵州省文化产业的发展缺乏具有可操作性的文本指导，从而制约全省文化产业的规范化、长期化、持续化发展。

现实挑战：近年来，贵州省所处发展阶段的特点，在文化产业领域表现也十分突出。为追求看得见的经济效益，或为追求显性的政绩效应，地方政府不顾自身资源禀赋和市场需求，到处建文化产业园区，导致园区空心化、倒闭亏损等问题时有发生。

三　新常态下贵州省文化产业的发展基础

贵州省发展文化产业，得天独厚的生态资源、世代集居的多种少数民族、雄奇秀丽的自然景观等，都为贵州省文化产业的发展提供了坚实的市场基础。

（一）多样性的文化宝库

贵州省多民族的自然特点，加上交通阻隔、发展滞后，为贵州省文化产业的发展保留了一方独特的自然处女之地。近年来，经济社会的全面发展，交通物流的四通八达，全世界民族融合、文化融合已导致许多优秀的民族文化消失、许多独特的自然风光受到破坏。但是，在贵州，苗族文化、白族文化、彝族文化等多种民族文化都得到完整的保存；独具喀斯特地貌特点的许多自然景观得到完好保存。这些独特的自然禀赋，都为贵州文化产业的发展提供天然的文化宝库。

（二）独特气候生态环境

贵州山地环境孕育了适宜人类生存发展的“六度一风”。经度，以贵州省为中心，往东走，是大城市，再往东是大海洋；向西走，是大高原，再向西走，是大沙漠。唯有贵州是一颗绿色的璀璨明珠。纬度，据研究成果显示，地球上适宜人类居住的纬度是北纬 5～40 度。目前，地球上的人口 70% 居住在北纬 24～29 度。贵州省位于北纬 24°37′～29°13′。海拔高度，适宜人类居住的海拔高度是 500～1800 米，贵州省平均海拔高度是 1110 米。温度，适宜人类居住的平均温度是 10～18 摄氏度，贵州省平均温度是 15.3 摄氏度；适宜人类居住的 7 月平均温度是 18～28 摄氏度，贵州省 7 月平均温度是 23.5 摄氏度。相对湿度，适宜人类居住的相对湿度是年平均 30～90 度，贵州省年均相对湿度是 75 度。负氧离子浓度，被誉为“空气维生素”的负氧离子有利人体身心健康，适宜人类居住的负氧离子浓度是 600～20000，贵州省负氧离子浓度是1000～16000。和风，贵州省吹动万物的风主要是和风、清风，无台风、无飓风、无沙尘暴。基于贵州省环境品质的“六度一风”，人们头顶蓝天，脚踏净地，沐浴和风，畅饮山泉，宜居、宜业、宜游，山地城镇化是能够“化”得起来的。

（三）丰富多彩的城镇文化

历史传统的特殊性、民族结构的复杂性和经济成分的多样性，各种文化相互影响、水乳交融，形成了贵州省丰富的城镇内涵。历史文化古朴厚重。贵州省极富地域特色的荆楚文化、巴蜀文化、古越文化、夜郎文化、滇文化乃至儒、释、道、巫、傩文化和屯堡文化、土司文化、阳明文化等，都浸透贵州省城镇化的方方面面。部分城镇在宏观布局上，遵循传统文化的内在逻辑，以山为屏，以河为护，还保留着传统的外围城墙和护城河流，典型县城如七星关区老城，以虎踞山、文笔山、凌峰山、天河山为屏，以倒天河为护，至今还保留着西门、北门和南门；典型小镇如贵阳青岩古镇等，部分城镇布局以一种历史文化为主，融入多种文化元素，如镇远古城，宏观上遵循太极图示，微观上融入儒、释文化，建筑清幽古朴，民风古典厚重；还有部分城市以某种民族信仰为主题，围绕这一主题文化布局和发展城镇，如赫章县城以夜郎文化为主题，布局和构思整个城市的空间格局；其他如安顺的屯堡文化和“三线”文化、遵义的巴蜀文化和长征文化、贵阳的阳明文化和现代商业文化等。民族文化亮丽多彩。贵州省居住着苗、布依、侗、彝、仡佬、土家、水、回、壮、瑶等少数民族，创造了丰富多彩的民族文化，使全省的城镇化“穿衣戴帽”都凸显民族风情。尤其是三州（黔东南、黔西南、黔南），民族聚居显著，城镇发展因聚居而体现着不同的民族文化内涵，部分民族城镇以民族图腾文化为主，延伸到城镇发展的每一领域，如丹寨县城的宏观布局、建筑风格、地方文化等，因为聚居的苗族以锦鸡作为自己的民族图腾，并创造出自己的锦鸡舞及一系列生活习俗和服饰、头饰等，整个城市发展都体现了“锦鸡”这一民族主题文化；部分民族城镇又以其民族迁徙、生存和发展的遭遇为主题，把本民族在此过程中创造的特殊文化融入城镇布局、建筑构思和生活的每一方面，典型的如西江千户苗寨等，充分展示他们祖先在迁徙、生存和繁衍过程中历尽的千辛万苦和感恩之心。农耕文化坚韧精细。贵州省是一个农业省份，人们世代以农耕为主，“九山半水半分田”的耕作环境和独特的喀斯特地貌，使贵州省保留着传统农垦文明的生产和生活方式，这带来贵州省城镇内涵非常鲜明的农耕特征：坚韧性和精细性。从选址上看，许多城镇建于山巅之上，四周广布良田，以农耕为主支撑城镇发展，典型的如七星关区大银镇、对坡镇等，建于土壤贫瘠的山巅缓坡之上，体现了农耕文化的主导影响；从建筑方式和选材上看，部分石材建筑，石材重万斤，主要通过填土、牛拉、人推的方式把石材挪到指定位置，体现了农耕文化的坚韧性；同时，从整个墙面看，石材之间未用灰浆黏合，而是通过人工湛路使两块石材之间天然吻合，并在墙面手工开擢一条条文理清晰的湛路，形成各种花纹，体现了农耕文化的精密，典型的如黔西南州和镇宁县布依石材建筑等。

（四）快速增强的产业基础

2011～2013年，全省文化产业单位从6706个增加到11698个，年均增加1664个；全省文化产业增加值从140.23亿元增加到209.72亿元，占GDP的比重从2.46%增加到2.62%（见表1、图1），三年来文化产业的快速发展为新常态下贵州省文化产业的进一步健康发展奠定了良好基础。

表1　贵州省2011～2013年文化产业发展情况

年份	2011	2012	2013
文化产业单位（个）	6706	8429	11698
文化产业增加值（亿元）	140.23	152.03	209.72
文化产业增加值占GDP比重（%）	2.46	2.22	2.62

（五）快速改善的基础设施

近年，随着快速铁路和高速公路的建设，以交通为重点的基础设施状况

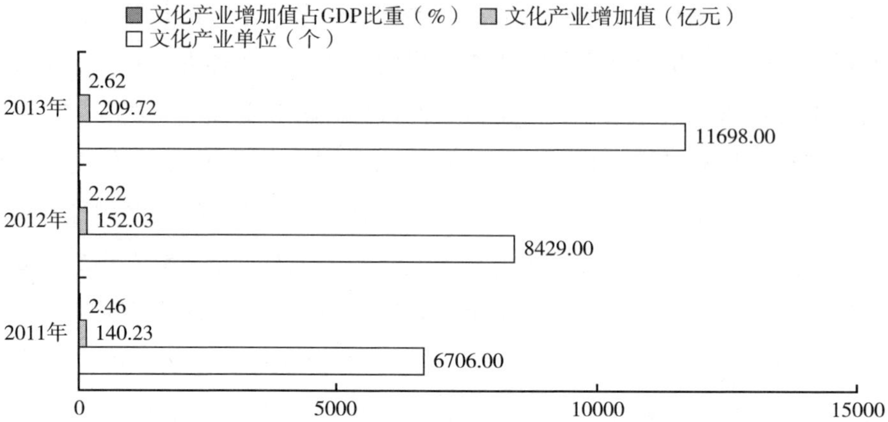

图1　2011～2013年贵州省文化产业发展情况

正在发生根本性改变，人员、物资流通的瓶颈逐渐打破，贵州将一改千年封闭的状况，迎接全面走出大山的新的历史时期和发展阶段。贵州省是西南地区连接珠三角、长三角和东盟地区的重要通道，近几年来陆续实施了贵广高速铁路、成贵高速铁路、贵广高速公路和厦蓉高速公路等重大项目。未来5～10年，贵州将建成渝黔、成贵、沪昆客运专线等10条快速铁路，形成"一环十射"铁路网络，贵州的区位关系在新的交通格局中将得到极大改善，为文化产业发展提供重要支撑（见表2、图2）。

表2　贵州省2013～2020年交通发展情况

单位：公里

年份	2013	2014	2015	2020
铁路	2128	2491	3000	4200（确保）
高速公路	3281	4002	5100（突破）	9700（预计）

（六）社会各界的关注和政策的支持

从贵州省委、省政府的动员和切实行动，各地政府的热情参与和行动，到民众的广泛支持和参与，都显示出当前发展文化产业在社会各界已形成高

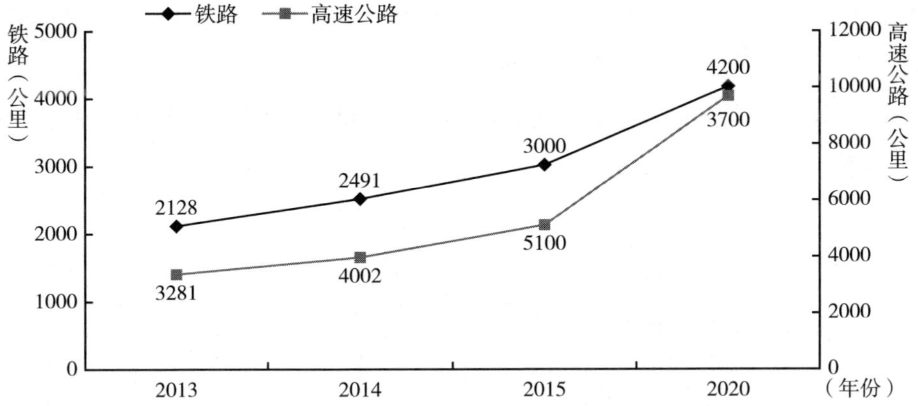

图 2　贵州省 2013～2020 年交通发展

度的共识。中央高度重视文化产业发展，将其纳入经济社会发展总体规划，明确提出要推动文化产业成为国民经济支柱型产业。为实现贵州省建设成全国文化旅游发展创新区的战略定位，中央从财税、投资、人才等方面明确了许多支持贵州发展的优惠政策，为贵州省文化产业加快发展提供了重要的政策保障。贵州省为培育市场主体，积极改善文化企业融资难问题，由中共贵州省委宣传部等九部门下发了《关于印发〈关于金融支持贵州省文化产业振兴和发展繁荣的实施意见〉的通知》。此外，贵州省文化产业发展基金正式运作。

（七）文化产业与旅游业出现全面融合态势

旅游产业与文化产业同属国民经济中的第三产业，二者的发展相互关联，两者相辅相成（见图 3）。近年来，贵州省旅游产业和文化产业的发展互动与整合，使其二者的产业边界不断收缩或消失，表现出了全面融合的态势。2011 年，贵州省文化旅游增加值占全省文化产业增加值的比重为 28.94%，占全省 GDP 的比重为 0.71%。贵州省文化资源丰富，借助旅游发展壮大文化产业成为贵州省文化产业实现跨越式发展的必然选择。贵州省文化产业与旅游业的发展紧密结合，通过文化产业发展提升旅游业内涵的同时，重视旅游业发展而形成的外来消费市场，为文化产业相关产品的发展搭建了一个良好的市场平台。在缺乏引资情况下，充分利用景区品牌辐射带动效应，实现相关产业的空间聚集，增强产业之间的关联度，构筑合理的文化产业链。

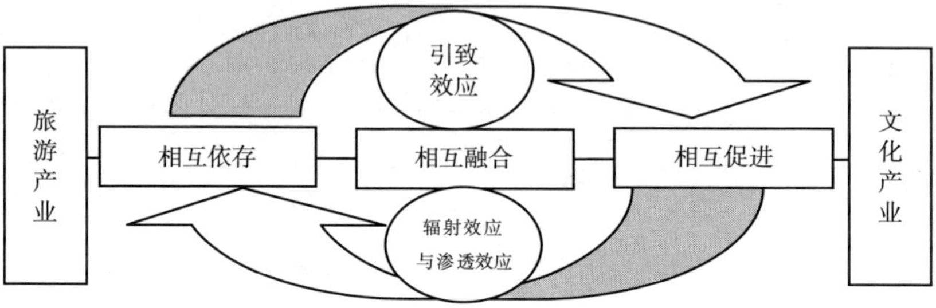

图3　文化产业与旅游产业互动机制

（八）文化产业成为新的投资热点

根据文化产业发展规律，人均GDP达到3000美元时，居民消费进入物质消费和精神文化消费并重时期。2014年贵州省人均GDP达到4300美元，全国人均GDP达到7000美元，城乡居民消费正由生存型、温饱型快速向小康型、享受型转变，文化消费需求将会呈现出井喷式的增长。因此，会有大量资本和人力资源涌入文化领域，一些长期从事金融、矿业、地产等领域的大企业开始将目光投向文化产业，这对文化产业发展产生有力的推动。例如，贵州省首家房地产类上市公司中天城投，现已投资15亿元打造贵州歌剧院和IMAX影城，作为贵州文化产业的先发引擎，在改变贵州文化消费和交流格局的同时，也构筑起最本土又最国际化的文化高地。

四　新常态下贵州文化产业发展存在的问题

贵州省文化产业发展在基础建设、品牌打造、项目实施、文化体制改革、民营文化企业培育、产业园区建设等各方面呈现出良好发展势头，但仍有一些问题制约了发展的速度和质量。

（一）文化产业专业人才匮乏

目前，贵州省从事文化产业的专业人员严重缺乏，其管理人员主要是来自政府部门的文化系统宣传人员，缺乏市场运营、市场策划和经济管理经验，往往按照政府机制、理念等传统观念办事，缺乏相应的灵活性、创新性等，造成市场资源浪费、市场效率低下等问题大量存在。

（二）文化产业投融资难

贵州省文化企业规模偏小，转制企业尚未完全成为合格市场主体，融资能力偏弱，缺乏在资本市场中承担投融资风险的意识和风险控制能力。文化企业无形资产比重较大，可抵押实物资产不足，融资渠道比一般企业更为不畅。缺乏金融公共服务平台，以及多元化的文化产业投融资渠道，未能对文化企业无形资产进行评估。缺乏金融机构与文化企业联合探索的新型服务性融资模式和金融产品。

（三）与相关产业融合的范围和深度不够

文化元素还没有充分被挖掘，文化产业链条还不完整，过于单一，缺乏横向竖向交叉的网结式发展。文化产业与传统产业之间，甚至文化行业内部之间还没有得到较好的渗透融合发展。文化产业与相关产业的融合，主要集中在文化旅游和一部分附加值不高的民族民间工艺品方面，未能充分发挥集聚优势和联动效应。文化产业链还未延伸渗透各行业，如制造业、餐饮业、建筑业、医药业等。

五　新常态下贵州文化产业实现快速发展的路径

由于产业基础、经济社会条件和本地需求相对不足等原因，贵州某一文化产业单项行业的发展同周边省份以及全国一般情况相比不占据优势。贵州文化产业快速发展的路径，就是要以改革创新为动力，以品牌建设为引领，大力实施文化与旅游及相关产业融合发展战略，走一条不同于东部发达省市、适合贵州省情和贵州发展阶段的具有贵州特色的发展道路。

文化产业与国民经济各个产业部门正在发生普遍的融合，并形成良好的互动关系。文化行业内部之间、文化产业与传统产业之间的渗透融合发展，既能提升产业的经济效益，又能彰显文化的社会效应。在今后一段时间，贵州文化产业要坚持实施融合发展战略，发挥贵州历史文化、民族文化、红色文化、生态文化等资源丰富的优势，大力推动贵州文化与旅游、科技、公共文化服务以及新型工业化、特色产业、城镇化等相关领域融合发展。尤其是大力发展多民族文化旅游产业和生态文化旅游产业，充分彰显贵州文化产业的特色和核心竞争优势。

实施融合发展战略，应坚持中心突出、多业共荣，越界发展、跨省竞合，通过充实文化内涵提升传统产业附加值，推动产业结构全面升级，完成贵州第三产业的高端化替代。以完整产业链的打造为着眼点，通过对高科技创新、文化创意的运用，形成新型产业业态和商业发展模式。

六　新常态下贵州文化产业实现快速发展的主要任务

（一）着力抓好一批融合发展的重大项目

尽快建成一批融合发展的重大文化项目，产出核心文化产品，发挥骨干和示范作用。

1. 与旅游融合发展

坚持以多民族文化与旅游融合发展为核心，以探索文化旅游发展路径创新为重点，加快推动文化旅游发展创新区建设，大力培育、不断做大做强做优具有比较优势的特色文化旅游产业，把贵州省建成具有全国示范效应的文化旅游发展创新区，成为世界知名、国内一流的旅游目的地、休闲度假胜地。

通过积极探索、示范推进，力争到2015年，打造10个左右具有较强带动性的文化旅游发展创新区示范点，形成一批具有国际竞争力的文化旅游产品，初步建立文化旅游产品特色鲜明、产业链条完整、市场要素配置良好的文化旅游产业体系，形成制度化的文化旅游持续创新体系，文化旅游生产力和文化旅游产业核心竞争力得到显著提升。

2. 借助科技手段创新发展

以国有文化企业集团为重点，运用科技手段，推动传统文化产业的流程再造，创新产品和业态。

打造新媒体集群：应对传统媒体逐渐萎缩的大趋势，紧盯建立在移动互联网基础上的即时、移动、互动媒体，改变省内目前新媒体内容依赖于纸媒的做法，创新内容生产方式，依托具有内容优势的几大国有改制传媒集团，打造贵州新媒体集群。

加快推动出版数字化转型和数字印刷：用数字化手段改造传统出版业，利用传统出版业积累的宝贵内容资源，开发新的数字出版渠道。引进数字化印刷技术，通过园区进行产业聚集，大力发展数字印刷。

基于三网融合的内容分发与共享："三网"在向宽带通信网、数字电视网、下一代互联网演进过程中，技术功能趋于一致，业务范围趋于相同，业务应用必然走向融合。而由于部门利益之争，三网融合在我国进展并不顺利。贵州省相对远离利益核心，如能强力推进三网融合，将会在体制机制创新、关键技术和设备制造、内容生产、商业模式上走在行业前列，真正实现跨越发展而不是跟踪追赶。

开发数字化文化旅游新产品：基于文化创意和现代数字技术，提升和更新风景区、主题公园、演艺、节庆、工艺、会展等传统文化旅游产品，开发全新的虚拟与在线相结合的文化旅游产品。

3. 与公共文化服务体系建设融合发展

文化产业和公共文化服务水乳交融，公共文化服务培育基本的文化需求，文化产品由于其价值观载体特性必然要承担公共文化服务的职责；二者可以共享人员、设施等社会资源，公共文化服务的实现需要借助产业化的手段同时又要为文化产业的发展提供公共服务，文化产业能够提高公共文化服务的能力。

全省正处于一个空前的高速城镇化浪潮中，旧城的改造、新城的建设给文化基础设施的改善带来了极大机遇，国家对文化设施的投入力度前所未有，各地都在规划建设一批大型公共文化设施，建设四级公共文化服务体系。在保障公共文化设施公益性的前提下，与经营性相结合，能够在很大程度上解决文化产业发展基础设施欠缺的难题，为文化产业的发展创造基本的物质条件。要通过规划，在各市（州）集中建设一批博物馆、图书馆、文化馆、科技馆等公共文化设施项目，并使之与文化产业融合，促进功能互补。

4. 与文化遗产保护传承融合发展

大力推动文化遗产保护传承与合理利用，将产业发展与文化遗产保护传承结合起来，通过生产性保护，增强遗产保护传承的动力和能力，发展遗产经济。依托历史文化名城或其他城市的历史文化街区、国家级和省级历史文化名镇等古镇和特色城镇、国家历史文化名村、大型文物保护单位等，建设集文化体验旅游、古玩和艺术品工艺品生产销售、影视拍摄等于一体的文化旅游产业集聚区，建设主要面向旅游市场的传统工艺产业园区。

5. 与城镇化融合发展

为满足广大人民群众日益增长的精神文化需求，在城镇化进程中，不同的城市建设都要安排文化设施、具备文化功能、体现文化特色，挖掘提升城市文化内涵，尤其是在省“5 个 100”工程的 100 个城市综合体和 100 个特色小城市的建设过程中，更要注重推动与文化产业的融合发展，挖掘核心吸引力，打造自身主要产业业态。要根据不同城镇特色规划实施项目，如完善提升城市功能的会议展览中心、与商贸结合的文化旅游城市综合体、与演艺娱乐结合的都市文化产业集聚区、数字多厅影视城、特色文化街区、文化产业创意园，等等，挖掘城镇群众文化消费能力和潜力。

6. 与贵州特色产业融合发展

白酒、茶、民族医药、特色食品、手工艺品等特色产业具有浓郁的地域性和民族性，被誉为贵州的“名片”。建设一批工艺品和旅游商品研发、生产、交易基地，建设一批与“名片”展示体验相结合的特色产业园区，进一步充实“名片”产品和文化内涵，创意研发具有时代感的新产品，提升文化附加值，通过特色产品的输出，传播贵州文化。

7. 与工业化融合发展

文具、玩具、体育用品、旅游用品、家居用品、服装等生活用品文化体验性强，创意设计成分重，大力承接东部地区由于成本上升而需要转移的这些轻工产业，大力开展创意设计，提升这些传统产业，形成国家新的轻工产品加工区。

鼓励承接印刷、软件、动漫制作、手工艺品加工等文化产品外包生产，发挥低成本优势，借船出海。

（二）打造精品品牌

进一步做大做强做优多彩贵州品牌：过去，贵州文化一直存在内部认同感、自信心不强，外部认知度、美誉度不高的问题。塑造正面文化形象，建设高认可度的文化品牌，是汇聚内外正能量的重要手段。2005 年，贵州省委、省政府提出“多彩贵州”文化品牌，并进行了确定核心价值、形成知识产权、规范商标管理、引导授权使用等与产业结合的一系列品牌建设活动。目前，多彩贵州品牌对与核心价值关系紧密的演艺、主题公园、工艺品、文化旅游网站、酒、茶、酒店等十余个行业、十八家企业进行了商标授权，拉动投资在 40 亿元以上，初步形成特色文化产业集群和“多彩贵州”品牌大家族。要进一步加强多彩贵州品牌集约化经营与发展，建设“多彩贵州”品牌研发基地，搭建“多彩贵州”文化研究、“多彩贵州”特色文化产业孵化和培育、“多彩贵州”文化展示和宣传、“多彩贵州”文化培训和交流四大平台，探索打造“多彩贵州”的品牌总部，继续提升“多彩贵州”的品牌价值。

建设品牌集群：以“多彩贵州”品牌为引领，坚持走“开展公益性活动培育品牌与市场化运作推广品牌”的路径，使其充分发挥辐射带动作用，推出一批不同地区、不同行业领域的文化精品和品牌，建设品牌集群。重点扶持民族个性鲜明、地域特色突出、技术含量高、附加值高、社会需求广阔、能形成较长产业链的文化品牌。

（三）推动文化产品“走出去”

建立“走出去”平台和机制：整合资源，搭建技术交易支撑平台、文化创意产品展示交易平台、共享信息通信网络平台、人才交流平台等公共性服务平台，充分利用“多彩贵州文化季”“深圳文博会”等既有展示、交流、推广平台。推动贵州文化产业全方位、宽领域和多层次的对外交流与合作。

培育外向型文化企业：将外向型文化企业作为文化“走出去”的载体，通过奖励“走出去”的文化服务和产品，扶持涉外演出公司、工艺品进出口公司、版权贸易公司、具有海外市场招徕能力的旅行社、营业范围涉及境外的电子商务企业、软件动漫设计等承接境外订单的外包企业，使贵州省文化产品和服务一步步“走出去”。

七　新常态下贵州文化产业实现快速发展的保障措施

以文化改革发展为契机，大胆探索，打破桎梏，为贵州省文化产业实现快速发展创造更为开放、宽松的政策环境，提供更加有力的支撑保障。

（一）推动行政管理体制改革和职能转变

进一步深化体制改革，破除阻碍文化产业及相关产业协同发展的各种障碍、壁垒，激发社会参与文化产业发展的积极性和创造的活力。

对于文化体制改革过程中所涉及的国有文化资产的配置可采取授权经营的模式，建立授权者、监管者和经营者责权分明的新型关系，构建董事会的运作规则体系，实现资产的增值和对文化产业的推进作用。

（二）培育壮大市场主体

培育骨干文化企业：实施跨地区、跨行业、跨所有制兼并重组，超常规经济、行政手段打造全媒体、全产业链龙头骨干国有文化企业。扶持原事业单位改制的国有文化企业，依托其智力资源和在国有资本基础上完成的初始积累，充分利用国家政策对内容生产市场准入的规定，行政推动和市场规律相结合，整合组建跨地区、跨业界的大型文化企业，在内部做到人、财、物的高度融合和产、供、销、品（牌）的统一调配，同时积极吸收社会资本，优化产权结构并完善治理结构，积极培育上市。

鼓励本土优强企业进入文化产业：鼓励本土具有雄厚资本、管理、市场优势的城市建设、轻工业、能源、矿产等企业在政策许可范围内进入文化产业领域，鼓励其收购或入股（控股）文化企业以获得专业人才和经验，让资本与内容互相给力。

扶持发展“专、精、特、新”的中小微型文化企业：在工艺品、文化创意和部分文艺创作等不完全适宜社会化大生产的领域，鼓励引导社会民营资本进入文化产业领域，制定针对性的扶持措施，培育大批具有核心人物、特色突出、产品在业内具有重大影响的中、小、微型企业，为创意开启充分迸发的空间。

（三）优化整合文化产业人才资源

推出“贵州文化产业人才培养计划”：以贵州省教育厅为主，联合其他相关部门以及相关企业，根据发展需要，推出“贵州文化产业人才培养计划”，面向贵州文化产业实际需求，提升人才素质。划拨专门经费，重点补助相关院校聘请国内外具有实务经验的师资到省内高校授课或指导、规划跨领域跨学科课程，实施产学研一体化的人才融合服务机制。

建立“贵州文化产业研究院”：组织学术与教育资源，建立“贵州文化产业研究院”，为贵州文化产业发展提供理论研究、人才培育、项目辅导推广与评审等方面的服务。

加强文化创意人才交流和引进：资助省内优秀创意设计和经营人才到国外强化学习，培养具有国际意识的创意与经营管理人才。鼓励引进高端人才，奖励聘用海内外高层次文化产业管理人才、创意人才和营销经纪人才的文化企业。

加强成熟型文化产业人才引进工作：加大力度，创造条件，重点引进既懂现代市场经济又懂文化艺术的“成熟型”文化产业经营、创意策划、文化经纪人才，引进和培养既掌握现代信息技术又了解市场需求的新媒体、新业态经营人才，培养大批创意设计、工艺制作人才，为贵州文化产业的可持续发展提供不竭的源泉。

建立行业人才信息库：文化产业主管部门按照各行业管理范围，负责本级人才库的建立、调整和补充工作。加强对行业高层次、高技能人才的统一管理，实现资源共享。

（四）构建文化产业发展公共服务平台

搭建公共文化服务平台：搭建文化产业发展平台，包括综合信息平台、投融资平台、文化产业科技平台、要素交易平台、文化产权交易平台、营销平台、市场中介平台、教育培训平台等，提供文化产业决策支撑服务、文化产业法律服务、文化产业培训服务、文化创意咨询和文化技术服务、文化产品和文化服务宣传推介服务、文化创意成果分享与交易服务、文化创意成果转化推广服务、人才交流服务，等等，逐渐完善文化产业发展的公共服务。主要采取民办公助的方式，由非营利的社会团体、企业和教育科研机构承担平台职能，各级文化产业管理部门给予定期补助或项目资助，也可与园区或基地综合运营管理机构结合，迅速建立高效能的公共服务平台。

搭建文化产业投融资平台：继续加大对内对外招商引资的力度。不断壮大贵州文化产业发展基金，采取股权投资和其他投资方式，支持文化企业发展。鼓励金融机构针对文化产业轻资产、重创意的特点，开发适配的金融产品。组建文化产业投资担保公司，帮助文化产业企业特别是缺乏抵押、质押的中小微企业以及创意生产个人融资。大力辅导、推动国有及民营文化企业上市融资。

搭建文化企业孵化平台：建设产业园区或基地哺育文化企业，鼓励文化企业入驻文化产业园区、基地；对符合标准的入驻文化企业，在一定年限内，将企业上缴的所得税地方留成部分以奖励的形式全额退还企业。

延长产业链加快形成产业集群：吸引实力较强的文化企业和重点文化项目的企业进入文化产业园区、基地，在此基础上配套引进相关文化生产企业，发挥集聚效益，以产业链高效整合优化产业园区、基地的企业结构，加快形成产业集群。积极探索引进天使投资，各级文化产业管理部门提供项目资助，支持小、微企业和个人创意生产，形成创意、创业的氛围。

支持文化产业中介机构成长：鼓励组建文化经纪代理服务、文化贸易拍卖服务、文化贸易代理服务等文化产业中介机构，以项目资助或业绩奖励方式支持其成长。

（五）扩大文化消费

扩大有效供给：推出更多消费者喜闻乐见的、符合多层次多样性多方面需求的文化产品，扩大有效供给。做好省内不同民族、不同消费档次和消费习惯以及城乡居民的市场细分，特别注意满足城乡低收入人群的文化需求。

培育本地文化需求：由于经济收入、消费倾向等因素的影响，本地文化市场内需不足的问题将长期存在。文化需求的增长，最终要依赖经济的发展。但对文化需求的培育，也能很大程度上增加文化消费。主要方式包括加强宣传教育，改变人们一些不健康的消费习惯，将消费嗜好从迷信、赌博、大吃大喝等转变到文化消费上来；通过政府补贴、政府采购再免费或低价提供给群众的方式，逐渐养成消费习惯，同时也是对文化企业市场开拓期的扶持。

引进外来文化需求："走出去"是文化产品和服务直接输出的方式，但贵州省文化产品和服务总体上输出竞争力不强。通过旅游，引入省外、国外游客进入省内消费，是文化产品、服务就地输出的方式。在相当长一段时间，游客都是贵州省最重要的文化市场，因此，要面向游客文化旅游需求，不断开拓旅游市场。

B.4
新形势下的贵州文化创意产业发展思考

龙海峰*

摘 要： 近年来，我国中、东部地区不少省份把文化创意产业作为区域发展战略产业来抓，国家也出台了相应的产业扶持政策。贵州作为西部地区民族文化、生态文化、历史文化和旅游文化大省，拥有丰富的文化资源和后发优势。贵州应立足于本省资源情况，结合大数据、大健康产业，加速发展文化创意产业，积极构建文化创意产业发展公共服务平台，加快推进文化创意产业园区建设，优化文化创意产业发展环境，积极引导金融机构扶持文化创意产业发展，注重引进和培养文化创意专业人才，全力打造以“多彩贵州”为核心的区域特色文化创意品牌，促进贵州文化创意产业的健康可持续发展。

关键词： 文化创意　产业园区

十八届五中全会提出实现“十三五”时期发展目标，必须牢固树立并切实贯彻创新、协调、绿色、开放、共享的新发展理念[①]。在五个理念中，创新是重点，也是核心。它包括社会发展理论创新、制度创新、科技创新、文化创新等方面的内容。文化创意产业发展核心的内容就是文化创新，它既包括传统文化内容的创新，也包括传统文化产业结构，产业发展形态、传播

* 龙海峰，中共清镇市委党校助理讲师，研究方向：区域经济。

① 党的十八届五中全会报告，2015。

载体和平台的创新等。贵州受历史、交通环境、地理环境等因素的影响，改革开放以来发展一直落后于东、中部地区，近几年来，贵州加快了发展的步伐，大力改善交通环境和生态环境，强化地方发展经济，加快后发赶超步伐，逐步实现跨越式发展。文化产业作为地区经济社会发展的重要组成部分，贵州越来越重视文化产业的发展，尤其在文化创意产业园区的建设上，不断加大资金投入力度，取得一定的成效。本文针对贵州文化创意产业的发展，提出几点思考建议。

一　文化创意产业的内涵与特征

（一）文化创意产业的内涵

文化创意产业涵盖两个方面，一方面是文化产业，包含传统文化产业和新兴文化产业。另一方面是创意产业，包含新知识、新理念、新设计等产业。美国文化产业发展最早，也是文化产业最发达的国家，文化产品丰富，产业链条完整。创意产业是1998年英国在《创意产业专题报告》中提出，强调知识的创造力。创意产业主要有工艺设计、广播电视电影、艺术表演、专利、版权、商标、出版等十三大类。文化产业从内容上可以分为新闻出版、广播电视、文化艺术、娱乐休闲等十大类。创意产业和文化产业二者相互交叉和重叠，文化产业发展是把文化作为一种特殊的商品来开发，使其具有使用价值和价格的商品属性。文化创意产业是通过智力创造、科技融入，加入创意、科技、新思想等元素，提高文化产品附加值的一种产业，包含文化、创意、产业三个内容①。2006年我国在《国家“十一五”时期文化发展纲要》中，首次提出文化创意产业的概念。

（二）文化创意产业的特征

文化创意产业的特征主要有三个，分别是产业融合性强、知识依赖性

① 张振鹏：《山东文化创意产业发展的思考》，《山东经济》2008年第5期，第92~95页。

强、产业附加值高。

1. 产业融合度强

文化创意产业是文化产业发展和智慧产业发展到一定时期形成的具有深度融合的产业形式，它结合资本市场、技术进步、传统文化等要素，形成了高度融合传统文化、工业发展、科学技术、旅游发展等众多产业的一门新兴产业，具有较强的产业带动效用。文化创意产业的发展为传统文化产业发展带来了转型升级的契机，给产业集聚发展和融合发展提供了有利条件，对推进产业融合与区域经济发展有极其重要的作用。

2. 知识依赖性强

文化创意产业的发展离不开创新思维，只有不断创新，才能适应市场经济发展的需求，因此，文化创意产业对知识、科技等创新要素的依赖程度比较高。文化创意产业主要以文化产业为载体，融入创意思维和理念，提高产业附加值，是人的知识、灵感和智慧在文化生产中的表现，与网络信息技术、自动化技术等科技的广泛应用紧密联系，使得文化创意产业的发展对知识的依赖性强。

3. 产业附加值高

文化创意产业附加值高是一个相对的概念，相对于传统的文化产业，文化创意产业融入了高科技、创新思维等技术含量较高的要素，使得传统文化产品从初级产品向质量更高、结构更复杂、技术含量更高的产品发展，产业链条进一步延伸，投入人力资本和物质资本更多，产品的价值也随之增加，而且这种价值的增加是成倍增加，这就使得文化创意产业比传统文化产业拥有更高的附加值。

二　贵州文化创意产业快速发展

在国内，文化创意产业发展最快的省份主要在东部沿海地区，尤其是上海、北京、广州、深圳等经济最为发达的城市，而且产业发展势头较好。2004～2014年，北京文化创意产业复合增长率为16.3%。仅2014年文化创意产业就实现增加值2800亿元，占北京GDP的13.2%，就业人员超过183.6万人。贵州虽然拥有丰富的生态文化、民族文化、历史文化等优势资源，但是受经济社会发展落后，科学技术进步缓慢等因素的影响，文化创意产业起步较晚。2005年，贵州省委、省政府积极推进文化体制改革，整合旅游、文化、体育、农业等资源，打造“多彩贵州”文化创意平台，快速提升贵州文化产业的发展速度。经过近10年的发展，贵州文化创意产业逐渐取得了一定的成绩，区域特色逐渐形成。

（一）园区建设取得新成效

“十二五”期间，贵州省文化产业的发展受到高度重视，省委省政府加快建设“十大文化产业园区”和“十大文化产业基地”。积极发展文化创意产业，把科技与传统文化融合，打造贵州文化产业发展新高地。在“十大文化产业园区”中，重点发展文化出版、数字信息、阳明文化、长征文化、酒文化、屯堡文化、民族文化、古彝文化、天文科普等产业，提高传统文化产业附加值。“十大文化产业基地”重点是文化创意产业的发展，多彩贵州城通过传统文化和信息传输、广播电视电影、互联网等产业融合，集体展示贵州民俗风土、生态文化、红色革命文化等众多传统文化，满足贵州文化产业市场发展的需求。贵州文化广场、贵州日报印务传媒研发、现代文化创意与数字出版、家有购物电子商务文化产业、民族工艺品等基地通过创新研发，不断提高传统产业的科技水平。互联网、数字开发、智慧云等行业逐渐融入传统文化产业。进一步增强传统文化产业的科技含量和产品附加值。

创意项目投资，贵州文化产业发展基金在文化创意项目上完成投资3.16亿元，并创立能矿投资、遵义红旅、中广创投等6只基金共募集资金45.3亿元。文化产业成立了全国首家省级民营文化企业协会，创设了贵州首支民营文化产业创投基金。政府加快推进“多彩贵州”品牌研发基地建设，一期主体工程已完工，完成投资2亿元。演艺、音乐、“非遗”、文化创意、博览展示等近10家企业已签约入驻基地。260家文化旅游商品、特色餐饮企业入驻贵州民族民间工艺品交易基地，这些企业通过对民族工艺品设计、创意、研发、制造、展览和交易等，推动贵州的民族文化创意产业快速续发。贵阳数字内容产业园总投资0.75亿元，入驻动漫、网游、软件开发、系统集成等企业23家，搭建了动漫展播、动画渲染等平台，为入驻企业减少开发成本、实现集约发展奠定了基础，2014年园区实现产值8.5亿元。多彩贵州城已投资32.7亿元，建成贵州文化旅游展示中心、1958创意产业园、黔文化交流中心等项目。2014年，贵州省文化创意产业增加值为39.78亿元，占全省GDP的0.43%。收入91.24亿元（见图1），比上一年增加34.84亿元，增速为61.77%，远高于周边省份，行业处在高速发展阶段。

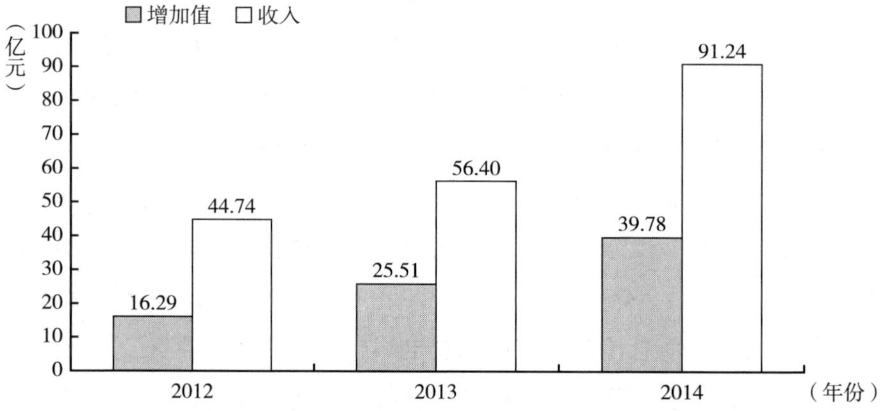

图1　2012～2014年贵州省文化创意产业收入、增加值情况

（二）区域特色逐渐形成

贵州在西部地区拥有丰富的民族文化、红色革命文化、生态文化等资源。近年来，贵州加快交通基础设施建设，把贵阳打造为西部地区快速铁路交通枢纽，加快了贵州与外界经济社会文化发展的联系。2015年，国际大数据产业发展博览会在贵阳召开，贵州抓住大数据发展的战略机遇，积极发展大数据产业。在文化产业发展上，加快与大数据产业的融合。制定了一系列促进“互联网+文化产业”的政策措施。通过互联网平台，打造贵州文化创意产业发展新局面。截至2015年，贵阳已经成功举办了7次国际生态文明论坛。论坛汇集全球50多个国家个地区1000多位政府、企业、专家学者等嘉宾到场开展交流与合作，分享知识与经验，进一步促进了贵州生态文化产业的发展，在区域之间逐渐形成了贵州生态文化创意产业发展的特色和典型。生态文化旅游和生态文化创意产品开发越来越受到外界的青睐。“多彩贵州——中国美术作品展”在北京展示了260多件贵州文化创意作品，涵盖了油画雕塑、版画等，生动展示了贵州多姿多彩的民族文化、革命历史、生态旅游等特色创意文化。2014年国际原生态文化大会演活动，第一次从美术的角度把贵州形象推向全国高端展示平台，首次以真人秀形式探索民族原生态音乐与流行音乐的创新融化。以“多彩贵州”为载体的贵州特色文化产业，已从过去单一的活动形式转变成为电视、论坛、音乐、摄影、美术等多种形式融合发展的特色创意文化产业。在深圳文博会上，贵州以“多彩贵州街”的形式，展示了贵州特色的“非遗”文化创意产品，受到社会和业界人士的好评。多彩贵州文化创意产业发展在国内逐渐形成贵州文化影响力。

（三）文化创意产业发展环境不断优化

近年来，贵州加快文化产业的改革，不断完善文化企业管理，使得文化创意产业的发展环境不断改善。

在政策环境方面：在2012年，全省近300家文化产业发展单位完成转企改制任务，取消事业编制9017个。中宣部、文化部、国家新闻出版总署等国家文化部门通报表彰了贵州作为全国文化体制改革优先地区所取得的成绩。在全国文化体制改革工作的表彰大会上，贵州23家单位和个人分别获“全国文化体制改革工作先进”称号①。同时，一系列支持贵州文化产业发展的政策措施逐渐出台，使得贵州文化创意产业的发展环境进一步优化。2012年，国务院国发2号文件对贵州文化产业的发展提出了新要求，文件

① 李建国：《2013年贵州文化产业发展报告》，载《贵州文化产业发展蓝皮书》，知识产权出版社，2013。

提出要把贵州建设成文化旅游发展创意区。国家文化部、文物局等部门为支持贵州文化产业发展制定了《文化部国家文物局关于支持贵州多民族文化大发展大繁荣的意见》，新闻出版总署出台了促进贵州新闻出版业又好又快发展的文件。2014 年，国务院发布了《关于推进文化创意和设计服务与相关产业融合发展的若干意见》，指出推进文化创意和设计服务等新型、高端服务业发展，是培育国民经济新的增长点、提升国家文化软实力和产业竞争力的重大举措，是发展创新型经济、促进经济结构调整和发展方式转变、加快实现由“中国制造”向“中国创造”转变的内在要求。首次从国家层面明确了文化创意产业的战略定位。贵州立足促进文化产业发展，加快文化体制机制改革，进一步健全现代企业法人治理结构，完善企业管理经营机制。通过跨区域、跨行业不断整合文化产业发展资源。为加快文化创意产业发展，加大现代创意设计投入，提高文化产业发展的科技含量，注重传统文化企业的转型升级，加快传统文化产业与大数据产业的融合发展平台建设。在民族文化保护与创新发展方面，启动实施《贵州省非物质文化遗产保护发展规划（2014～2020 年）》，进一步整合部门、行业和市州资源，推动民族文化保护传承与创新发展。逐渐完善网络工作机制，出台《关于推动传统媒体和新兴媒体融合发展的实施意见》，推动传统媒体和新兴媒体融合发展。这些政策文件的出台，为贵州文化创意产业的创新和发展创造了良好的政策环境。

在金融环境方面，2014 年文化产业发展基金完成项目投资 3.16 亿元。并设立了中广创投基金、能矿投资基金等 6 只文化产业发展基金，融资规模达到 45.3 亿元。成立全国首家省级民营文化企业协会，创设贵州首只民营文化产业创投基金。2014 年 9 月，贵州省文产办与贵州省工行等部门在贵阳共同举办首届小微型文化企业金融推介会，贵州省文产基金、贵州省文产交易所与小额贷款担保机构等参加推荐会，共商文化金融平台搭建工作，初步形成文化金融创新机制雏形，进一步提升了贵州文化创意产业发展的金融服务环境。

创业环境方面：近年来，贵州注重互联网经济的发展，加快构建以互联网为平台的大数据产业规划建设，积极推动“互联网+”平台的构建，全球大数据博览会首次在贵阳举办，在大数据博览会上汇集了上千家互联网企业和文化创意企业。大数据产业在贵州的快速发展，为文化创意产业发展提供了良好的创业环境。

三　贵州文化创意产业发展存在的问题

虽然贵州文化创意产业发展速度不断加快，产业环境逐渐改善，但是，由于贵州文化创意产业发展起步晚、基础条件差，与东部地区相比，还存在很大的差距。产业发展取得一定成绩的同时，也面临着诸多问题。

（一）小微文化创意企业融资难

贵州文化创意产业起步较晚，与传统文化产业相比，文化创意产业是在传统文化产业的基础上，通过与现代科学技术融合形成的产业形式，产业链相比传统文化产业更长、附加值更高。由于产业链条长，启动资金相比传统文化产业增加了数倍，加上文化创意项目受科学技术发展影响大，产品淘汰更新快，文化创意项目投资风险大，要得到大笔的资金投入很困难。虽然近年来贵州加快了文化产业发展的金融服务平台建设，但是取得成绩不够明显。较大的一些集团和企业通过改革重组，融资环境相对有所缓解。相比小微文化创意企业，由于创意投资风险大、启动资金多，融资难成为阻碍文化创意产业快速发展的拦路石。

（二）创新意识缺乏

文化创意产品的开发需要有活跃、开放、包容、创意等多元的思想。缺少多元创新的思想，创意产品的开发往往故步自封。相比国外和我国东部沿海地区优越的创业条件、活跃的创新思维、多元的文化环境，贵州本土传统文化产业发展凸显单一性、思想保守、惧怕风险等文化发展氛围，使得贵州在文化创意产品的开发和创新方面走得异常艰辛。从目前来看，贵州文化创意产业还处于起步阶段，创新能力比较薄弱。尤其是在创意产品的设计、开发、应用等方面，缺乏创新思维，产品科技含量不高，市场竞争力弱。

（三）专业人才缺乏

文化创意产业是一个知识依赖性很强的产业，知识依赖的背后，是大量的各类人才集聚。通过各类人才知识、智慧、创意的融合与创新，文化创意产业才能展现生机活力。因此，文化创意产业离不开大量人才的支撑。2014年，贵州文化产业从业人员有36.48万人，文化创意和设计行业从业人员有40551人，占文化产业从业人数的11.12%。其中：软件开发3565人，占文化产业的0.98%；数字内容服务90人，占文化产业的0.02%；专业化设计服务2886人，占文化产业的0.79%；广告业22589人，占文化产业的6.19%（见图2）。工程勘察设计属于工程设计类，虽然归纳到设计行业，但是不属于文化创意产业的范畴。从文化创意产业从业人员来看，从事广告业的人数相对较多，专业开发与设计人员严重不足。贵州文化创意产业专业人才的缺乏，严重阻碍了贵州文化创意产业的发展。

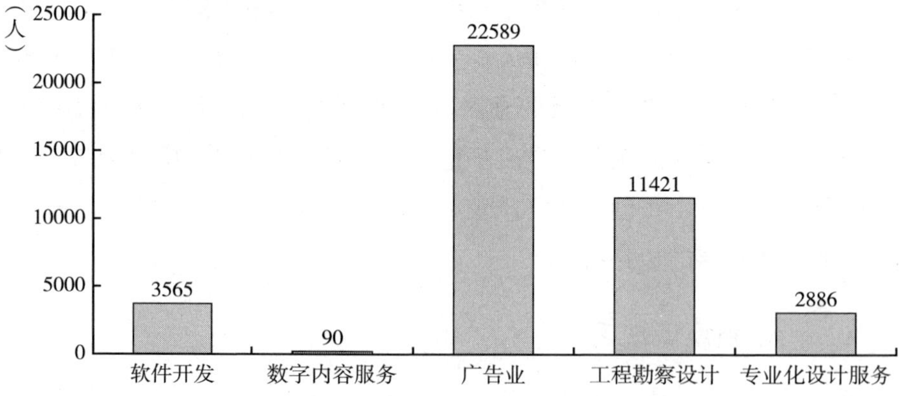

图2　2014年贵州文化创意和设计行业从业人员从业人数统计

（四）公共服务平台建设滞后

公共服务平台建设滞后对文化创意产业的快速发展有很大的影响，贵州由于文化创意产业发展起步晚，在基础设施和公共服务平台建设上大大落后于东部其他地区。尤其在动漫游戏、信息服务、生态文化等创意产业的平台建设方面。贵州滞后的文化基础设施建设和公共服务平台建设，无法满足文化创意企业对信息收集、知识产权、成果转化、人才培养、风险投资、评估交易等方面的需求。

四 促进贵州文化创意产业进一步发展的对策建议

（一）拓宽小微文化创意企业的融筹资渠道

为了加快贵州文化创意产业的发展，首先必须解决小微文化创意企业的融资难问题。近年来贵州文化创意产业虽然发展步伐不断加快，但是企业发展资金保障后劲不足。尤其是小微文化创意企业，规模小、高技术含量、高启动成本、高风险成为小微文化创意企业融资难的根本问题所在。为了实现小微文创企业安心落地、健康成长，有关政府职能部门应尽快制定扶持小微文创企业发展的相关政策措施，帮助拓宽融筹资渠道。具体来说，在制定政策方面，针对小微文创企业发展初期，制定相对宽松的创业优惠政策，比如创业初期免税、降低银行贷款利率、提供政府创业补贴、帮助提供银行贷款担保等渠道，帮助企业降低项目启动成本。通过政府搭建平台，帮助文化创意企业寻找筹资融资渠道，解决企业初期筹资困难。发行文化创意产业地方债券、股票、设立专项文化创意投资基金等，促进文化创意企业的快速发展。东部地区文化创意产业发展比贵州超前很多，尤其在文化创意产业的融资方面，有很多值得贵州文化创意企业借鉴学习的地方。在国外，一些发达国家通过政府发行专项债券的形式为文化创意企业筹集充足的发展经费，使得发达国家的文化创意项目在发展过程中拥有充足的资金保障[①]。

① 陶训健：《我国文化创意产业发展思考》，《合作经济与科技》2013 年第 9 期，第 4 ~ 6 页。

（二）强化文化创意产业创新激励机制

文化创意产业体现一个国家或地区的文化产业发展软实力，文化创意产业发展的核心是创新。文化创意企业相比一般传统企业，唯有不断创新，企业才会具有生命力。文化创意产业的发展，需要不断更新知识储备。通过知识积累、学习、创新、创造新知识、再学习、再创新等不断循环创新的过程，文化创意企业才能为市场提供更多新服务和新产品，才能促进文化创意产业的健康持续发展。要促进文化创意产业的创新发展，就必须强化创新发展的激励机制。第一，政府要加大知识产权的保护力度，文化创意产业的发展，涉及产品的设计、研发、应用等环节，每个环节都离不开企业自身的知识产权利益，只有政府加大知识产权保护，才能保障企业的权利，激发企业不断开发新产品、提供新服务。第二，建立创新者分享产权的激励机制。为了调动创新型科技人才的积极性和解决好政府资助项目科研成果的归属分享问题，建立政府资助项目科研人员入股分享产权制度和人力资本入股分享产权制度①。第三，设立文化创意产品设计、开发、应用推广奖励办法。对优秀的文化产品设计、开发、应用推广的企业或个人给予物质奖励和精神奖励，鼓励文化创意企业注重产品设计、开发、应用创新，为市场提供优秀的文化创意产品。第四，对在文化创意产业发展过程中，有重大科技成果的团队或个人设立专项奖励基金，激励科研团队和科研人员提高科研的质量和水平，为文化创意产业发展注入新思想、新科技，提高文化创意产品的高科技含量。第五，提高文化创意产业科研人员的收入水平，对于从事文化创意研发的科研人员不仅能增强他们的工作的积极性，更能够激励他们充分发挥创造性。

（三）完善专业人才的培养与引进机制

文化创意产业专业人才队伍建设是一项系统工程，需要建立一套良好

---

① 阳东辉：《政府资助项目科技创新激励机制研究》，《华侨大学学报》（哲学社会科学版）2015 年第 2 期，第 85 ~90 页。

的人才管理机制，充分发挥机制在文化创意专业人才队伍建设中的政策作用。

首先，注重培养本地专业人才。文化创意产业发展离不开知识的更新，只有不断更新知识，才能不断创新，不断研发出新的产品，因此，注重本地文化创意产业专业人才的培养极其重要。本地人才的培养，第一，在大、中专院校开设相关文化创意产业专业，提高本地大、中专学生的专业理论水平。在有条件的学校开设文化创意研发实验室，提高大、中专学生的动手、动脑能力，为文化创意产业发展储备人才力量。第二，注重在职专业人才的能力提升培训，能力提升培训一方面提高了专业人员的知识水平，另一方面为文化创意产业的发展注入了新思想、新血液，增强了文化创意产业发展的生命力。第三，搭建文化创意专业人才对外交流学习平台，鼓励本地人才加强与外界专业人才的交流，提升本地人才的科研、创新水平。第四，鼓励本地专业人才出国深造，学习国外新知识、新理念，为出国深造人才提供相应的资助保障，鼓励人才回本地创业发展。

其次，注重对省外专业人才的引进工作。专业人才的引进一方面提高了本地的科研能力和水平，另一方面为本地文化创意产业的发展注入了新鲜的血液。省外专业人才引进，第一，多渠道加强省外专业人才招聘工作，对省外文化创意有特长的专业人才，给予相应的政策资金激励，吸引文化创意人才来贵州工作。第二，可以采用团队引进、项目投资等灵活多样的方式，对少数稀缺优秀文化创意人才设置特殊优惠的引进政策。[①] 第三，注重对候鸟型专业人才引进，候鸟型专业人才往往拥有较高的科研能力和水平，出台相应的激励政策，鼓励候鸟型人才长期来贵州工作。

（四）加快文化创意产业公共服务平台建设

文化创意产业公共服务平台具有公共产品的一般属性，政府作为公共服

① 陈国营、许琼：《文化创意人才培养模式的探索——以北京海淀区为例》，《消费导刊》2008 年第 11 期，第 42 ~ 43 页。

务的提供者和监管者，应该加快文化创意公共服务平台的规划建设。制定公共服务平台的认定标准，探索公共平台资源的共享机制。贵州省政府应该明确文化创意公共服务平台投资、建设、运营管理的职能。对平台投资、建设和运营管理进行职责分工。建立政府投资的公共服务平台监管机制，定期进行制度检查、运行质量评估和绩效考核。文化创意产业平台的供给主要有两个渠道，一个是新建，提供新增的公共服务供给；另一个是引进资源形成公共服务供给①。贵州政府一方面要加强自身公共服务供给的建设，另一方面要结合自身实际引进外界公共服务资源。对于引进资源形成的公共服务供给，要切实做好相关的政策配套，鼓励省内、省外文化创意企业合作或合资，建立公共服务平台或中介机构。吸引省外文化创意产业机构来贵州，在文化创意产业集聚区设立机构办公。对于政府新建形成的公共服务平台，按照平台提供的服务项目鼓励相应企业积极投资参与建设，企业不愿投资的公共产品建设，政府财政要大力支持。既有盈利又涵盖公共产品建设的平台，政府积极引导社会资本参与投资，加快平台建设速度。对大型综合性服务平台建设，政府要积极引导龙头企业参与，龙头企业不仅资金雄厚，技术可靠先进，对市场的影响力也很大，具有较强的资源整合能力。通过引进龙头企业建设文化创意平台，可以发挥龙头企业的优势作用，吸引更多中小企业聚集发展，形成优势互补的产业集群。

① 程正中：《北京文化创意公共服务平台建设问题研究》，《北方工业大学学报》2009 年第 4 期，第 5 ~ 8 页。

B.5

新形势下的贵州广电产业发展思考

朱 微 龙海峰*

摘 要： 2015 年，贵州省广电产业发展速度不断加快，产业结构逐渐优化，产业改革成效明显。与周边地区相比，贵州广电产业发展总量小，地区差距大，有较强的发展潜力。从广电节目的覆盖率来看，贵州省综合覆盖相比周边地区较低，整体发展较慢。要实现贵州广电产业的快速发展，一方面，政府主导加快投入，提高企业融资能力，加快基础设施建设。另一方面，以项目为抓手，加快推进广电产业体制机制改革，大力培养广电产业专业人才。

关键词： 广电产业 发展 新形势

一 贵州广电产业发展现状及特点

2015 年，贵州广电产业按照全省经济工作会和文化产业改革发展工作要求，抢抓中央出台《关于推动传媒媒体与新兴媒体融合发展的指导意见》的机遇，大力实施“全媒体融合提升、多元化集约发展”战略，积极应对市场变化，大力推进项目建设，不断强化产业自身发展基础。企业发展势头良好，产业发展总体稳中有增，行业结构不断优化。

---

* 朱微，贵州省社会科学院区域经济研究所助理研究员；龙海峰，贵州省社会科学院对外经济研究所，中共清镇市委党校助理讲师。

（一）产业总体发展稳中有增

广电产业涵盖广播电视、电影和影视服务等产业。2014 年，贵州省广电产业发展以项目为引领，以新技术为支撑，融合多元化文化产业，积极促进资源聚合、调整产业结构，不断促进广电产业的快速发展。贵州广电集团与苏州广电集团合作建设“智慧贵州”新媒体项目顺利推进，将形成以贵州为中心、辐射西部的新媒体运营平台。中国文化大数据项目作为广电产业发展的战略项目，预计五年总投资 132 亿元，建成后年收入预计 200 亿元，创造就业 0. 52 万人。中宣部和国家新闻出版广电总局前置审批贵州广电网络公司上市。广电传媒集团积极参股遵义红色旅游项目等取得明显效果。

2014 年，全省广播电视电影服务单位有 314 个，同比增加 12 个。广播电视电影服务行业共有从业人员 9095 人，比上一年增加 1644 人（见图 1）。行业总收入达到 27. 23 亿元，比上一年增加了 16. 99 亿元（见图 2）。实现行业增加值 10. 87 亿元（见图 3），占 GDP 的比重为 0. 12%。

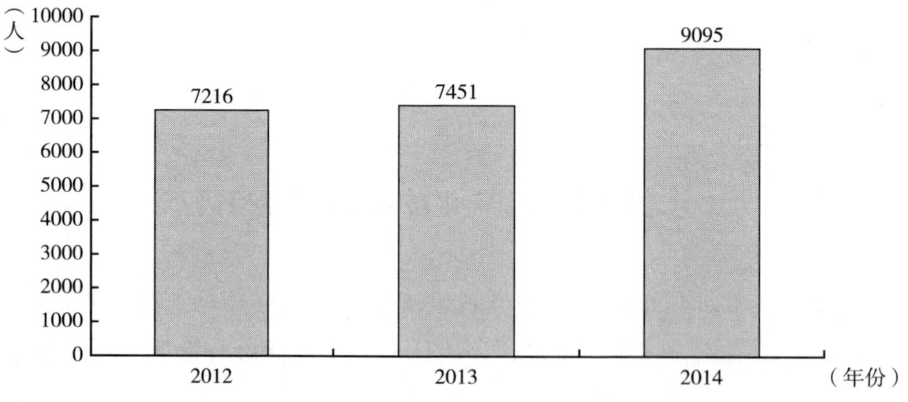

图 1　2012～2014 贵州省广电产业从业人员发展情况

全省共有广播电视台 84 座，电视节目开播 102 套；广播节目开播 40 套，比上年新增加了 2 套（见图 4）。有线广播电视用户达 386. 18 万户，有线广播电视入户率为 30. 79%；电视节目综合人口覆盖率为 95. 39%，比上年

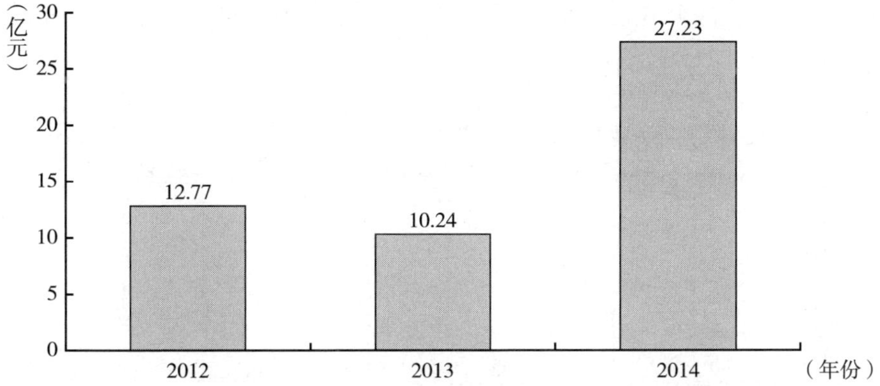

图 2　2012～2014 年贵州省广电产业收入情况

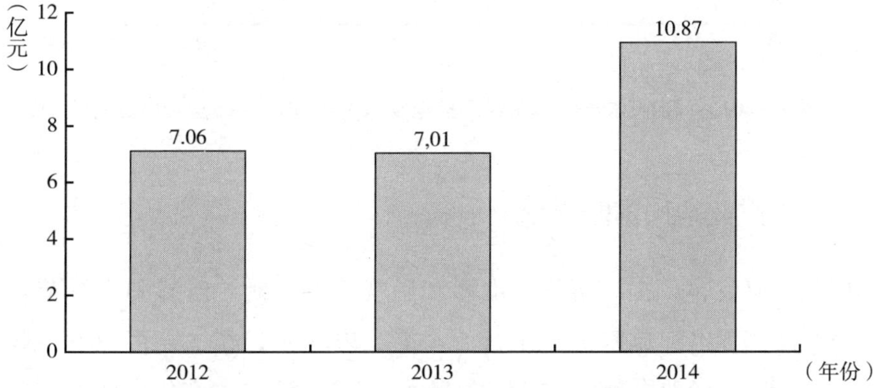

图 3　2012～2014 年贵州省广电产业发展增加值

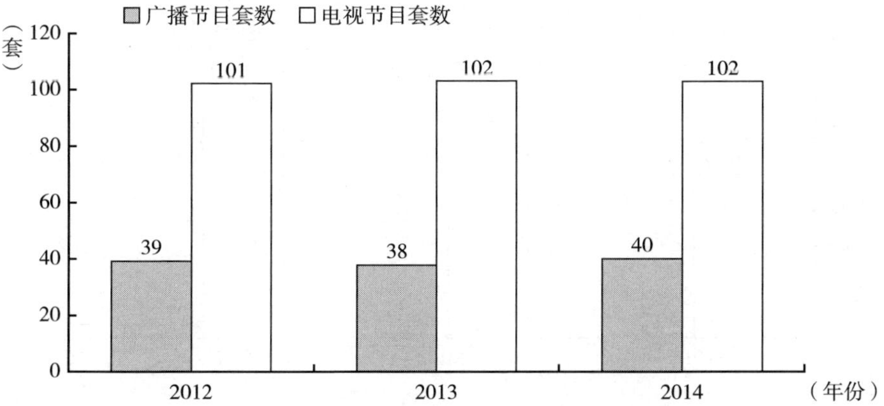

图 4　2012～2014 贵州省广播、电视节目情况

提高了 1.29 个百分点；广播综合人口覆盖率为 91.52%，比上年提高了 1.52 个百分点（见图 5）。

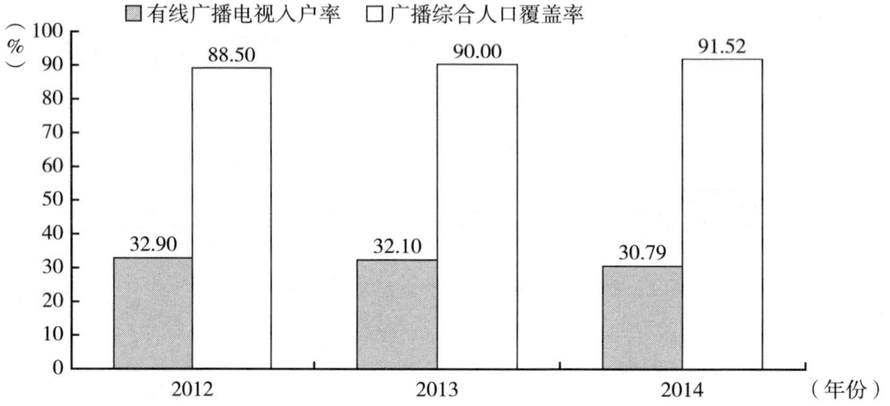

图 5　2012～2014 年贵州省有线广播电视入户率和广播综合人口覆盖率

（二）产业结构不断优化

广电产业包含广播、电视、电影和影视节目录制、电影和影视节目发行、录音制作和电影放映等 6 个行业小类。2014 年，在文化产业发展收入的结构上，广电产业发展收入 27.23 亿元（见图 6），占文化产业发展收入

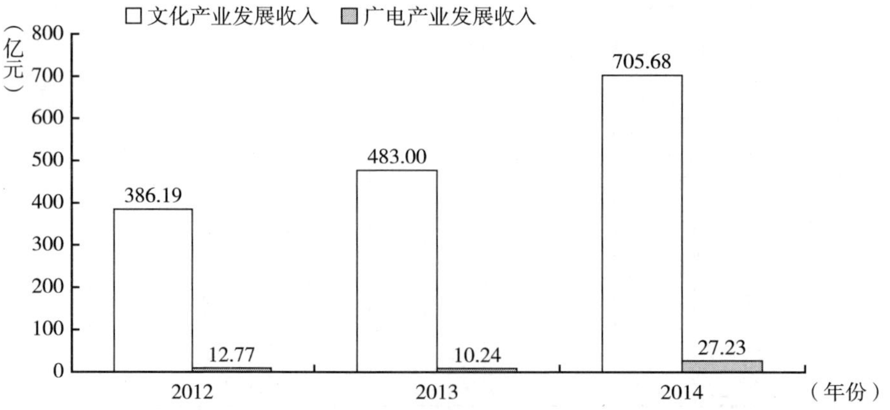

图 6　2012～2014 贵州省文化产业发展收入和广电产业发展收入

的比重为4%，相对于2013年的2%增长了2个百分点。在文化产业发展增加值结构上，广电产业发展增加值为占文化产业发展增加值的4%，比2013年的3%增长了1个百分点（见图7）。

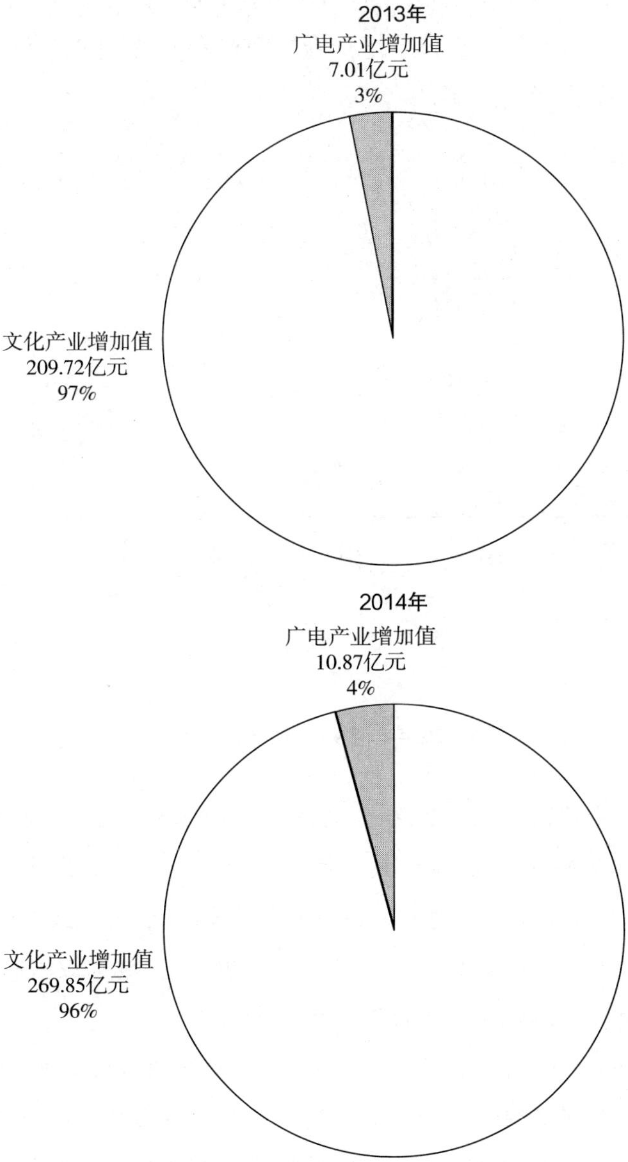

图7　2013～2014贵州省文化产业发展增加值和广电产业发展增加值情况

在广电行业内部，2014 年增加值占比最高的是电视行业，增加值为67528 万元，占广电产业增加值的 62. 13%；其次是电影放映行业，增加值为 27290 万元，占广电产业增加值的 25. 11%；在 6 类行业中，增加值最少的是录音制作，只有 355 万元，占广电产业增加值的 0. 33%（见图 8）。从增加值的大小可以看出，贵州广电产业的支柱行业是电视和电影放映行业，二者增加值占整个行业的 87. 24%。

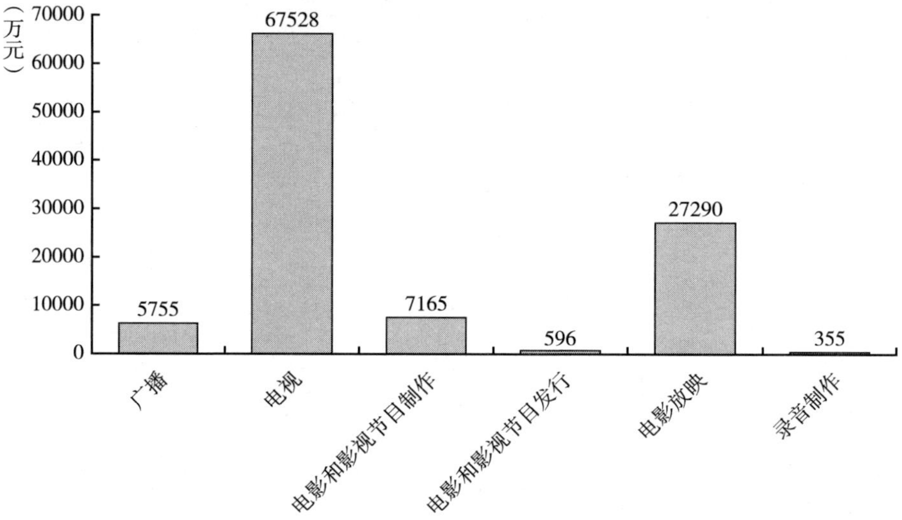

图 8　2014 年贵州省广电行业增加值

从广电产业的行业收入来看，电视行业收入最高，达到 200392 万元，占广电产业总收入的 73. 61%；其次是电影放映行业，收入 51601 万元，占产业总收入的 18. 95%；行业收入最少的是电影和影视节目发行，年收入只有 331 万元，占广电产业总收入的 0. 12%。电视和电影放映行业收入总和为 251993 万元，占整个产业的 92. 56%（见图 9）。

从上述分析可以看出，广电产业的行业增加值和收入增长趋势保持一致，电视行业发展最快，其次是电影放映行业。电影和影视节目发行行业及录音制作行业发展相对其他行业发展缓慢。从整体来看，随着广电产业的发

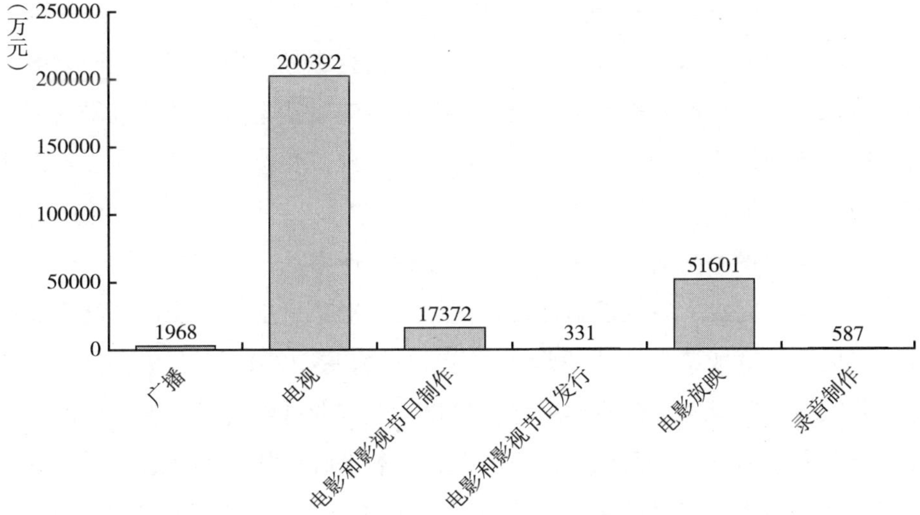

图 9　2014 年贵州省广电产业的行业收入

展，电视和电影放映逐渐成为贵州广电产业发展的支柱行业，其他行业不断加快发展步伐，广电产业结构随着市场的完善不断优化。

（三）产业改革成效显著

2014 年，广电文化产业积极推进“以项目为引领，以新技术为支撑”的多元发展实践，加快结构调整、资源聚合，努力打造产权清晰、富有活力的广电文化企业实体，产业改革成效显著。第一，CCDI 项目前期工作进展顺利。贵州广电集团把中国文化（出版广电）大数据项目（简称 CCDI 项目）作为集团转型发展战略项目布局，着力推进前期工作。两大系列项目预计五年总投资 132 亿元，项目建成后，预计年收入可达 200 亿元左右，年创造利税 30 亿元左右，在贵州创造就业岗位 5200 个以上。目前，该项目第一期工程已获得国家 1200 万元的文产资金支持，完成项目选址，落户贵安新区；版权云项目公司正在注册登记。第二，“智慧贵州”新媒体建设项目推进顺利，于 2014 年 12 月 31 日正式上线。目前，项目公司已基本完成企业规划和经营架构，正在推进平台的系统建设和资源整合，在 2014 年调试上线基础上，通过省内资源整合，2015 年已初步完成贵州新闻资讯整合传播平台、城市公共信息查询平台、市民生活信息服务平台、移动电子票务分销平台、城市应用产品推荐平台、城市手机游戏运营平台、移动电子商务平台及城市互动娱乐社交平台的建设，逐步实现规范化经营。第三，文化产业基地项目建设加快。“家有购物电子商务产业基地”是全省十大文化产业基地之一，落户贵阳高新区。今年以来，在省文产办的大力支持下，广电产业项目规划全面完成，基础设施建设进度加快，形象进度初见雏形，已完成投资 1.3 亿元。第四，以资本手段推进跨领域发展。2016 年，集团融资 1.5 亿元阶段性控股遵义红色旅游项目；贵州广电实业有限公司与省文化产业发展基金共同投资 5000 万元，以两个投资主体分别参股贵州苗姑娘食品有限公司，生产销售具有民族文化特色的保健饮品。第五，积极推进企业上市。省广电网络公司上市已获得中宣部前置审批；天马传媒公司上市工作全面启动，争取在 2015 年实现完整财务年的申报工作。

二　与周边区域对比分析

近年来，贵州广电产业发展发展速度不断加快，科技应用不断深入，产业融合逐渐深化。与周边地区相比，目前贵州广电产业发展比较缓慢，待开发潜力巨大。从产业发展规模来看，2013 年，四川省广播影视总收入为 115.78 亿元，比上一年增加了 14.72 亿元，全年实际创收 89.03 亿元。其中，网络收入 44.73 亿元，比上一年增加 7.95 亿元；广播电视电影广告收入 31.09 亿元，比上一年减少 0.11 亿元；总资产为 270.49 亿元，比上一年增加 48.52 亿元，增长了 21.86%。湖南省广播电视产业实现创收 183.40 亿元，其中产业收入 106.90 亿元，媒体广告收入 76.50 亿元，产业收入超过广告收入，广电产业发展逐渐成为湖南省广电创收的主力。广西壮族自治区广电产业创收 35.39 亿元，其中自治区本级广电产业收入 28.12 亿元，地级广电产业收入 3.31 亿元，县级广电产业收入 0.34 亿元。贵州省广电产业收入 10.24 亿元，增加值为 7.01 亿元，与周边省（自治区）相比，2013 年贵州省广电产业收入是四川省是 8.84%、是湖南省的 5.58%、是广西的 28.93%（见图 10）。贵州广电产业相比周边地区产业发展创收少，发展速度缓慢，地区之间收入差距大，待开发潜力强。

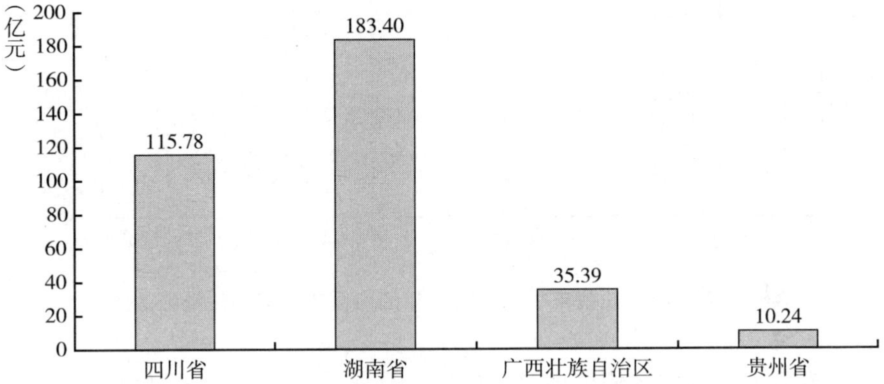

图 10　2013 年贵州省广电产业发展收入与周边地区的比较

从广电产业发展覆盖率来看，2013 年，四川省电视台及电视发射台和转播台 2188 座、广播电台及中短波发射台和转播台 37 座，电视节目综合覆盖率为 96.98%，广播节目综合覆盖率为 97.89%。湖南省有电视台 15 座、广播电视台 13 座，有线电视用户为 840.1 万户，电视节目综合覆盖率为 97.40%，广播节目综合覆盖率为 93.32%，分别比上年提高 0.23 个和 0.37 个百分点。广西壮族自治区共有电视台 7 座、广播电视台 83 座，广播电台 8 座，有线广播电视用户为 638.74 万户，有线电视用户为 429.03 万户，电视节目综合覆盖率为 98.2%，广播节目综合覆盖率为 96.60%。贵州省共有广播电视台 85 个，有广播节目 38 套、电视节目 102 套，有线广播电视用户为 394.28 万户，电视节目综合覆盖率为 94.10%，广播节目综合覆盖率为 90.00%（见图 11）。

2013 年，电视节目综合覆盖率最高的地区是广西壮族自治区，达到 98.20%，其次是湖南达到 97.40%，贵州最低，只达到 94.10%；广播节目覆盖率最高的是四川省，达到 97.89%，其次是广西壮族自治区 96.60%，最低的是贵州省，只有 90.00%。从综合覆盖率来看，贵州省电视广播节目

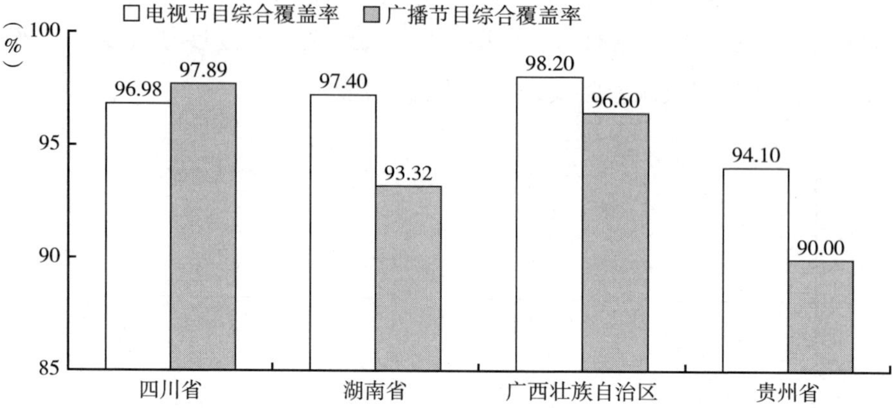

图 11　2013 年贵州省电视、广播节目综合覆盖率与周边地区的比较

的综合覆盖与周边地区相比也是最低的，在未来几年的发展过程中，还有很大的空间需要不断提升。

三　存在的主要问题

贵州广电文化产业的发展，在省委、省政府的领导下，在广电体制机制改革和创新过程中，不断向前推进，积累了一定的经验，取得了一定成绩，但仍然存在许多困难和不足。

（一）企业项目发展投融资难

贵州广电传媒集团转制尚未完全成为合格市场主体，融资能力偏弱，缺乏在资本市场中承担投融资风险的意识和风险控制能力。贵州文化产业发展起步晚，缺乏金融公共服务平台，以及多元化的文化产业投融资渠道，未能对文化企业无形资产进行评估。缺乏金融机构与文化企业联合探索的新型服务性融资模式和金融产品。文化企业无形资产比重较大，可抵押实物资产不足，融资渠道比一般企业更为不畅。其中主要表现在 CCDI 项目二期广电新业务项目的立项，以及广电网络公司承担的农村广电公共经费缺失等问题上。

（二）企业发展与地方文化产业融合的范围和深度不够

贵州文化产业尚未形成完整的产业链条，文化元素过于单一，各元素间缺乏横纵交流发展。广电传媒集团作为贵州文化产业发展元素之一，受限于省内产业资源的有效整合，智慧贵州等项目信息资源沟通不畅，产业资源并没有得到较好的渗透融合发展。企业传统文化产业与新业态产业的融合，依旧集中在旧的思想理念和一部分附加值不高的民族民间工艺品方面，未能充分发挥集聚优势和联动效应，达到合纵连横的效果。

（三）体制机制改革滞后

进入集团及下属企业工作的干部职工近1000名，由于不属于转制人员，身份仍是事业编制，劳动关系不顺，特别是贵视、天马、大众、家有等企业的体制内人员未能转企，将严重影响企业劳资管理，也给培育企业上市带来很大困难，同时，企业也不能享受转制企业的国家有关税收减免政策，企业运营负担很重，亟须部里牵头协调解决。

（四）企业专业人才匮乏

目前企业的管理人员延续以前工作经验，工作重心以宣传文化为主，缺乏经济管理与市场运营经验，往往是按照管事业的方式管产业，存在相应缺陷，造成市场执行力低下，缺乏专业的对文化产业的运营、操作和管理、高科技基础方面的新知识与新技能以及投融资能力。新业态下的广电企业发展缺乏一批现代高科技特别是新媒体技术传播策划运营人才；缺乏一批文化素养较高且又懂经济、懂市场、懂经营、懂资本运作的复合型人才和团队。

四　贵州广电产业发展趋势

随着经济社会发展进入新常态，贵州大力实施后发赶超战略，贵州省广电产业发展面临新挑战、充满新机遇，我们对未来几年贵州广电产业的发展趋势进行了分析。

（一）产业融合发展逐渐加快

贵州省广电产业随着园区和基地建设的不断加快，全媒体集成项目的实施，贵州广电产业将加快集成化发展速度。2014 年，CCDI 项目前期工作开展顺利，预计 5 年总投资 132 亿元。目前，该项目已经获得国家 1200 万元的文产资金支持。预计 2016 年将建成国家数字音像产品实时监测系统、国家数字音像作品内容投送平台和作品交易保障平台。CCDI 二期将推进广电网络在全国的互联互通。同时在互联互通的基础上，开发新广电产业业务，通过以 CCDI 项目为平台，实现广电产业的集成化发展。2016 年，贵州大力推进有线网、卫星网、无线网和互联网融合创新发展，打造贵州广电“云上无线”平台，支持省的“7 + N 朵云”大数据应用，在项目推进中寻找新的产业增长点，打造台、网合作的新型教育信息化平台，并与各类教育机构合作，以台的环节组织制作基础教育、高等教育、继续教育、职业教育等同步教学课件；以网的环节负责传送和营销服务，实现台、网在媒体融合新形势下的转型发展和创新发展，创造新的内容渠道，进一步加快了产业融合发展的步伐。

（二）产业高新技术发展步伐加快

贵州省广电产业目前发展还处于传统的阶段，高新技术在广电产业的运用与东部沿海地区相比还存在一定的差距。进入 2016 年，贵州将抓住后发赶超的优势，引进先进管理技术和设备，加快本地广电产业的快速发展。在推进贵州广电产业高新技术发展上，贵阳市加快实施电影高新技术展示基地项目建设，总共投资 8000 万元，建成由高新技术电影放映展示平台、西部最大的电影博物馆和电影高新技术展示功能区组成的高新技术电影文化产业基地。促进贵州广电产业高新技术的发展步伐。

（三）智慧广电产业发展步伐加快

在“移动互联”和“宽带中国”的推动下，宽带将成为广电产业发展的基础设施，信息流动无处不在。按照信息化发展的必然趋势，传统的广电产业传输方式将会被网络信息传输代替。网络信息的发展，将推动智慧社区、智慧城市、远程教育、远程医疗等智慧产业的快速发展。2015 年，贵州通过资源整合，使得城市公共信息查询、城市产品应用推广、移动电子商务、手机游戏等平台加快资源整合，逐渐形成了贵州的智慧城市产业。2016 年，贵州智慧产业的不断发展，将进一步促进广电产业加快智慧发展的步伐。

（四）产业创新步伐不断加快

电视广告全媒体板块将通过转变经营竞争模式和节目栏目创新模式，拓展市场化运营思路，牵手优秀制作团队，积极树立好品牌标杆，提升卫视频道的影响力和竞争力；全面深入开展新媒体融合，充分发挥智慧贵州和贵视网等平台优势，做好各类重大主题活动的宣传报道，优化产品内容和结构，适时推出符合受众需求的板块，实现产品换代升级，增强广告吸附水平，实现经营收入较大增幅。

（五）产业发展收入进一步增长

2012～2014 年贵州省广电产业发展收入每年平均增长 7. 23 亿元。按照这个增长速度，2015 年、2016 年贵州广电产业的发展收入将分别达到 34. 46 亿元和 41. 69 亿元，增速分别是 26. 55% 和 20. 98%。产业发展将保持在合理的区间内进一步增长，实现广电产业的快速发展（见图 12）。

五　加快贵州广电产业发展的对策措施

第一，对广播影视事业发展，要建立以政府投入为主、社会资本参与的

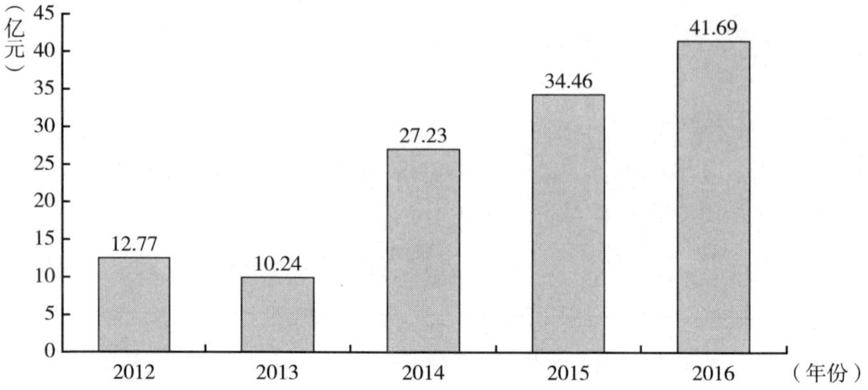

图 12 贵州省 2015 年、2016 年广电产业发展收入预测

多元投资体系，继续支持有线电视、广播电视村村通、无线覆盖、农村电影数字放映等重点工程建设和农村广播影视等公共服务长效机制建设，支持安全播出保障体系、国家紧急广播体系、技术监管体系和传播能力建设。

第二，积极拓展投资融资渠道，继续加大投融资力度。在政策性融资方面，力争获得国家财政拨款、预算外资金或政府基金支持，以及政策性的银行贷款等资金支持，用于加快有线电视数字化发展等领域。在新媒体产业发展方面，争取国家开发银行的长期贷款支持，加快基础设施以及运营服务体系的建设。适当引进非公资本进入广播影视制作领域，例如节目制作、电影电视剧制作发行、农村电影放映等。

第三，加快大型项目开发和建设的进程。贵州广电呈现加快发展的良好态势，但产业结构比较单一，需要通过投资项目建设延伸拓展产业链。加大新项目开发的力度，广电传媒集团将把新项目开发列为集团工作重点之一，发挥集团资源优势，捕捉市场机会，积极开发新项目。在充分调研的基础上，论证在贵阳市城郊兴建影视文化产业园区的可行性，实现广电资源与旅游资源、动漫资源等的跨行业整合发展。

第四，继续对体制改革，产业技术平台和产业基地建设，数字影院建设、重点骨干企业、重点题材影视剧和影视节目的发行放映、重点产品出口等给予资金、贴息和税收优惠政策。支持有线电视数字化转换，高清互动电视、数字声音广播、移动多媒体广播电视、网络广播电视发展以及下一代广播电视网络建设。

第五，科学利用现有的“村村通”工程、直播卫星、地面数字电视、移动多媒体、高清电视、MMDS 等技术手段，发挥多种技术的综合利用，建立以广电网络公司为主的广播影视“四位一体”覆盖、服务主体，创新体制机制，实现资源优化配置，加大有线电视网络覆盖面，将有线电视网络逐渐向有条件的乡村延伸，建立全省农村广播影视覆盖和服务长效机制。

第六，加强专业人才的培养。一方面，注重引进广播电视产业发展的高层次人才，通过人才引进激活省内人才资源的活力，提高产业发展的创新能力、开发能力和管理能力；另一方面，加快培养本地区专业人才，重点加强在职继续教育培训和委托培养，为本地区广电产业的发展培养精、尖、专的广电产业专业人才，通过人才的强化打造一支精锐的广电产业发展队伍，为贵州省广电产业发展打牢基础。

B.6
新形势下的贵州旅游业发展研究

陈绍宥 *

摘　要： 贵州旅游呈现规模不断扩大、旅游业贡献率明显提高、旅游业发展后劲增强等特点，但也存在产业链短，接待能力不强等问题，应进一步提高服务水平，延长产业链，推动差异化发展等。

关键词： 贵州　旅游业　发展

一　发展特征

“十二五”以来，全省旅游业在紧紧围绕文化旅游发展创新区的战略定位和建设旅游大省的发展目标，大力推进交通基础设施不断改善，以 100 个旅游景区建设为抓手，与时俱进打造贵州旅游发展升级版，全省旅游业发展呈现规模不断扩大、贡献率明显提高、发展后劲不断增强等特点，旅游业的发展迎来良好局面。

（一）规模不断扩大

近年来，贵州立体交通格局持续优化，“快旅慢游”服务体系加快构建，有力地推动了旅游业发展壮大。“十二五”前 4 年，全省旅游业主要指标实现了年均 23% 左右的增长。2014 年，全省旅游业共实现增加值 780 亿

---

* 陈绍宥，贵州省社会科学院区域经济研究所助理研究员，贵州大学在读博士研究生，主要研究方向：区域经济、产业经济。

元，接待游客3.21亿人次，同比增长20.08%；旅游接待总收入2895.98亿元，同比增长22.16%。2014年，全省旅游行业旅游景气指数增加2.03个百分点，上升到107.77个百分点。2015年前三季度，全省旅游总人数达3.01亿人次，同比增长18.0%；实现旅游总收入2785.32亿元，同比增长22.2%。预计2015年，全省接待游客可实现3.6亿人次左右，旅游总收入可达3500亿元左右，分别是2010年的2.79倍和3.3倍，旅游业主要指标综合排位列全国15位，实现旅游大省的阶段性发展目标。

（二）旅游业贡献率明显提高

旅游业是贵州着力打造的支柱产业，旅游业在全省经济社会发展中的作用日益突出，贡献率明显提高。2014年，全省旅游业共实现增加值780亿元，占GDP比重提高至8.7%，占服务业增加值比重增至18%左右，旅游业对财政收入的贡献率达10.5%左右，旅游支柱产业地位进一步强化，对服务业拉动作用更加显著。

（三）旅游业发展后劲增强

投资是拉动经济发展的重要力量，项目是经济发展的重要支撑。2013年实施“100个旅游景区建设工程”以来，全省“100个旅游景区”累计签约建设项目477个，签约金额达2063.09亿元，到位资金622.95亿元，完成投资689.71亿元，建成旅游项目2018个。2014年，100个旅游景区在建项目达1091个，全年完成投资231.19亿元，完成年度计划的115.60%。全年签约项目148个，累计到位资金213.01亿元。2015年前三季度，100个旅游景区在建项目为927个，完成投资234.95亿元。完成创建国家4A级旅游景区14家，梵净山、荔波景区通过国家5A级景区景观质量等级评定，贵州省4A级以上旅游景区增至50家，同比增长38.88%。

（四）旅游景区龙头带动作用充分凸显

2015年前三季度，全省A级旅游景区共接待游客7696.40万人次，比去年同期增加了1722.36万人次，同比增长28.8%；A级旅游景区共接待游客占全省旅游总人数的25.6%。A级旅游景区对全省旅游业发展的龙头带动作用充分凸显。

（五）旅游服务设施不断完善

随着全省以交通为重点的基础设施建设的加快推进，贵州旅游基础设施不断完善，立体综合交通枢纽基本形成，西南地区陆上交通枢纽优势凸显，支撑不断增强。2014年，全省高速公路通车里程突破4000公里，9个市（州）均实现机场通航，加密航班航线41条，通航城市达到67个；贵阳龙洞堡国际机场年旅客吞吐量突破1200万人次，立体化、全域化快速交通体系正在加速形成。旅游接待能力加快提升，全省新增五星级饭店2家、三星级以上饭店20家，三星级以上饭店达342家，建成一批特色鲜明的文化主题度假酒店、乡村旅舍和房车露营基地。

二　存在问题

尽管近年来贵州旅游业发展成效明显，但在全面推进旅游业改革发展、打造贵州旅游发展升级版的进程中，还存在一些新的矛盾和问题。

一是旅游业改革有待深化。目前，全省旅游业改革侧重于完善优化发展措施，制度层面的顶层设计较少，部分地方和景区循规蹈矩，参与融入改革的动力不足、意识不强，推进旅游业升级发展的措施手段还比较少，改革的力度、深度、广度需要进一步拓展。

二是旅游业经营理念有待提高。发展理念决定发展的高度，目前，部分景区的发展理念较落后，仍用传统的经营方式来运营景区，景区发展格局不高，对引进战略合作者参与景区建设、管理的重要性认识不强，局限于算景区门票收入的“小账”，没有从打造精品旅游产品，提升景区品牌形象，提高产业综合带动效益的角度来算“大账”。

三是景区接待能力不强。接待能力是体现景区发展水平的有效指标，是决定游客旅游过程幸福愉悦感的重要因素，是影响游客对景区综合评价的关键环节。目前，全省旅游景区的接待能力普遍不高，知名景区人满为患，内部交通体系严重滞后，容量受限，景区游览动线设计不合理，游客聚集区域和重要节点人员、车辆疏导不力；一些新景区尚处于资源开发和市场开拓阶段，产品市场吸引力不强，配套设施建设不足，形成冷热不均的现象，重点景区辐射带动作用没有充分释放。

四是旅游业产业链不长，产业幅不宽。随着长期以来困扰贵州省旅游业发展的干线交通瓶颈打破，游客到达旅游景区、乡村旅游点的时间缩短，出行旅游更为便利，但是由于旅游业产业链不长、产业幅不宽，游客的旅游多属于观光休闲型，多是走马观花，属于浅度旅游，游客留不住、住不下，对当地经济的带动作用没有充分显现。

五是旅游业同质化趋势明显。贵州素有公园省的美称，旅游资源丰富，秀美的自然风光、多彩的民族风情、厚重的历史文化在全省各地俯拾皆是，但是由于各地在发展过程中没有深挖内涵、着力凸显特色，同类旅游要素禀赋的地方旅游业的发展在一定程度上存在千篇一律、同质化发展。

三　对策建议

（一）进一步深化旅游体制机制改革

推动旅游改革创新，深入推进旅游体制改革，不断完善旅游景区公司法人治理结构，积极引入战略投资者参与景区运营，健全完善大景区管委会体制，加快完善旅游现代企业制度、现代产权制度、现代管理制度，推进资源型景区产权制度改革，引进社会资本进行战略重组，构建混合所有制主体。设立贵州旅游产业促进基金，探索旅游资源开发的PPP模式，通过公司上市、发行债券、资产置换等方式筹集景区发展资金，增加混合所有制经济比重，积极引进优强企业参与贵州旅游开发建设和运营。

（二）推动旅游业与大数据深度融合

依托“云上贵州·智慧旅游云”和国家旅游数据（灾备）中心，着力打造贵州智慧旅游城市、旅游景区、旅游企业建设，建立旅游与涉旅部门数据共享、互联互通机制，提升全省旅游业发展信息化水平，加快旅游集散地、机场、车站、景区、宾馆饭店、乡村旅游扶贫村等重点涉旅场所的无线网络全覆盖。探索和深入挖掘大数据在智慧旅游建设中的公共性能和商业应用，建立涵盖旅游产品推广、个性化服务预订、产品预售结算、实时信息查询、旅游车辆调度、讲解导览等线上和线下相结合的一站式“旅行服务”平台，形成旅游发展新的动力源，培育旅游经济新的增长点，从战略、理念和技术层面提升旅游业现代化水平。

（三）进一步提升旅游业服务水平

围绕吃住行游购娱等要素，扎实抓好旅游硬件建设和软件服务，加快“快旅”服务体系建设，在全省布局建设足量的旅游客运服务网、交通节点服务区、主题度假村、精品客栈群、汽车露营地、旅游电子商务平台、游客购物中心。加快解决“最后一公里”问题，围绕高速公路、高铁站点和干、支线机场，规划建设游客中心、旅游汽车租赁网点、停车场、汽车营地，实现交通节点与景区景点的互联互通。着力提升导游人员、景区接待人员、景区餐饮行业服务人员的服务水平，建立以游客满意度为核心的服务质量管理体系，着力构建和谐、高效、优质的旅游市场环境。

（四）拓展旅游产品，着力延长旅游业产业链

要着力提升全省旅游业的“慢游”水平，在旅游“深度化”方面下功夫，充分发挥贵州自然风光秀美、气候宜人、文化丰富等优势，加快开发提升生态观光、休闲度假、避暑养生、文化体验、户外运动、修学旅游等慢游产品体系，推出覆盖全省、带动全域、延伸周边的休闲度假精品线路，让游客能够留下来，尽享多彩贵州之美。充分发挥全省景区点多面广，城乡互

融，望得见山、看得到水、无处不乡愁的组合优势，以高铁、高速公路为轴线，依据不同的地理位置、资源优势和功能区划，做好空间和业态布局。把景点连成线路，线路建成产品，以“车窗风景线·多彩贵州游”为主题，推出高速时代特色旅游产品。

（五）推动旅游业差异化、特色化发展

要立足于旅游资源禀赋优势，凸显资源的个性化、特色化优势，在深挖内涵、彰显特色上下功夫，打特色牌、唱特色戏。各地虽在资源方面有相似性，但以特色化思维可以打造出不同的产品，要做到看的有特色、吃的有特色、玩的有特色，在旅游资源开发上突出“唯一性”，避免恶性同质化竞争。

B.7
贵州省文化企业上市路径研究

王红霞*

摘　要： 随着国家明确鼓励支持有条件的文化企业通过资本市场上市融资，“上市”已经成为文化企业做大做强的主要手段。本文结合贵州省国有文化企业的发展现状，分析提出在文化企业始终坚持把社会效益放首位、实现社会效益与经济效益相统一的前提下，通过加快资产重组、创新体制机制、建立文化资本投资平台、助力民营文化企业做大做强等路径选择，切实提高贵州文化企业市场化、规范化，实现文化企业尽快上市，推动文化企业做大做强。

关键词： 文化企业　上市　路径

一　贵州省文化企业发展势头良好

（一）文化产业总量增长快，日趋向好

文化产业增加值迅速增长，文化产业从业主体、从业人员大幅增加，项目建设加快，骨干文化企业多元化发展。全省文化产业增加值从 2012 年的 152.03 亿元增加到 2014 年的 296.85 亿元，增加了 144.82 亿元；全省文化产业增加值占 GDP 的比重从 2012 年的 2.22% 增加到 2014 年的 3.21%，提

* 王红霞，贵州省社会科学院农村发展研究所助理研究员，研究方向：文化产业、乡村旅游。

高了0.99个百分点；文化产业单位从2012年8429个增加到2014年的12911个，个体经营户从27649户增加到51336户，从业人员从23.20万人增加到36.48万人，增加态势还在不断持续。

（二）全省国有文化企业发展壮大

据统计报告显示，截至2014年底，贵州省国有文化企业不断发展壮大，全省共有国有文化企业539家，实现增加值30.34亿元，占全省文化产业增加值总量的10.22%；从业人数达24860人，占全省文化产业从业人员总数的6.81%。省属骨干企业有贵州日报报业集团传媒有限责任公司、贵州广电传媒集团有限公司、贵州出版集团公司、当代贵州期刊传媒集团有限责任公司、贵州文化演艺集团有限责任公司、多彩贵州网有限责任公司六大国有文化企业集团，拥有子公司115家，从业人员12097人，总收入76亿元。

1. 贵州日报报业集团传媒有限责任公司

贵州日报报业集团基本建立起以人为本、面向基层、惠及大众的新闻出版公共服务体系和技术先进、传输快捷、覆盖广泛的现代传播体系。成立集团公司清理整顿小组，理顺体制机制，组织清产核资，明晰事业和企业产权，并进一步深化剥离转制改革，完善广告、发行、印务公司管理制度，全面实行经营目标管理、分解指标、分类指导、动态考核。推出了一批角度新、影响大、效果好的新闻报道，得到中宣部高度评价。推动平面媒体、网络媒体、影视媒体“三位一体”，架构了贵州文化宣传新的传播平台。集团建成并部分投入使用印务传媒基地项目，启动贵州现代文化创意与数字出版产业基地——“云尚都市创意空间”项目，上线运行“今贵州”手机新闻客户端项目服务平台。2014年集团公司实现经营总收入3.8亿元。

2. 贵州广电传媒集团有限公司

广电集团公司实施“以人才提升为引擎，以科技创新和资本运营为两翼，全媒体融合提升，多元化集约发展”战略，推进跨行业、跨区域、跨所有制新项目开发建设，促进经营创收实现质量效益型的快速增长，打造贵州广电现代全媒体集团。公共文化事业稳步推进，经营管理迈上新台阶，参与投资拍摄的《领袖》《十送红军》等影视剧在全国获得良好收视效果，下属企业发展稳中有增、发展态势良好。整合资源，拓展经营，建成运营家有购物电子商务文化产业基地，并启动实施“跨境通”项目。积极推进广电网络、星空影业、家有购物、天马传媒的上市工作，重点攻克广电网络公司上市的“最后一公里”，力争2016年实现上市，实现贵州省文化企业上市“零的突破”的战略目标。推动贵州广电家有购物集团、天马传媒公司进入上市培育期，鼓励星空影业等新型文化企业到创业板或新三板上市。2015年，贵州广电传媒集团获得全国“文化企业30强”提名奖，2014年集团实现经营收入54亿元，同比增长32%。

3. 贵州出版集团公司

出版集团大力实施“出版为主，多元发展”发展战略，坚持正确的舆论导向，有序开展集团全民所有制企业改制重组工作，积极推进公司股份制改造，力争在“十三五”期间将贵州出版集团建设成为“百亿”集团，建设成为西南地区有特色，在全国有一定影响力的大型出版集团。集团以大项目为依托，积极拓展多元化发展，涉足投资、科技、金融服务、教育培训等领域。通过改制重组，对出版主业和辅业进行剥离，正在大力推进从事出版主业生产经营的贵州出版传媒有限公司上市，扶持辅业多元经营，实现两翼发展。集团努力打造“黔版图书”出版品牌，出版的图书先后荣获中国出版政府奖、中华优秀出版物奖以及省“五个一工程奖”、省优秀图书奖等各类奖项。2014年，集团公司总收入17亿元，国有资产保值增值率达112%。

4. 当代贵州期刊传媒集团有限责任公司

当代贵州集团公司按照“内容为本、渠道为王、突出主业、多元经营、差异竞争、融合发展”的战略思路，实施“四个工程”，实现“三个转型”，夯实“一个基础”，打造全国第一个党刊全媒体平台，力争到“十三五”期末总收入达到2亿元，先进文化传播能力和创造能力大大增强，成为贵州省文化产业重要支撑之一。公司通过制定改革方案，完成公司董事会、监事会组建方案报批，并制定完善公司内部议事规则、干部人事管理、绩效考核、财务管理等制度，积极探索开展《当代贵州》杂志自办发行体系建设。策划实施“中国党刊数据中心及党建出版云平台”项目并落户贵州，探索引入社会资本，完成“多彩贵州多民族原生态文化传播中心”项目主体建筑工程建设，与新媒体融合发展，打造全国第一个党刊全媒体，并成功组建孔学堂书局，创办《孔学堂》杂志，推动《晚晴》《电影评介》等期刊“走出去”。《当代贵州》杂志成为全国第一份按周刊周期出版的党刊，积极探索特色化、差异化办刊路径，党刊精品工程影响力不断提升，产品结构不断优化，业务形态不断拓展，新媒体融合步伐不断加快，2014 年实现总收入 7449 万元。

5. 贵州文化演艺集团有限责任公司

秉持“以演为主、多元发展”的战略方针，以全面深化改革为引领，以“优化布局、整合资源、搭建平台、塑造品牌、争取扶持”为手段，力争通过 3 ~ 5 年的努力，将贵州文化演艺集团打造成西部一流、全国前列的综合性文艺创作生产集团。按照建立有文化特色的现代企业制度要求，积极推进完善公司法人治理结构和内部经营机制，集团公司积极探索与实体经济融合发展，与中天城投合作启动实施贵州文化广场项目，引入民间资本，在花溪青岩古镇启动实施“魅力青岩 · 魔幻时空”演艺广场项目。创作推出《嘎老》《文朝荣》《枫染秋渡》等一批精品剧目，打造孔学堂艺术团公益演出品牌，完成各类公益演出任务，极大丰富了群众业余文化生活，2014 年实现总收入 2151 万元。

6. 多彩贵州网有限责任公司

多彩贵州网有限责任公司是以“金黔在线”网站为主体，“黔龙网”“多彩贵州印象网”“贵州文明网”“中国贵州网”等网站的内容、信息、资产，以及“当代先锋网”的时政新闻资源、“贵州旅游网”的旅游内容信息等为基础组建。其战略定位是建设成为全国一流地方重点新闻网站，打造具有较强实力和国内影响力的互联网文化传媒集团并力争上市。公司现已启动新三板挂牌工作，2016 年底完成股改工作，2017 年挂牌。多彩贵州网一度跃居全国 46 家重点新闻网站排名第 3 位，创造网站上线以来的最高排名，承办的“孔学堂网”连续位居全国国学类148家网站首位。2015年，公司共有12项技术成果获得国家版权局颁发的计算机软件著作权登记证书。2014年公司实现总收入1128.0万元。

（三）民营企业突飞猛进

近年来，贵州省大力推进文化体制改革，在转制培育一批国有文化企业的同时，也催生带动了一批民营文化企业发展，形成了多种所有制文化企业竞相发展的格局。越来越多的民营资本正以活跃的姿态纷纷进入影视、演艺、动漫、民族民间工艺等文化产业领域发展。据统计，2014年，全省共有民营文化企业8506家，实现增加值165.02亿元，占全省文化产业增加值总量的55.59%；从业人数达129498人，占全省文化产业从业人员总数的35.50%。从行业分布来看，民营文化企业中文化休闲娱乐服务业增加值最高，达45.17亿元，从业人员达28640人。民营文化产业已成为推动贵州文化产业繁荣发展、建设“多彩贵州”民族特色文化强省不可或缺的重要力量。

二 新形势下贵州文化企业面临难得的机遇及挑战

（一）贵州文化企业面临的机遇

省委做出建设民族特色文化强省的决策部署，把包括文化产业在内的文化建设提升到省级的高度，与东部发达地区相比，贵州省市场发育程度还相对不完善，党委政府的重视支持非常重要，其巨大的推动作用不可忽视，会转变成为实实在在的推动力、引导力。

正值政策红利期，2014年《国务院办公厅关于印发文化体制改革中经营性文化事业单位转制为企业和进一步支持文化企业发展两个规定的通知》，明确财税、土地等原有优惠政策延期到2018年底。同时，中央先后下发了《关于深化国有企业改革的指导意见》和《关于推动国有文化企业把社会效益放在首位、实现社会效益和经济效益相统一的指导意见》（简称《两个效益意见》），文件明确要推动国有文化企业做强做优做大。《两个效益意见》坚持问题导向，指出“国有资本运行效率还不够高”，强调要“推动企业做强做优做大”。文件多处提出，“打造一批具有核心竞争力的骨干文化企业，推动社会主义文化大发展大繁荣”，“打造一批核心竞争力强的国有或国有控股骨干文化企业，使之成为文化市场的主导力量和文化产业的战略投资者”，“探索以国有资本金注入的方式推动企业兼并重组，培育国家级骨干文化企业”，并明确要求“推进以资本为纽带进行联合、重组”，更好地加速培育一批贵州省骨干国有文化企业，推动贵州省国有文化企业做强做优做大。

贵州省也相继出台了《贵州省中小微文化企业融资风险补偿基金使用管理暂行办法》，为中小微文化企业提供信用贷款；省两办印发了《关于扶持文化产业园区（基地）建设发展的若干政策》，在财政、土地、金融、知识产权等方面出台了很多优惠政策，要积极争取政策红利，进一步释放文化生产活力。贵州拥有丰富的文化资源，发展潜力巨大，但资源优势尚未有效地转化成产业优势，文化企业任重而道远，必须抢抓机遇、趁势快进，采取有力举措，助推文化企业培育壮大，实现跨越式发展，推动文化产业成为全省发展大局中的一支重要力量。

（二）新形势下贵州骨干文化企业面临的挑战

1. 贵州省文化产业规模差距悬殊

据最新统计数据显示，2014 年，贵州省文化产业总收入为 705.68 亿元，比上年增加 222.68 亿元；全省文化产业增加值为 296.85 亿元，比上年增加 87.13 亿元，增速为 41.55%；文化产业增加值占 GDP 的比重为 3.21%，比上年上升 0.59 个百分点。但与全国和其他省区相比，差距明显。

全国文化产业发展形势迅猛，2004 年全国文化产业增加值为 3440 亿元，2010 年增至 11052 亿元，到 2014 年达到 24017 亿元，占 GDP 比重为 3.47%。从 2004 年到 2014 年，全国文化产业增加值用了 6 年时间突破了 1

万亿元，又用了4年时间突破了2万亿元，文化产业发展速度加快，规模扩大，已经成为国民经济发展新的增长极。

各省（区、市）文化产业发展发展迅速，全国各省（区、市）文化产业发展状况总的态势可归纳为“东部领先、中部崛起、西部追赶”。其中，东部10个省份有7个省（市）文化产业增加值在全国处于领先地位，特别是广东省2013年文化产业增加值突破了3000亿元，江苏和山东两省分别突破了2000亿元，浙江省突破了1800亿元，北京市突破了1500亿元，上海市达到了1300亿元；中部6个省份除江西省外，其他5个省2013年文化产业规模与东部一些省份相当，湖南省超过了1200亿元；西部12个省份中，重庆、四川、陕西3个省（市）文化产业发展达到了一定规模，重庆市2013年超过了500亿元。

相比之下，虽贵州省文化产业增加值从2011年的111.18亿元增至2014年的296.85亿元，三年翻番，增速很高，但总体规模仍然较小，2014年贵州文化产业增加值仅占全国文化产业增加值1.24%。

2. 贵州省国有文化企业存在的主要问题

国有经营性文化单位转企改制是文化体制改革的中心环节。围绕这个中心环节，虽然组建了广电、报业、图书、期刊、网络、演艺六家省管国有文化企业集团和一批市、县国有文化企业，并在市场竞争中逐步发展壮大。但从近年的发展实践看，国有文化企业在管理方式、资源整合、资本运作等方面还相对滞后，企业实力与其他省区相比差距较大，存在不少问题。

（1）深化体制机制改革创新的理念亟待加强

一些国有经营性文化单位在体制上虽然转成了企业，但在观念上还习惯于用管理行政单位或事业单位的方式来管理企业，“不事不企”“事企难分”，在健全完善法人治理结构和内部经营机制、打造合格市场主体、提升市场竞争能力、科学谋划企业发展战略等方面还存在问题。

（2）具有创新带动作用的龙头企业明显不足

2014年，六家省管国有文化企业集团总资产为107亿元，利润为7.4亿元。其中，资产、收入规模最大的两家分别是贵州广电传媒集团有限公司和贵州出版集团公司，但与省外国有文化企业相比差距明显，2014 年浙江出版联合集团实现总收入 92 亿元，浙江广电集团实现总收入 85 亿元，山东出版集团实现总收入 141 亿元，上海文广集团实现总收入 250 亿元，陕西文化产业投资控股（集团）有限公司实现总收入 13 亿元。同时，贵州省国有文化企业之间彼此分割、缺乏协调的问题还较普遍，而浙江、山东等省份基于市场竞争建立起一套较为完善的宏观调控体系，在大力推动文化企业联合、兼并、重组，打造大型文化企业集团方面走在了全国前列。2015 年，由中宣部组织的全国文化企业 30 强评选中，贵州省仅贵州广电传媒集团有限公司首次获得提名奖；而浙江省 2014 年有 4 家文化企业入选 30 强，2015 年有 3 家文化企业榜上有名。同时，贵州省国有文化企业至今未能在上市融资方面有所突破。

（3）国有文化企业资本利用效率不高

2014 年，全省共有国有文化企业 539 家，国有文化资产达到 402.68 亿元，实现增加值 30.34 亿元；而全省 8506 家民营文化企业，2014 年实现文化产业增加值 165.02 亿元，占全省文化产业增加值总量的 55.59%。从这组数据比较可以看出，贵州省国有文化企业的投入与产出不成比例，资本利用效率较低。目前，越来越多的民营资本踊跃进入文化产业领域，不少民营文化企业甚至已发展成为一个领域、一个行业的主力军，但国有文化企业尤其是六家省管国有文化企业集团掌握着较多的国有文化资产资源，对全省文化产业发展的贡献率有待大幅提高。

（4）部分省管国有文化资产权属不清

产权清晰是市场经济的客观要求，是企业引入投资者进行战略合作的基础。目前，部分省管国有文化企业尤其是实施剥离转制的文化企业，未能将经营性资产完全剥离并划转进入企业。事业母体代行出资人职责，掌控着企业的人、财、物，在一定程度上使企业成为事业的附属，有名无实，束缚了企业以合格市场主体的身份开展生产经营活动。

（5）重复投资导致资源浪费现象严重

国有文化企业在项目投资上缺乏统筹和规划。以贵州省正在大力发展的大数据信息产业为例，广电、报业、图书、网络等省管国有文化企业及部分宣传思想文化单位都在发展“云”产业，资源分散，未形成合力，亟须搭建一个平台，从顶层设计和资源整合的角度，来提升省管国有文化资本配置效率，将资源和资本优势更好地集聚起来，抱拳发展。

三　其他省份文化企业上市对贵州省的借鉴

（一）其他省份文化企业上市发展概况

1. 江苏省

江苏省为加速推动文化企业上市，着眼于强化国有文化资产监管，出台省级文化企业监事会管理办法，完善省级文化企业总额预算管理、文化企业负责人经营业绩考核、文化企业重大事项管理办法等规定，初步形成了以文化企业国有资产监督管理办法为核心，以资产基础管理、重大事项管理、负责人绩效考核管理、现代公司治理管理、国有资本经营收益管理为重点的“1 +5”监管体系。另外，着眼于做强做大市场主体，推进国有文化企业兼并重组，凤凰出版传媒集团整合江苏文化产业集团，接收新华社下属《现代快报》，综合排名跃居全球出版业50强第6位。

注重推动文化和金融相融合。制定出台促进文化金融发展的指导意见，引导金融机构创新文化金融产品，加大对文化企业的支持力度。全省已设立11家“文化支行”，“鑫动文化”等3个文化信贷产品规模不断扩大。南京市文化金融服务中心、无锡文化金融支行、苏州文化产业担保入选全国十大优秀文化金融合作创新成果，文化金融“南京模式”成为全国典型案例。2015年末，全省文化产业贷款余额达1184亿元，同比增长22.6%。推动文化企业拓宽融资渠道，江苏有线主板上市，江苏广电幸福蓝海创业板首发通过，凤凰出版传媒集团财务公司设立，新组建省文化投资管理集团，江苏紫金文化产业二期创业投资基金规模达20亿元。

2. 浙江省

2015年，浙江省电影制作机构超过1600家，票房达到35亿元，均位居全国第三，特别是《捉妖记》《煎饼侠》《大圣归来》《烈日灼心》等浙产影片，票房市场大放异彩。浙江省文化和金融结出新成效，杭州、宁波、温州等相继建立7家文化产业专门银行，为文化企业提供专业化金融服务，截至2015年10月，累计发放贷款20多亿元，帮助文化企业600多家。各大银行开发了“影视通宝”等专门金融产品和“宝石流霞”等信托产品，扶持文化产业发展。举办文化产业项目投融资活动，浙江民营文化企业成立规模50亿元的浙江文化产业成长基金，两届活动现场签约基金和项目总金额达1800亿元。时代院线等5家文化企业已获批复准予上市，浙江省上市文化企业总数达到21家。

3. 甘肃省

甘肃省推进文化产业跨越发展，以大景区建设为抓手，深入推进文化与旅游产业深度融合，全省旅游业持续快速增长，加快推动文化金融融合发展，出台《关于深入推进文化金融合作的实施意见》，文化企业与金融机构签约近40个重点项目，贷款额度近30亿元，授信额度为302亿元。读者出版传媒股份有限公司成功上市，成为中国期刊第一股。

（二）启示

1. 立足主业，建立现代企业制度

精心谋划，立足主业阵地，积极向多元化发展，推进完善企业法人治理，建立有特色的现代文化企业制度。

2. 推动企业兼并重组

推动以资本为纽带进行联合、重组，打造一批核心竞争力强的国有或国有控股骨干文化企业，使之成为文化市场的主导力量和文化产业战略投资者。以业务发展、产业链整合优化为目标交叉持股，或进行资源优化配置，合资合作，鼓励文化企业跨地区跨行业跨所有制并购重组。

3. 积极搭建文化产业投融资平台

拓宽融资渠道，降低融资成本，把文化企业的资产有效转变为资本，充分发挥国有资本的杠杆作用，带动社会资本参与。支持和鼓励民营文化企业加快发展，积极搭建多种形式的文化产业投融资平台，破解文化企业融资难题。

四 加快贵州省文化企业上市的路径选择

（一）发展思路及目标

以习近平总书记关于文化改革发展的系列重要讲话为指导，认识新常态，把握新机遇，顺应新趋势，发展新型文化业态，促进文化产业提质增效、转型升级。全面贯彻落实中央、国务院和省委、省政府关于加快发展文化产业的精神，充分发挥多民族文化资源优势，整合资源，遵循文化发展规律，深入推进文化体制机制改革，创新思路举措，激发文化发展动力，增强文化发展活力，不断解放和发展文化生产力。力争到2020年全省文化产业增加值占GDP比重达到5%的发展目标，实现5家以上文化企业上市。

（二）路径选择

文化企业上市过程对于文化体制改革具有促进作用，同时也是文化企业融资获取资本的重要途径，助推文化企业上市是手段，不是目的，在上市过程中要始终坚持社会效益与经济效益兼顾的原则，始终坚持正确文化立场和正确导向，始终把社会效益放在首位，努力实现经济效益和社会效益相统一，共同增长。

1. 借助全面深化文化体制改革之力，加快资产重组步伐

在全国全面深化改革的大背景下，随着文化体制改革的进一步深入推进，随着国家一系列促进文化产业大发展政策措施的出台和颁布，鼓励文化企业通过资本市场做大做强，这给文化企业带来了新的市场机会和发展机遇。在上一轮推动文化体制改革之后，国有文化企业基本完成转企改制，但在完善法人治理结构、建立内部经营机制、打造市场主体的进度上极不平衡。下一步要大力借助文化体制改革之力，推动省直广电、图书、报业、期

刊、演艺、网络等六大文化集团公司不断完善法人治理结构和内部运行机制，建立现代企业制度，培育成为骨干文化企业，实现广电网络、出版集团、天马广告、家有购物等企业上市，组建并发挥文化资产管理办公室的作用，建立管人管事管资产管导向“四管”统一的国有文化资产管理体制。

以资产为纽带、项目为载体实施文化企业跨地区、跨行业、跨所有制兼并重组，推动省及市（州）组建综合型文化企业集团，发展营业收入百亿元企业，形成有核心竞争力特色文化集团，依靠上市平台迅速发展壮大。借助文化体制改革之力，加快资产重组，在加速文化企业上市的同时，更能做大做强文化企业，将成为发展特色文化企业的主要路径之一。

2. 创新体制机制，提高企业市场化、规范化运作水平

在市场化、规范化的基础上，不断创新国有文化企业资本配置模式，组建党委、政府共同监管的国有文化企业资产管理机构，构建层级文化企业资产管理和经营结构。不断完善国有文化企业管理机制，通过公司制、股份制改革，把国有文化企业打造成为自主经营、自负盈亏的法人实体和市场竞争主体。

理顺关系，规范国有文化企业党委（组）和股东会、董事会、经理层、监事会的权责关系，按章程行权，形成定位清晰、权责对等、运转协调、制衡有效的法人治理结构。不断推动国有文化企业提升管理水平，拓展营销渠道，强化成本控制，提升产品竞争力。通过完善法人治理结构、内部经营机制，构建充满活力、富于创新的国有文化企业的体制机制。确保国有控股前提下，探索省管国有文化企业在集团公司层面及子公司层面推进混合所有制，允许集体资本、民营资本参与国有文化企业混合所有制改革。推动国有文化企业转型升级，围绕贵州特色文化资源，推动国有文化企业从传统文化产业向新兴文化产业转型升级，做大主业、拓展辅业，推动国有文化企业转变经济增长动力，从要素驱动、投资驱动转向创新驱动。

3. 建立文化企业资本投资平台，提高资本运营能力

为了整合国有文化企业资源，最大限度地发挥国有文化企业资本的效益，打造具有核心竞争力的骨干文化企业，加快推进上市，建立文化企业资

本投资运营专业化平台非常必要和紧迫。文化企业资本投资运营专业化平台受党委、政府授权履行对国有文化企业资产进行管理、实施资本运作的职责，贯彻实施省委、省政府确定的资本战略，通过产业资本与金融资本的融合，开展资本运作，推动企业兼并、重组、收购，优化国有文化企业资本结构，提高资本利用效率和质量，并通过资本市场为国有文化企业打造投融资提供专业服务平台。

4. 助力民营文化企业做大做强，推动产业提质增效

营造社会资本投资文化产业环境，落实鼓励和引导社会资本进入文化领域的各项政策措施，完善社会资本进入文化领域的政策保障机制。推动民营文化企业特色化发展，以山地和多民族文化特色资源为基础，以创意创新为驱动，引导非公有制文化企业走“专、精、特、新”道路，在开展特色经营、提高原创水平、提升科技含量、创新产品、创新服务等方面形成竞争优势。

切实帮助解决文化企业融资难、融资贵等突出问题，着力加强文化金融融合发展，充分发挥金融资源配置的先导作用，满足文化产业的投资、融资、交易、风险管理需求。建立无形资产评估体系，实施中小微文化企业融资担保补贴办法，鼓励各类金融机构积极开展针对文化企业的贷款、融资等业务，支持发展文化类小额贷款公司，鼓励探索利用互联网金融、众筹等金融模式，拓宽文化产业和项目的融资渠道。加强民营文化创意企业发展，充分发挥文化创意、设计服务、现代科技对文化产业的核心提升作用，加强文化品牌建设，促进民营文化企业向专业化、品牌化方向发展，帮助和扶持民营文化企业做大做强，争取尽快在中小板或创业板上市。

参考文献

中办、国办：《关于推动国有文化企业把社会效益放在首位、实现社会效益和经济效益相统一的指导意见》，2015 年 9 月印发。

乔平：《报业集团利用上市平台做大做强的路径研究》，《华南理工大学学报》（社会科学版）2011 年第 1 期。

刘晓东：《关于加快推动江西文化企业上市步伐的对策建议》，《科技广场》2015 年第 10 期。

卜凡婕、夏爽：《中国文化企业上市融资分析及模式比较》，《管理世界》2010 年第 11 期。

关志薇、王晨：《文化企业改制上市的现状与问题》，《中外企业文化》2012 年第 1 期。

张陶：《基于层次分析法的我国文化传媒企业上市路径研究》，《商场现代化》2015 年第 20 期。

B.8
贵州省文化产业园区与基地发展的实践与思考

王红霞*

摘　要： 文化产业园区（基地）是作为发展文化产业的重要抓手，也是文化建设工程和文化强省重要内容。近年来，贵州文化产业园区（基地）总体发展趋势良好，本文主要以贵州省“十大文化产业园”和“十大文化产业基地”为例，对文化产业园区（基地）的管理运营进行分析，并提出突出园区（基地）特色，通过采取更加有力的措施，以服务企业为核心，完善公共服务平台；以产业集聚为重点，加强组织领导和协调，动态管理，实施项目带动战略，切实推动文化产业园区（基地）的建设发展。

关键词： 文化产业园区　发展　对策

文化产业园区（基地）是推动贵州文化产业发展的重要载体和抓手，是贵州文化旅游发展创新区建设、实现贵州文化产业成为支柱性产业的助推器。加快推动文化产业园区（基地）的建设，对于探索贵州调整经济结构，建设文化强省具有重要的意义。

---

* 王红霞，贵州省社会科学院农村发展研究所助理研究员，研究方向：文化产业、产业经济。

一　贵州文化产业园区（基地）规划建设及管理运营特点

贵州省文化产业园区（基地）发展历史短，但总体看，数量增加较快、发展势头好、地域文化特色明显。近年来，贵州省委、省政府高度重视文化产业发展。省“十大文化产业园”“十大文化产业基地”共21个项目，自写入贵州省国民经济和社会发展第十二个五年规划纲要以来，省委、省政府高度重视园区（基地）建设，总规划面积81428亩、建筑面积3763万平方米，计划总投资1173亿元，这些园区（基地）涵盖文化旅游、文化创意、印务出版、工艺品、民俗文化等文化产业领域。

（一）发展势头好，经济社会效益显著

贵阳数字内容产业园，总投资0.75亿元，入驻动漫、网游、软件开发、系统集成等企业23家，搭建了动漫展播、动画渲染等平台，为入驻企业减少开发成本、实现集约发展奠定了基础，2014年园区实现产值8.5亿元，经济效益显著。贵阳会展基地，总投资58亿元，已承接举办展会400余场，年均接待参观200余万人次，建成展会服务平台1个，入驻企业8家，举办了贵州国际酒博会等系列重大展会，知名度和影响力正在迅速提升。中国（遵义）酒文化博览园，投资150亿元，已建设子项目33个，已组建产业园区管委会和仁怀市茅台镇文化旅游开发建设投资有限公司，茅台镇杨柳湾跃进街入驻企业11家。

（二）集聚特征初步显现

在集聚企业方面，贵州（凯里）民族民间工艺品交易基地，入驻文化旅游商品、特色餐饮等企业260家，这些企业大多数通过对民族工艺品创意、研发、设计、制造、展览和交易等，推动民族文化在传承中发展、在发展中传承，成为全省文化企业集聚规模最大的基地，并制定了相关扶持政

策，建设了网络电子交易中心、咨询服务中心、管理中心等平台。黔西南民族文化产业园，入驻各类企业 100 余家，其中文化企业有 60 余家，制定了相关扶持政策。这些园区（基地）具有良好的感召力和影响力。

（三）文化旅游融合发展特点显著

省 21 个园区（基地）中，民族文化、阳明文化、长征文化、屯堡文化等多达 14 个项目是文化旅游融合发展类型，这是依托文化资源禀赋，挖掘延伸提炼山水文化、民族文化、红色文化、阳明文化等资源优势，打造文化产业园区（基地），是符合贵州实际、建设文化旅游发展创新区的一条重要途径。例如，中国（遵义）长征文化博览园，已投资 3.25 亿元，完成规划编制，完成集散中心和纪念广场拆迁，正在进行场平。毕节大方古彝文化产业园，已投资 4.7 亿元，西城门片区完成门楼、广场、步行街等主体，进入最后完善阶段。顺德广场综合体 A 区主体工程进入封顶阶段。古城三期项目完成项目用地勘界、报批等工作。多彩贵州城，已投资 32.7 亿元，已建成贵州文化旅游展示中心、1958 创意产业园、黔文化交流中心等项目。节庆街、极地海洋世界、温泉水公园等正在进行规划方案设计。

（四）运营模式多元

贵阳阳明文化产业园是以阳明文化为主题，集休闲度假、修心养身、教育培训等为一体的文化旅游综合体，已投资 4.3 亿元，治理河道 2.1 公里，核心区文化广场完成儒学正脉牌坊、洗心池、凤柱等单体基础浇筑，景观墙施工基本完成。贵阳会展基地（贵阳国际会议展览中心）是建设集会议、展览、休闲避暑为一体的文化产业基地，涵盖金融服务业、酒业、电子商务等领域。遵义会展基地即将投入使用，长征文化博览园投资 3.25 亿元，另外还推动“三线”文化创意园等一批产业项目开工建设。

省“十大文化产业园”“十大文化产业基地”取得了较大进展和较好成效，正逐步完善配套环境、公共服务平台，建成运营的文化产业园区（基地）正逐步形成以园区（基地）为特色的经营模式和文化品牌，发挥引导企业集聚发展、在全省做示范做表率的作用。

二　贵州省文化产业园区（基地）发展中存在的问题及原因分析

从国内文化产业园区、基地发展的实践看，园区、基地已成为文化产业发展动力来源和强力引擎。深圳常被认为文化资源不多、文化底蕴不足、发展文化产业没有优势，但是近十年来，深圳文化产业蓬勃发展，走在了全国前列。除了政府的有力引导和推动，还有一个重要原因就是采取了行业集聚、空间集中的发展策略，培育建设了一批具有一定规模和影响力，能起到示范效应和产业拉动作用的文化创意产业园区（基地）。据不完全统计，深圳市级及以上的文化产业园区（基地）达到54个（其中国家级12个），园区（基地）入驻企业超过1万家，年营业收入超过600亿元。湖南一个长沙天心文化产业园区，2013年就实现总产值212亿元、增加值77.4亿元，集聚了各类文化企业1700家，其中规模以上文化企业有45家。

贵州省在文化产业园区（基地）建设的过程中，立足实际，按照园区（基地）专业化、差异化、特色化标准，坚持文化产业规模化、专业化、集约化发展之路。但由于经济水平低、城乡居民文化消费水平不高、文化资源丰富但相对分散、文化产业发展起步晚、发展水平相对滞后。所以，省“十大文化产业园”“十大文化产业基地”建设起步晚、规模小、数量少，集聚的企业不多，规模效应不强，与周边省份差距较大。虽然近几年省委、省政府对文化产业园区（基地）建设决心强、力度大，但由于诸多原因，也面临着许多的困难和问题。一是建设文化产业园区（基地）进度不快。尽管从总体上来看，省“十大文化产业园”和“十大文化产业基地”推进较好，但进度仍需加快，正式建成的园区（基地）还不够多，投入运营的园区（基地）发挥的效果还不够明显，尤其是还有3个园区（基地）尚未正式开工建设，进度明显滞后。二是产业功能不强。有的建成运营的园区

（基地）引进的一些文化企业之间无明显的上下游关系，没有形成较强的文化产业链条，多数企业单兵作战，缺乏抱团作战的意识，难以形成规模经济。三是特色挖掘不够。文化产业园区（基地）项目不同于其他项目，不认真研究依托的文化资源、深入挖掘其中的文化内涵、打造独具魅力的文化品牌，就将沦为一般的商业项目、失去核心竞争力、失去文化特有魅力。四是配套措施不完善。园区（基地）在建设初期，硬件配套还不尽完善，软件和服务也还不够到位，这也严重限制了园区（基地）作用的发挥，在提升规模化、集约化、专业化运作水平上还需要下大功夫。

贵州省一些引入民营资本建设的文化产业园区（基地）或者文化旅游项目，如时光贵州、水西古城、多彩万象城、大明边城等，建设速度都非常快，发展势头非常好，对于省“十大文化产业园”“十大文化产业基地”可谓“前有标兵、后有追兵”。如果不能加快建成投入使用，尽早发挥集聚带动、示范引领作用，差距将越来越大，省级文化产业园区（基地）也将失去在全省做标杆、做示范的意义。

三　加快贵州省文化产业园区（基地）建设面临的机遇

党的十七届六中全会明确提出到2020年把文化产业发展成国民经济支柱性产业，党的十八大将文化产业成为国民经济支柱性产业列入小康建设指标体系，并确立了经济建设、政治建设、文化建设、社会建设和生态文明建设“五位一体”的总布局，以习近平同志为核心的党中央高度重视文化建设，对深化文化体制改革、推动文化大发展大繁荣、建设社会主义文化强国做出一系列重要部署。当前，中国经济进入新常态，正在从高速增长转向中高速增长，从规模速度型粗放增长转向质量效率型集约增长，从要素投资驱动转向创新驱动。新常态对于文化产业意味着新机遇，文化产业属于朝阳产业，资源消耗低、环境污染少、附加值高，是典型的注重质量效益的集约型产业。贵州省正在实施“赶、转、跨”战略和同步小康创建为文化产业发展带来重大机遇。2014 年贵州 GDP 增速达到 10.8%，而 2011～2013 年，贵州文化产业平均增速达到25%，2014年增加值近300亿元，文化产业不仅为国民经济提供智力支持，还成为直接动力。发展文化产业正是转变经济发展方式、调整经济结构的重要抓手之一。贵州是文化资源大省，非物质文化遗产名列前茅、传统村落数量全国第二、文化旅游景点众多，把这些文化资源优势转化为产业优势，将为我们实现转变经济发展方式奠定基础。另外，全省以县为单位全面建成小康社会工作，将文化产业增加值占GDP比重纳入统计监测体系，并确定了4%的目标值。同时，省委组织部对各地党政领导班子的考核也将文化产业纳入。通过这些指标的考核，为全省文化产业发展带来强劲驱动力。

面临如此难得的历史机遇，贵州省文化产业发展正迎来不容错过的时间窗口。抢抓机遇、加快发展，采取各类有效有力措施，而文化产业园区（基地）是文化企业孵化壮大的重要平台，是推动当地文化产业快速发展的强力引擎。因此，建设园区（基地）能够迅速在一定区域内聚集文化企业，通过规模化生产和专业化分工，降低生产成本，促进优势互补，延伸产业链条，实现规模效应，提高质量效率，推动产业迅速做大做强。

四　推动贵州文化产业园区（基地）建设的对策

（一）立足资源优势，突出园区（基地）特色

丰富的民族资源、红色资源、生态资源是贵州的优势，要立足资源优势、突出园区（基地）特色，促进文化旅游融合发展的园区（基地）发展，如多彩贵州城、阳明文化、长征文化、屯堡文化、古彝文化、酒文化等方面的园区（基地），要把握和处理好文化与旅游“灵魂”与“载体”、“内容”与“渠道”之间的关系。必须注重策划，依托景点的文化资源，以游客市场为导向，以差异性体验为根本，做好文化的顶层设计，为旅游“吃住行游购娱”各个环节注入文化元素。结合文化旅游发展创新区建设，整体提升贵州文化旅游产业的竞争力和影响力。

（二）以服务企业为核心，完善公共服务平台

积极利用国家政策支撑、公共服务、投资融资等服务平台，同时也要健全完善省级文化产业服务平台。要让企业“进得来、稳得住、能发展”，除了制定租金、装修、水电、人才引进等方面扶持政策外，搭建融资、市场营销、创意设计、公共技术等方面的公共服务平台也非常关键。搭建公共服务平台，其目的就是要推动园区集约发展，为入驻企业节约成本，促进企业快速发展壮大。在园区（基地）的管理营运上，尤其要重视造就一支高素质的文化产业经营管理人才队伍，同时也要造就一支懂销售、懂行情、懂法规的营销队伍，来提升文化产业园区（基地）的管理营运水平。

（三）以集聚为重点，大力发挥示范带动作用

贵州省文化资源尤其是民族文化资源丰富但分布相对较散的实际，导致全省中小微文化企业集中度也相对较低，比如在我们的工艺品生产领域，公司企业上千家，个体经营户上万家，但由于缺乏集聚、缺乏资源共享，始终难以形成气候、做不大做不强，在省内外的影响力竞争力不足。对此，就要通过推动园区（基地）建设，配套完善公共服务平台，将这些分散的文化企业聚集起来，推动文化企业在创意设计、创作生产、人才技术、信息资金等方面实现优势互补，打通产业链条，降低生产成本。同时，作为文化产业加速器的会展基地，要在加大对企业孵化培育的基础上，通过举办各类展会吸引企业入展，吸引买家观展，促进交易，推动文化产业提速增效。专业型的基地，要加快完善产业链条，文化产业的链条越长、越完善，专业化分工就越发达，衍生的企业就越多、规模效应和竞争力就越强，越能发挥示范带动作用。

（四）加强组织领导和协调工作，动态管理

加快贵州省文化产业园区（基地）建设，必须通过狠抓落实才能见到成效，党委、政府要进一步通过制定相关文件进行协调督促，严格按照认

定、定期考核、退出机制原则，提升园区（基地）质量，提高园区（基地）效益，对切实发挥示范带动作用的园区（基地）给予重点支持且鼓励，并加大宣传报道力度。对定期考核不合格的省级园区（基地）提出批评、通报、限期整改，甚至取消其资格。抓好重点文化产业项目建设，明确责任单位，明确建设时间进度，并跟踪指导协调重点项目，实行动态管理。确保贵州省文化产业园区（基地）建设尽早投入运营，助推文化产业快速发展。

由于文化产业是一种涉及面广、回报周期长的产业，不能很快见到经济效益，也不能抱着急功近利的思想，因此，建设文化产业园区（基地）一定要有长远的战略眼光，必须从社会发展趋势和转变经济结构发展方式的高度去认识建设文化产业园区（基地）的必要性，在贵州省文化产业园区（基地）建设中必须坚持政府引导、社会参与、市场化运作，不断促进文化产业与旅游、科技、金融等多种产业融合发展、升级，尽快建设一批带动性强的省级示范园区（基地），推动一批经济社会效益好的文化产业园区（基地），形成重点突破与整体推进相结合的文化产业园区（基地）良好格局，助推经济新常态下的贵州跨越式发展。

参考文献

史征：《文化产业园区发展研究：机理·评价·对策》，浙江工商大学出版社，2013。

郭艳：《加快河南文化产业园区建设、形成集聚效应》，《河南教育学院学报》（哲学社会科学版）2013 年第 4 期。

郭莉：《试论福建省文化产业园区建设的推进之策》，《福建论坛》（人文社会科学版）2012 年第 11 期。

B.9
贵州媒体融合发展思考

李迎喜*

摘　要： 2014年贵州省委办公厅、省政府办公厅印发《关于推动传统媒体和新兴媒体融合发展的实施意见》，省内的报业、广电、互联网媒体等纷纷在融合方面做出了积极的探索和实践，取得了一系列富有成效的进展，同时也存在“对媒体融合发展的理念认识不到位、媒体融合发展的商业赢利模式不清晰、体制机制不顺畅、人力资源缺乏的软肋凸显”等问题。因此，贵州的媒体融合推进要“强调用户价值，导入互联网思维；以先进技术为支撑，用大数据等新技术助推媒体融合；夯实内容与服务，创新商业模式；以体制机制建设为依托，抓好人才队伍”。这样才能打造具备较强市场竞争力和话语权的新型主流媒体，加强舆论引导力量，形成现代立体传播体系。

关键词： 媒体融合　新媒体　互联网

2014年，媒体融合正式成为国家战略，业界称为“中国媒体融合元年”。不仅因为在互联网思维的倒逼下，传统媒体转型升级进入深化阶段，更因为国家层面的战略倾向。2014年4月23日，刘奇葆在《人民日报》发表《加快推动传统媒体和新兴媒体融合发展》的文章；2014年8月18日，习近平主持召开中央全面深化改革领导小组第四次会议审议通过了《关于

* 李迎喜，贵州省社会科学院传媒与舆情研究所副研究员。

推动传统媒体和新兴媒体融合发展的指导意见》。因此，“媒体融合”一时成为人们讨论和研究的热门话题，各地也都在积极探索媒体融合的路径。2014 年 11 月 27 日，贵州省委办公厅、省政府办公厅印发《关于推动传统媒体和新兴媒体融合发展的实施意见》，省内的报业、广电、互联网媒体等纷纷在融合方面做出了积极的探索和实践，取得了一系列富有成效的进展，同时也暴露出来一些问题。

一　贵州省主要新闻媒体和网站在媒体融合方面的基本情况

（一）报业篇：贵州日报报业集团“稳住存量、打造增量”

从 2003 年中央文化体制改革试点开始，贵州党委和政府就一直致力推动文化行业的体制机制改革。2014 年，贵州日报报业集团基本完成了集团各项改制工作，不断建立和完善集团传媒总公司和下属子（分）公司法人治理结构及配套制度，取得了较为突出的阶段性成果，并把媒体融合作为集团当前和今后改革与发展的重要抓手和着力点，提出了“稳住存量，打造增量”的口号。

1. 试水“二维码”

2014 年全国两会期间，为生动鲜活，多角度、全方位、立体地做好两会的新闻报道，贵州日报集团做了全面的准备和精心的策划，进一步深化报网联动理念，以《贵州日报》、金黔在线（多彩贵州网）、贵州手机报及其新闻客户端和微信、微博、微视等“三微”新媒体平台相结合的方式立体呈现了一场及时、丰富、互动的数字“两会盛宴”。两会期间，打开一份《贵州日报》，用手机扫一扫“码上看两会”栏目的二维码，就可以看到“活起来、动起来”的两会新闻；在移动通信设备上，还可以关注金黔在线微博、微信、微视平台，《全国两会“微特刊”》栏目以图文、视频、音频等多媒体形式对全国两会进行报道；《贵州手机报》开辟的“聚焦两会”专栏，通过图文、视频等方式向 70 万名用户点对点播报两会，让两会资讯一“手”在握；登录金黔在线网站，全国两会专题精彩纷呈，有“两会要闻”“两会连线”“精彩数贵州”“贵州镜距离”等 10 余个板块。与以往不同的是，金黔在线还联合了光明网、中国网、红网等 20 余家媒体共同播报全国两会，内容更加丰富，报道更加翔实。

2. 建立微信公众号和移动客户端

2014 年 8 月，第 24 届全国图书交易博览会期间《贵州日报》正式运行微信公众号，其集团下属部门和子报，如文化贵州、小梅访谈；《贵州都市报》《贵州商报》《贵州新报》等都开设了自己的法人微博、微信，传播渠道在不断地拓宽。2014 年 10 月，《贵州都市报》新闻客户端“贵州快报”正式上线，定位为“贵州新闻，最快播报”，以本土新闻为主，设置了本地、随手拍、国际、国内、财经、深度、观点等 13 个栏目，同时集合了便民服务、互动交流等板块，让读者“一报在手，掌握贵州”。

3. 以大数据等新技术为支撑，建设“媒体云”平台

2014 年 12 月，省经信委与贵州日报报业集团签署《大数据云上贵州“媒体云”战略合作框架协议》，贵州日报报业集团将全面整合集团旗下 7 报 3 刊 7 网站等传媒资源，利用大数据、云计算等新技术，正式立项投入建设“媒体云”系统平台以及应用平台，从而迈出了推动媒体融合发展的关键一步。

（二）广电篇：贵州广电传媒集团“全媒体融合提升、多元化跨越集约发展”

2014 年，贵州广电传媒集团积极抢抓中央出台《关于推动传媒媒体和新兴媒体融合发展的指导意见》的机遇，实施“全媒体融合提升、多元化集约发展”战略，以项目为抓手、以人才为支撑，以技术和资本为两翼，全力打造贵州广电现代全媒体集团。

1. 积极发展已有产业

虽然，受经济大环境、新媒体挑战、广告经营管制加压等因素影响，但

集团以媒体融合发展为手段，积极拓展现有产业和平台，实现提质增效。截至2014年11月，集团汇总经营收入为52.13亿元。其中，广电网络板块完成15.46亿元；电视广告全媒体板块完成12.4亿元；电视购物板块完成18.59亿元；广播板块及增值业务完成4.13亿元；星空影业板块完成0.63亿元；其他业务板块完成0.89亿元。

2. 拓展新业务，开发全媒体集成项目

2014年，贵州广电集团把中国文化（出版广电）大数据项目（简称：CCDI项目）作为集团融合转型发展战略项目布局，着力推进前期工作。CCDI项目由国家数字音像传播服务监管平台（简称：版权云）和中国广电网络新产业（简称，广电新产业）两大系列项目构成。两大系列项目预计五年总投资132亿元，建成后，预计年收入可达200亿元左右，年创造利税30亿元左右，创造就业岗位5200个以上。2015年将建成国家数字音像产品实时监测系统、国家数字音像作品内容投送平台、国家数字音像作品交易保障平台；建设完成"国家数字音像信息资源备案库""国家数字音像信息资源比对库"及版权人网站上线，项目实现首期收益。

3. 跨省合作建立新媒体平台

集团积极融入全省"智慧城市"规划布局，"智慧贵州"新媒体建设项目顺利推进，在2014年12月31日正式上线。这是与苏州广电传媒集团开展新媒体平台跨地区战略合作项目，搭建以贵州为区域中心、辐射西部、面向全国的新媒体运营平台。双方共同出资5000万元成立"贵州城市数据网络科技有限公司"，这将成为城市信息云平台CICI西南中心。2014年，项目公司已基本完成企业规划和经营架构，正在推进平台的系统建设和资源整合，2015年将实现规范化经营。

4. 推进节目电子商务转型

"家有购物电子商务产业基地"是全省十大文化产业基地之一，落户贵阳高新区。2014年以来，在省文产办的大力支持下，项目规划全面完成，基础设施建设进度加快，形象进度初见雏形，已完成投资1.3亿元。家有购物集团将以基地为基础，推进实现该企业的产业转型。

5. 大力推进媒体融合要发展

集团大力推进有线网、卫星网、无线网和互联网融合创新发展，打造贵州广电“云上无线”平台，支持省的“7 + N 朵云”大数据应用，在项目推进中寻找新的产业增长点，打造台、网合作的新型教育信息化平台，并与各类教育机构合作，以台的环节组织制作基础教育、高等教育、继续教育、职业教育等同步教学课件；以网的环节负责传送和营销服务，实现台、网在媒体融合新形势下的转型发展和创新发展，创造新的内容渠道，实现商业模式的创新和利润的增长。

（三）互联网媒体篇：多彩贵州网有限责任公司“构建‘五位一体’网络新闻宣传格局”

2014 年 7 月 1 日，以贵州日报报业集团、贵州广播电视台、当代贵州期刊传媒集团、中国电信贵州分公司等 4 家单位为主要股东整合组建而成的多彩贵州网有限责任公司正式揭牌，“多彩贵州网”成功上线运行。这标志着贵州省开始着力打造具有强大实力和传播力、公信力、影响力的新兴传媒集团，朝着形成立体多样、融合发展的现代传播体系迈进。多彩贵州网充分发挥网络媒体即时、广泛、互动的优势，不遗余力宣传贵州好形象，传递贵州好声音，努力构建“五位一体”（网站、手机报、移动新闻客户端和微博、微信）的网络新闻宣传格局，网站的传播力不断增强，影响力持续上升。据中国互联网协会发布的中国网站排名，多彩贵州网自上线以来呈现平稳上升态势。8 月，一度跃居全国 46 家重点新闻网站第 5 位；11 月 10 日、11 日更是达到第 3 位。

多彩贵州网有限责任公司成立时间虽然不长，却已经初步形成“一报二台三云”的经营业务板块，积极布局发展大数据产业。“一报”，即“贵州手机报”。“贵州手机报”于 2015 年 1 月 5 日正式上线运营，是贵州唯一的新闻手机报，覆盖全省数百万用户，各市（州）、县手机报都整合在其中，形成“统一管理、统一平台、统一品牌、效益共享”的格局。

“二台”，即“贵州便民缴费平台（多彩宝）”和“耕云贵州科技研发平台”。“贵州便民缴费平台（多彩宝）”：是多彩贵州网有限责任公司与支付宝（中国）网络技术有限公司签署战略合作协议，共同建设贵州便民缴费平台，为广大用户提供更多更好的信息服务和缴费体验。平台于 2015 年 2 月正式上线试运行，全省用户通过该平台，实现了不受时空限制的生活缴费体验。

“耕云贵州科技研发平台”：2015 年 1 月 5 日，多彩贵州网有限责任公司与贵州新普智索信息科技有限公司开展合作，组建了贵州耕云无限科技有限责任公司，主要从事互联网与文化大数据传播应用研发、软件服务等。通过该平台开发了“耕云贵州”新闻客户端，还开发了微舆情系统、黔政通舆情系统、企业大数据管理平台、微风云榜等。

“三云”，即“贵州电子商务云”、“贵州电子政务云”和“贵州宣传文化云”。2014 年，贵州全面启动电子政务云、工业云、电子商务云、智能交通云、智慧旅游云、食品安全云、环保云等“7 + N”云工程建设。多彩贵州网有限责任公司已成为贵州“7 + N”云工程建设中“两朵云”贵州电子商务云、贵州电子政务云的主体建设、运营单位。基于大数据技术的互联网应用体系的“贵州宣传文化云”在申报建设中。特别“贵州电子商务云”，平台自 2015 年 1 月上线以来，为各市（州）开通了市（州）馆和县级馆，为县域经济电商化搭建了子平台。截至 2015 年 8 月，平台聚集企业 1100 余家，上线产品近万个。开创了贵州电子商务发展的新时代。2015 年 8 月，贵州电商云公司被商务部评为“全国电子商务示范企业”。

（四）期刊媒体篇：当代贵州期刊传媒集团“全媒体实施周刊和刊网融合项目”

当代贵州期刊传媒集团继入选“2013 年全国百强报刊”之后，2014 年又着力推进媒体融合，以打造“党刊数字化”工程为龙头，先后自主研发了“当代贵州”移动客户端、“当代先锋网”公众微信、“掌上贵州”移动客户端等一批移动新媒体，完成千万级用户并发数的服务器集群及负载均衡技术的研发，初步建立了数字化出版、立体式传播的新格局。“贵州手机杂志”项目被列入国家文化改革发展重点项目库，“红色新媒体”工程、“掌上”移动媒体平台等项目获得互联网专项资金的支持合计近1000万元。截至2014年11月，当代贵州新媒体注册用户增长至241万人，成为全国同类产品中用户量最多的新媒体平台。2015年2月7日，《当代贵州》周刊首发暨当代贵州全媒体建设启动仪式举行；2015年3月，当代传媒启动采编人员全媒体业务技能培训计划；2015年7月，当代贵州全媒体采编中心组建，形成“一次生产、多次编发、多平台传播、资源共享、形态多样的全媒体生产格局”。2015年，当代贵州设备更新和技术创新投入近1000万元，移动客户端等各种新媒体产品的自主研发能力大大增强。

二　贵州媒体融合存在的问题和困难

近年来，贵州传统媒体虽然已意识到与新兴媒体融合发展的重要性，产生了紧迫感，加快了与新媒体融合的步伐，但从整体情况来看，基本上还处于媒体融合的初级阶段，进行的只是一些终端融合和渠道融合尝试，还没有进入业态和商业模式融合的阶段，对融合发展缺乏深层次认识和发展规划，从而呈现出了一系列问题，主要体现在如下几个方面。

（一）对媒体融合发展的理念认识不到位

许多做传统媒体的人即使现在已经转场新媒体，但还是秉承做传统媒体的旧思维，对新媒体的互联网思维认识不到位，而这恰恰是媒体融合发展最大的障碍。一些传统的媒体人，一方面过分依赖传统媒体“喉舌”的权威优势，相信未来的传媒格局一定会重新洗牌，新媒体不一定会“笑到最后”，从而也就没有融合发展的强劲动力；另一方面过分强调内容形式，弱化了客户为本的思维，而目前传播和内容生产是分离的状态。一些新媒体的成功，往往是利用自身先进的技术和强大的传播能力抢占大量的用户资源，而一些传统媒体却因为传播能力和传播方式跟不上，从而影响了其内容的多次传播幅度和受众覆盖面的扩展，其生产的内容只能沦为“替他人作嫁衣裳”。同时，在移动互联网时代，“内容”不再是死板的、简单的事件传播，不再是传统媒体强制、生硬地呈现给受众，更重要的是受众真正需要的，并有意见表达和互动。

（二）媒体融合发展的商业赢利模式不清晰

传统媒体尤其是纸媒的商业赢利模式较为单一，加之对融合发展带来的机遇分析不到位、判断不准确，许多传统媒体大多不敢大胆地投入和尝试，仅仅是将报纸数字化、电子化移至移动端实行免费阅读，开办网站、微博、微信，从而将广告模式也从纸上搬到了网上，进行的多是浅层次的口头融合和表象融合，产生的产品粗糙且同质化和呆板化现象严重，基本是“一报一刊一网站”的形式，各种相似的商业服务平台一拥而上，没有实现采编、技术、组织机构、资金的全面融合，缺乏真正有强大市场竞争力和影响力的平台，没有清晰的媒体融合发展路径和商业赢利模式，不能发挥媒体融合的整体优势，据统计，2014 年 1 ~ 10 月，贵州日报报业集团实现经营总收入 3.2 亿元，比上年同期 3.7 亿元减少 5000 万元；实现利润 1564 万元，比上年同期 5310 万元减少 3746 万元。

（三）媒体融合发展的体制机制不顺畅

新媒体的崛起和发展，很大程度上是与其灵活的制度安排、强大的资金支持进行资本运作，可以不断地创新、试错积累经验分不开的。经过近几年持续不断地深化文化体制改革，贵州主要的新闻媒体、网站以及出版传媒集团虽已基本完成转企改制，并初步构建了符合市场经济发展要求的体制机制，但改革还是跟不上发展，现有的体制机制一方面已不能更好地满足融合发展对人力资源配置及采编流程改造等方面的需求，另一方面一些传统媒体整体上是在旧有的业务框架考虑通过增量来解决问题，其组织形式、考核方式等并没有大的改变，从而束缚了媒体的融合转型。如有的传媒企业仅依靠新增加一个新媒体部门去推动融合，很难在短期内有效地整合资源、资金和人才，开发的产品较为单一和零散，不成体系，缺乏影响力和竞争力。加之缺乏媒体融合“新政”红利的助推，如贵州日报报业集团未能及时落实享受“经营性文化事业单位转制为企业后，免征企业所得税”、“由财政部门拨付事业经费的经营性文化事业单位转制为企业，对其自用房产免征房产税”等相关优惠政策，从而使得2014年贵州传统媒体融合缺乏强劲的动力，并没有呈现出太多融合创新的亮点及突破性的融合项目。

（四）媒体融合人力资源缺乏的软肋凸显

传统媒体相对于新媒体有内容生产的优势，但是在互联网新技术的开发应用上就显得力不从心。贵州现有的媒体人才多是在传统媒体时代培养成长的，缺乏新媒体用户至上的意识和理念，对新媒体内容不熟悉，对新媒体使用的技术不了解，整合自身优势资源开发新媒体产品的能力不强。现有的人才建设和管理机制较为落后，在人才招募、福利待遇、激励机制、组织架构、内部沟通等诸方面存在许多问题，很难引进和留住人才，尤其是既懂传统媒体，又了解新媒体特征，既有技术，又熟悉互联网及移动互联网话语体系的复合型人才，为传统媒体的融合增加了阻碍。

三　推动媒体融合的对策和建议

目前，新媒体发展迅猛，传统媒体的发展空间收窄，所占的市场份额大大缩小。特别是随着网络的普及，人们通过报纸获取新闻和资讯的传统消费模式在不断改变，使得报纸的销量明显下降。传统媒体要生存，就不能等死，应该化被动为主动，利用大数据、云计算等技术，在内容、渠道、平台、经营、管理等方面与新媒体深度融合，整合资源、优势互补、借力发展、实现双赢，形成现代立体传播体系，加强舆论引导力量。

（一）强调用户价值，导入互联网思维

互联网思维是用户思维、简约思维、极致思维、迭代思维、流量思维、

社会化思维、大数据思维、平台思维、跨界思维的集合体。在媒体融合中，一定要导入互联网思维，要用互联网思维来改造传统媒体，要从战略、业务和组织三个层面来重新审视传统媒体供研产销的各个价值链环节，并将传统的“价值链”，改造成互联网时代“以用户为中心”的“价值环”，使其适应新兴媒体平等交流、互动传播的特点。媒体融合表面上是互联网技术的革新，背后其实是用户需求方式的深刻变化。因此，贵州要在互联网环境下发展新媒体，就要强调用户价值，变革传统的以信息渠道和资源垄断为基础的单向大众传播思维，注重用户体验、用户参与，满足多样化、个性化的信息需求。

（二）以先进技术为支撑，用大数据等新技术助推媒体融合

互联网媒体的发展，有赖于计算机高新技术和互联网等相关技术的发展和推动，而技术也已经成为媒体融合转型的重要因素之一。因此，贵州的媒体融合“要盯紧技术前沿，瞄准发展趋势，用好移动互联、大数据、云计算、4G 等新技术，加强数据新闻生产、移动客户端建设，拓展多媒体直播和微视频业务，提升官方微博微信的吸引力和影响力，不断开辟新闻信息传播的广阔空间。要顺应互联网传播移动化、社交化、视频化、互动化的趋势，囊括一切可用的技术，加大新技术研发攻关，用最好的技术达到最高的水准，在融合发展上实现突破。要积极利用移动通信技术平台，办好手机报”①。

（三）夯实内容与服务，创新商业模式

无论新技术如何变化，新媒体如何发展，“内容为王”依然是不变的定律和核心要素，优质的内容资源和信任资源始终是传统媒体的核心竞争力和多年积淀下来的财富，也是传统媒体与新媒体融合的资本和优势。特别是在贵州“传统媒体实施融合发展普遍缺乏技术、平台、渠道和终端是不争的

---

① 摘自省委宣传部部长张广智，2014 年 9 月 18 日在全省推动媒体融合发展座谈会上的讲话。

事实，在这种情况下，内容带动就显得尤其重要，一定要有效盘活存量资源，以内容资源为基础，根据用户需求，开发多形态、适合多终端、多渠道的高质量产品，并形成品牌化，再借力别人成熟的技术平台、渠道等实现更好地发展”①。综观浙报集团与湖南广电的商业模式构建和转型战略，除紧密结合新技术进行创新突破外，还有很重要的一点就是以内容建设为根本，深入挖掘传统媒体的固有优势。② 因此，贵州媒体融合一是要坚持追求专业权威内容品质；二是追求传播的快捷精简；三是实行多媒体化展示、多介质推送；四是注重内容的分众化互动化个性化，将其转化为可以带来更大经济价值的信息产品和服务，实现新的商业模式。

（四）以体制机制建设为依托，抓好人才队伍

融合发展是一系列涉及体制机制、利益调整等深层次问题的深刻变革，需要管理体制、思维观念、生产流程、人员队伍等各方面的转型升级。首先，要推进媒体内部组织结构重组。贵州媒体有关部门要根据融合发展的需要，重构和再造新闻采编生产流程，升级采编系统，建立统一指挥调度的多媒体采编平台，实现新闻信息一次采集、多种生成、多元传播，改变传统媒体和新兴媒体“两张皮”、分立单干的情况。传统媒体必须在受众发现与拓展、编辑部职能调整、创建数据分析和战略分析部门、跨部门协作、数字人才招聘、产品营销等方面采取更有力的变革措施，实现信息内容、技术应用、平台终端、人才队伍的共享融通，逐步建立起顺畅高效、适应市场竞争和一体化发展的内部运行机制，才能真正实现融合，达到顺畅高效配置各类资源的目的。其次，要转变用人机制，建立统一的人才管理体系，加大培养和人才引进力度，优化人才结构，统一调配使用。有关媒体单位要进一步深化体制改革，建立新型绩效考核体系，探索吸引人才、留住人才、用好人才的有效办法，营造推动媒体融合发展的良好环境。

---

① 杨庆武：《盘活存量　整合资源　推动贵州省传统媒体与新兴媒体融合发展》，《贵州政协报》2015 年 4 月 30 日。

② 梅宁华、宋建武主编《中国媒体融合发展报告（2015）》，社会科学文献出版社，2015。

总之，传统媒体与新媒体的融合，不管采取何种方式、方法、路径推进，均要坚守阵地意识，处理好守住阵地与占领市场的关系、导向正确与效益统一的关系、自我发展与“借船出海”的关系、创新驱动与舆论管理的关系，循序渐进、因地制宜地推进媒介融合进程，打造具备较强市场竞争力和话语权的新型主流媒体，加强舆论引导力量，形成现代立体传播体系。

B.10
贵州民族地区文化产业发展报告

王 前　龙海峰*

摘　要： 贵州是一个多民族省份，民族文化资源丰富。近年来，民族地区文化产业发展成绩显著，文化产业园区建设成效明显。然而，在产业融资、投入开发、人才培养等方面还存在一些不足之处。本文通过把民族地区与其他地区进行比较，找到贵州民族地区文化产业发展与非民族地区的差距，进一步分析在“十三五”期间，贵州民族地区文化产业发展的方向和趋势，提出加快推进贵州省民族地区文化产业发展的几点对策建议。

关键词： 民族地区　文化产业　园区建设

贵州是一个多民族融合发展的省份，全省共有49个少数民族，少数民族人口占全省的36%左右，民族人口分布区域广泛，形成了“大杂居，小聚居”的区域分布格局。民族地区文化产业是民族地区经济社会发展的重要组成部分，是贵州文化产业的重要支撑。

* 王前，贵州省社会科学院贵州文化产业发展研究中心执行副主任；龙海峰，贵州省社会科学院对外经济研究所“甲秀之光”访问学者，中共清镇市委党校助理讲师，硕士，研究方向：民族经济。

一　贵州民族地区文化产业发展现状及特征

（一）贵州民族地区文化产业快速发展

过去一年，贵州省民族地区深入推进文化体制机制改革，逐渐完善文化企业法人治理结构，建立现代管理体制。围绕地方经济发展，加快文化产业转型，整合文化产业资源，推动民族文化产业和生态产业、旅游产业等融合创新发展，产业结构逐渐优化，文化产业发展活力得到进一步释放。政府加大文化产业投入，加快民族文化产业园区建设，积极引导民营企业参与民族文化产业投资，民族地区文化产业得到了快速发展。2014 年，贵州民族地区从事文化产业单位有4975 个，比上一年增加375 个，增长了8.2%。从事文化产业发展个体经营户有 21605 户，比上一年增加 1577 户，增长了 7.9%。从业人员有130135 人，比上一年增加11837 人，增长了10%。非物质文化遗产单位有469 个，占全省非物质文化遗产的66.36%。

2014 年，民族地区文化产业总收入达到 171.08 亿元，比上一年增加 54.91 亿元，增长了47.26%。产业增加值为82.38 亿元，比上一年的58.02 亿元增加了24.36 亿元，增速为42%（见图 1）。贵州民族地区文化产业资源丰富，产业发展快速。

（二）贵州民族地区之间文化产业发展不均衡

从三州文化产业发展来看，黔东南地区文化产业改革成效明显，文化产业收入58.42 亿元，占民族地区28.3%，文化产业增加值为28.07 亿元，占民族地区文化产业增加值的34.07%，占全省的9.46%。黔南州紧紧围绕“文化产业提速发展、文艺创作精品涌现、文化事业繁荣发展”的要求，通过深化文化体制改革，不断夯实文化产业基础，加强对外交流，推动文化产业融合发展。文化产业收入58.95 亿元，占民族地区34.47%，文化产业增加值为25.28 亿元，比上一年增加6.95 亿元，增长了37.92%，占贵州民族地区

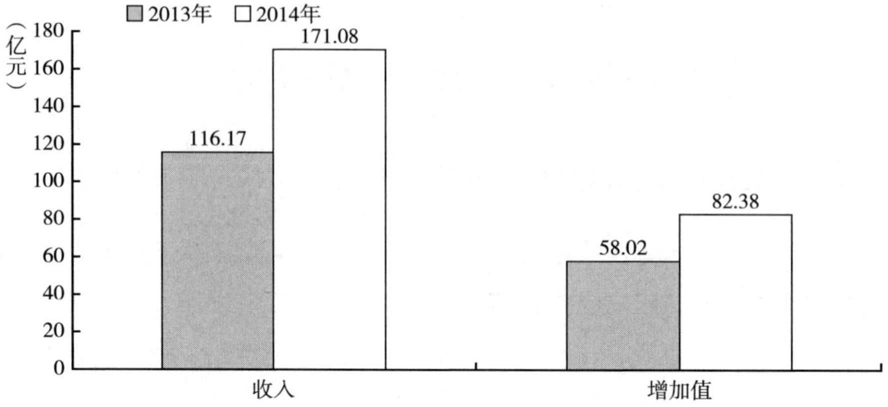

图1　2013 年、2014 年贵州民族地区文化产业收入与增加值

文化产业的30. 68%，全省的8. 52%。黔西南州加快文化产业改革，促进产业发展。文化产业收入24. 44 亿元，占民族地区14. 29%，文化产业增加值为13. 92 亿元，增速为52. 13%，占民族地区文化产业的16. 90%，全省的4. 69%。从民族地区三州文化产业收入来看，黔东南州和黔南州文化产业收入较高，黔西南州文化产业收入最少，不到黔东南州的1/2。从民族地区增加值来看，黔东南州文化产业增加值排在民族地区首位，是黔西南州增加值的两倍。从增加值增长速度来看，黔西南州增长速度最快，黔南州增长速度最慢。

除贵州三个民族地（市、州）外，从其余十个民族自治县的文化产业增加值来看，镇宁布依族苗族自治县增长最快，文化产业增加值达到3. 26 亿元，其次是松桃苗族自治县的文化产业增加值2. 16 亿元，在十个民族自治县中，增加值最少的是务川仡佬族苗族自治县，仅有0. 70 亿元，是镇宁布依族苗族自治县的1/5（见图2）。

通过对贵州省民族地区文化产业的收入和增加值的分析，可以看出，贵州省民族地区文化产业整体发展不均衡，内部发展差异大。

（三）贵州民族地区文化产业园区建设成效明显

黔东南民族文化产业园、民族民间工艺品交易基地是贵州省十大文化产

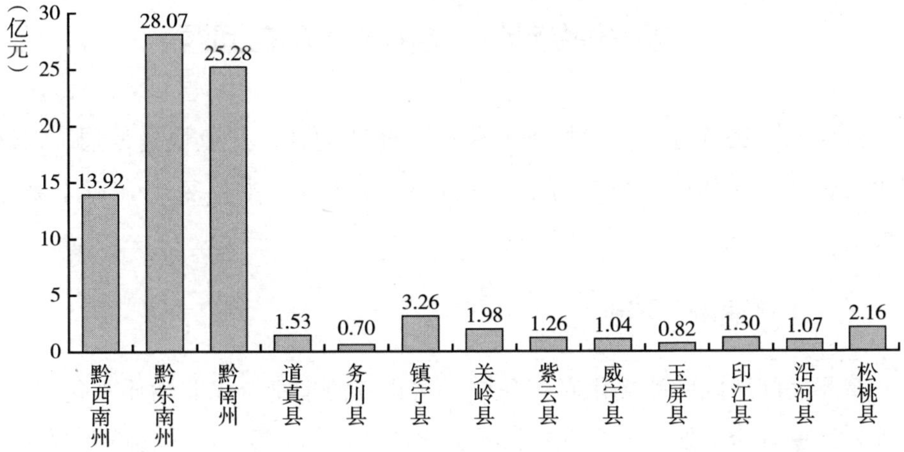

图2　2014 年贵州省民族地区文化产业增加值

业园、基地之一。园区基地建设受到黔东南州政府高度重视，民族文化产业园区规划建设取得实质性进展，规划占地面积 6 平方公里，总投资约 20 亿元。政府投资民族工艺品交易基地 12 亿元，建筑面积为 15.4 万平方米，248 户企业和商家入驻基地，入住率达到 100%。文化产业招商引资工作取得新突破，签约项目 6 个，开工率为 100%，总投资 19.3 亿元。黔南整合旅游资源，整体规划，内外联动，积极融资，深博会上推介平塘国际射电科普文化园、尧人山森林公园等 19 个重大项目，总投资 382.4 亿元。2014 年全州共涉及文化产业项目 28 个，建成投产 3 个，完成投资 5.78 亿元。黔西南民族文化产业园区也是全省十大文化产业园区之一，共分四期进行建设。一期完成投资 1.5 亿元，建成面积为 65778 平方米，入驻企业 91 家，其中文化企业有 58 家。二期为文化创意产业，完成投资 0.6 亿元，建成面积为 17939 平方米，已有 8 家企业入驻。三期、四期正在建设之中。目前，园区建设总投资 2.4 亿元，建成面积为 8.3 万平方米，解决 230 余人就业，实现营业收入 3700 余万元。整体来看，贵州民族地区文化产业园区建设成效显著，文化产业发展步伐逐渐加快。

二　贵州民族地区文化产业存在问题

近年来，民族地区大力推进文化产业改革创新，产业快速发展，成效显著。但是，文化产业发展存在的问题仍然还有，主要表现在以下几个方面。

（一）产业融合不够

贵州民族地区民族文化底蕴深厚，文化资源丰富。仅非物质文化遗产，民族地区就有469处，占全省非物质文化遗产的66.36%。文化产业收入只有171.08亿元，占全省的24.24%。非物质文化遗产作为旅游产业的重要开发资源，民族地区在产业融合发展方面空间很大。在园区建设和项目推进过程中，文化产业和其他产业的融合发展不明显。从产业增加值来看，文化产业发展增加值主要来源于传统文化产业。丰富的民族资源和生态旅游资源，是民族地区文化产业融合发展的优势。目前，随着贵州“大交通、大扶贫、大数据”的发展，民族地区开放程度逐渐扩大，文化产业与体育产业、旅游产业等融合发展的步伐逐渐加快。

（二）总体投入不足

近年来，贵州民族地区文化产业快速发展，成绩突出。但是相比贵阳、遵义等地区，民族地区文化产业投入整体较低，主要表现在民族地区文化产业基础设施、人才培养、技术创新等方面的投入不足。在文化产业基础设施建设投资上，2014年，贵州民族地区共投资40亿元左右，包含项目和园区的建设费用。在人才培养和技术创新上，从人才资源总量来看，全省文化、体育和娱乐人才资源总量为29595人，只占全省人才总量的0.9%，其中，少数民族人才为8496人，占全省文化产业、体育和娱乐人才总量的28.7%（其中包含其他地区少数民族人才资源）。在文化产业技术创新发展上，近年来，民族地区通过加快园区建设、加强对外开放、引进技术，逐渐增强产业融合与技术创新。目前，技术创新投入有待进一步提高。总体来说，民族地区文化产业投入不足，尤其是基础设施、人才和技术创新方面。

（三）产业融资难

融资难是民族地区文化产业发展普遍面临的问题，主要原因有三点：第一是民族文化产业发展有形资产相比无形资产较少，固定资产投资不多，贷款时抵押资产过少，不利于融资。第二是文化产业投资风险高，文化创意产品的生产与物质产品生产有本质上的区别，文化创意产品的投入在很大程度上取决于创意人员的才智和灵感，投入产出风险大。同时，文化产品能否被市场认可和认可程度好坏不可预期，在很大程度上影响文化产业的融资。第三是管理不规范，这也是导致贵州民族地区文化产业融资困难的原因之一。很多中小文化企业财务混乱、账目不清，无法提供金融机构贷款时必要的财务资料。以上三点原因，导致目前贵州民族地区文化产业在融资上很难前行。

（四）创新人才缺乏

文化产业创新发展需要把传统的文化元素通过现代科技、资本市场、技术管理等手段进行产业融合与产品创新。要做到文化产业与其他产业融合以及文化产品创新，创新人才极为重要。目前，贵州民族地区文化产业创新人才很少，文化产业主要以传统产业开发为主，科技含量和现代技术水平不高。从贵州民族地区文化产品来看，民族服饰文化产品、民族饮食产品、民族工艺品等都是在传统基础上发展，缺乏科技含量，规模化生产没有实现。主要表现有两点，一是传统产品开发的市场局限性，传统的民族文化产品只在特定的范围内流动，不被大众市场接受；二是民族文化产品与现实社会发展脱节，没有随着当前科学技术的进步逐渐改善，不能适应社会的发展。其重要的一个原因就是民族地区文化产业创新人才的缺乏。

三　三州民族地区与其他地区文化产业发展比较

近年来，贵州民族地区和非民族地区都在加快发展文化产业，各个地区文化产业都取得了很好的成绩。从增长速度来看，全省文化产业增加值增速为41.55%，民族地区增速是38.33%，其他地区增速为42.51%，民族地区增速整体比其他地区慢。从各个市（州）增速来看，贵阳市为50%，六盘水市为19%，遵义市为36%，安顺市为102%，毕节市为25%，铜仁市为44%，黔西南州为52%，黔东南州为33%，黔南州为38%。文化产业增加值增长速度最快的是安顺市，其次是黔西南州，增长最慢的是六盘水市（见图3）。

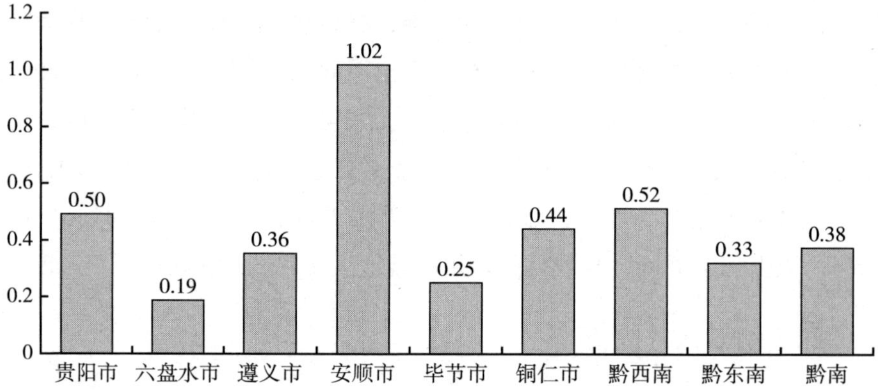

图3　2014年贵州省各市州文化产业增加值增长速度

从人均产业增加值来看，全省从事文化产业人员有105422人，人均产业增加值为75191元，民族地区人均产业增加值为69721元，其他6个市（州）人均产业增加值为88510元。人均产业增加值民族地区比全省少5470元，比其他六个市（州）少18789元。从人均文化产业收入来看，民族地区人均收入为134517元，其他6个市（州）人均产业收入为217396元，民族地区人均文化产业收入比其他6个市（州）低82879元。从拥有的文物质文化单位来看，民族地区拥有非物质文化遗产单位占全省的59.55%，每一万名从业人员占有量为40.09个；其他六个市（州）只占了40.45%，每一万名从业人员占有量为11个（见图4）。民族地区文化资源比较丰富。通过以上比较，整体来看，民族地区文化资源比其他6个市（州）丰富，但从从业人员人均产业增加值和人均产业收入来看，民族地区整体要落后于其他6个市（州）。

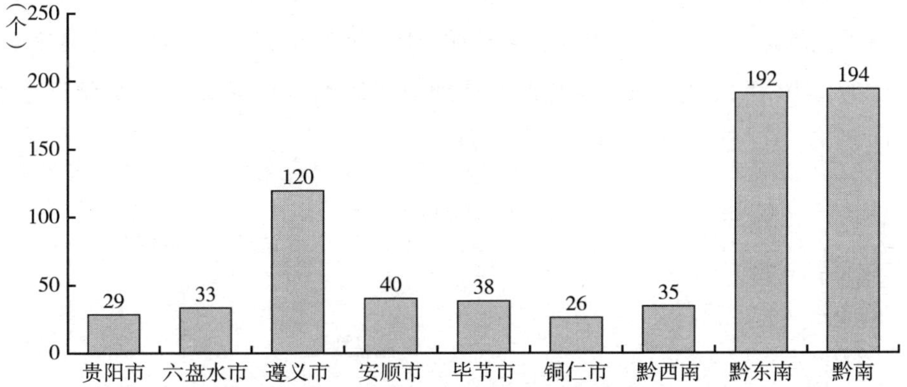

图4　2014年贵州省非物质文化遗产单位数（含个体）

四　贵州民族地区文化产业发展趋势分析

“十三五”期间，贵州实施“大扶贫、大数据”战略的实施，经济保持在10%左右的增长速度，逐渐实现后发赶超。民族地区是贵州大扶贫攻坚最为关键的区域，民族地区文化产业作为经济发展的重要组成部分，必须保持高速增长，才能在一定程度上推动民族地区经济、社会、文化等全面实现后发赶超。从当前贵州文化产业发展政策环境来看，贵州加快文化产业园区建设，积极打造生态产业、民族文化产业和旅游产业的融合发展。2014年出台了《全省文化改革发展工作要点及责任分解》，加快全省文化产业改革。民族地区按照省里要求，结合民族地区实际，加快文化产业改革。为推动文化产业快速发展，中央和地方设立了文产专项资金支持文化产业发展。从金融环境来看，省政府鼓励民族地区金融机构与文化企业加强合作，降低文化企业融资门槛。积极组织涉及文化产品开发的企业参加博览会，向外推荐文化产品，吸引外商投资。同时搭建众筹平台，帮助民族地区小微文化企业进行融资。从民族地区文化资源来看，民族地区拥有丰富的民族服饰文化、餐饮文化、民族体育文化、生活文化等，文化资源丰富，条件优越，有进一步加快发展的先决条件。不管是政策环境、金融环境还是文化资源，都有利于民族地区文化产业的发展。按照2014年民族地区文化产业发展速度，预计到2016年，民族地区文化产业增加值将达到166.08亿元，文化产业收入达到371.02亿元（见图5）。

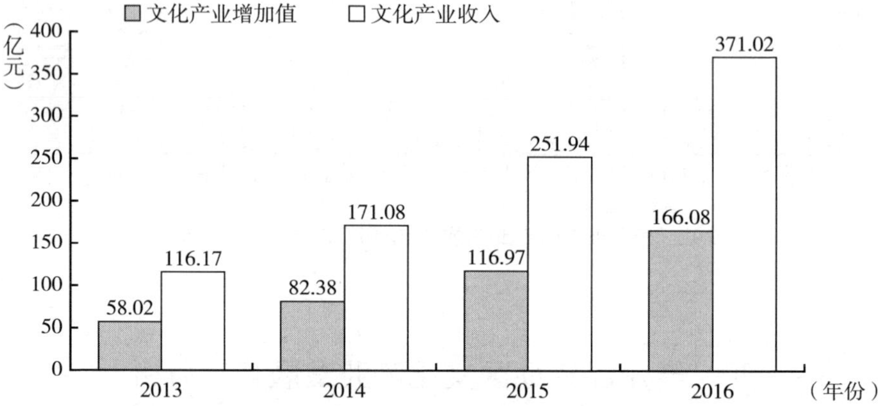

图5 2013～2016年贵州民族地区文化产业增加值与收入预测值

五 进一步促进贵州民族地区文化产业发展的对策建议

通过分析民族地区文化产业现状特征及存在的问题，结合民族地区文化产业发展环境，提出以下几点促进民族地区文化产业发展的对策建设。

（一）抓好文化服务体系建设和创新发展，促进产业融合

民族地区文化产业逐渐成为引领区域经济发展的重要产业，其规模和水平已经成为衡量民族地区经济发展的一个重要指标。文化产业作为一种快速发展的新兴产业，其本身就是产业融合发展的产物。在国内经济发展逐渐放缓的形势下，贵州民族地区传统文化产业保持快速发展的步伐，但产业融合发展创新不够，发展后劲不足。未来几年，贵州民族地区文化产业要继续保

持快速发展以及实现文化产业转型升级，一方面要加快产业改革创新，推进文化产业融合发展的环境改善；另一方面培育民族地区文化增长点，促进文化产业与旅游、生态、农业等产业的融合发展。文化产业和其他产业的融合发展关键在文化服务，文化服务是文化产业生产流通、资源配置、信息收集的重要环节，是产业融合发展的黏合剂，对促进资源要素合理配置发挥积极的作用。要增强民族地区文化产业融合发展，必须注重文化金融、文化贸易、文化信息、文化设施等文化服务体系的建设。文化产业与其他产业融合发展的动力机制是创新，创新是推动文化产业转型升级的力量源泉。推动文化产业融合创新，一方面要创新产业融合发展的思维，找准产业融合的契合点，比如文化产业与旅游产业融合开发、民族农业文化项目设计等；另一方面创新文化产业融合产品，通过文化产业与科技、建筑，食品等产业创新设计融合，提高产品质量，塑造文化品牌，提高市场竞争力。抓好文化服务体系建设和创新发展，是促进民族地区文化产业融合、推动民族地区文化产业快速发展的内在动力。

（二）加强民族地区文化产业发展要素投入

贵州民族地区拥有丰富的文化资源，比如旅游资源、民族文化资源等等，在投入上，虽然每年都在增加文化产业投入，开发力度不断加大，但是与贵阳、遵义等地区相比，还有很大差距。文化产业投入要素不足成为影响文化产业高速发展的重要原因之一。如何抓好民族地区文化产业发展要素投入？首先，要继续加大文化产业基础设施建设投入。目前，贵州民族地区文化产业基础设施投入跟不上文化产业的更新发展。尤其是水、电、路、网等文化产业发展基础设施投入。其次，加大民族地区文化人才培养投入。民族地区文化资源丰富，民族文化人才多，很多民族文化人才没有接受良好的教育，民族文化传统血液无法得到有效更新，思想和创造意识跟不上社会的发展。最后，加大科技创新投入，科技创新投入不足导致产业发展滞后，产业融合发展困难。加大技术创新投入有利于文化产品开发和研究，促进产业融合发展。

（三）拓展融资渠道，提高文化产业融资质量

文化企业应该加强企业内部管理，规范财务资料，聘请专业人才帮助融资。目前民族地区很多文化企业的主要融资渠道是民间借贷和自筹资金，企业发展较好的能够争取到部分银行贷款。涉及基础设施建设和项目园区建设的很多项目都是政府投资，部分项目通过向外推荐进行融资，融资渠道窄，融资规模有限。要抓好文化产业融资工作，首先要解决好内部发展环境，比如地方政府政策支持、文化企业资产环境净化、地方金融市场稳定等一列内部融资环境，其次要加强管理，文化企业对内部资产管理、企业对项目投资管理、政府做好市场和公共基础设施建设的监管等。第三要做好项目包装，加强对外开放。通过对外开放吸引大量外资进入民族地区进行投资，拓展融资渠道和融资质量。

（四）引进和培养民族地区创新型文化产业人才

贵州少数民族地区文化产业发展相对于贵阳、遵义的地区发展滞后的一个重要原因是文化创新人才的缺乏。因此，民族地区文化产业要加快发展，就得大量培养或引进文化创新人才。培养文化创新型人才，要从民族地区实际情况出发，针对文化产业发展特殊人才，把脱产培养和在职培养相结合、重点培养和整体提高相结合、培养急需人才和储备后备人才相结合。引进文化创新型人才，重点是营造好人才发展环境，做好引得进，留得住。贵州地区人才引进最大问题不是引不进，而是留不住。民族地区如何做好文化创新人才既引得进，又留得住是推动文化产业创新发展的关键。所以，贵州民族地区要把引进和培养文化创新型人才作为文化产业发展的重要工作来抓。

B.11

我国旅游文化的发展走向及路径探析

王安忠　唐在锦*

摘　要：　改革开放以来，市场经济得到迅速发展，经济的发展带动了旅游业的发展，旅游业的兴起使旅游文化进入学术研究的视野。旅游文化是一种文化现象又是一种文化关系，具有多样性的特点。本文通过我国旅游文化发展的现状切入，对我国旅游文化的发展方向以及相关的对策进行了阐述和分析。

关键词：　中国旅游文化　发展走向　路径

21世纪以来，改革开放的成果日益凸显，市场经济日益成熟，旅游产业和文化产业的不断发展促使了我国旅游文化产业悄然兴起，并成为当前促进我国经济发展的重要力量。旅游文化作为一种新兴的旅游产业，是旅游业的灵魂和支柱，对旅游业的带动作用越来越明显。旅游既是一种经济现象，也是一种文化现象。旅游活动和旅游业的发展，对政治、经济、文化产生了广泛的影响。我国对旅游文化的研究起步晚，对其的研究也千头万绪。近期随着我国旅游业的迅速发展，人们也逐渐加深了对旅游活动规律的认识水平，在此探索基础上，开始兴起对旅游文化的研究，并取得了丰硕的成果。近年来，随着我国旅游业的兴起和迅猛发展，旅游文化的重要作用已日益为国人所知。

---

* 王安忠，中国社会科学院研究生院马克思主义学院博士研究生，青岛滨海学院副教授、宣传部部长，研究方向：马克思主义中国化、思想政治教育理论与实践研究；唐在锦，青岛滨海学院讲师，研究方向：马克思主义理论与思想政治教育。

一　旅游文化的界定及研究现状

第三产业已成为当今世界的主导产业，旅游业作为第三产业的重要组成部分，在社会生活中发挥着越来越重要的作用。旅游更是当今人们生活中不可或缺的一种生活方式，然而旅游并非单纯的山水林田间，人们更多注重的是其文化功能，因此不可忽视其文化功效。饱览自然之美，不仅是视觉感受，更是旅游者在心理和精神上获得的满足。马克思言："忧心忡忡的穷人甚至对再美的景色也无动于衷。"不仅知道旅游，而且知道文化，才称得上一个旅行家。同样，不仅研究旅游，而且研究旅游文化，才是一个真正意义上的旅游专家。与此同时，自然界奇特的风光和魅力吸引越来越多的注意力，其文化交流功能也越来越明显。

我国对"旅游文化"的研究，直到20世纪80年代才渐渐被关注。当时"旅游经济"一词被提到的频率多一些，直到1991年汇集出版的《旅游文化论文集》，我国旅游文化研讨会相继举办，这才使旅游文化的研究进入一个小高潮。到90年代中后期，学术界有人提出旅游文化应该有自己的学科地位，推动了一些理论研究学者重新审视旅游文化的理论问题，再次把"旅游文化"研究推向一个小高潮，同时也赋予了它更多的内涵与外延。

关于对"旅游文化"的界定，众说纷纭，仁者见仁智者见智，有不少学者都试图在著作或论文中加以界说。陈辽认为"旅游文化是人类过去和现在所创造的与旅游有关的物质财富和精神财富的总和"①。喻学才在《中国旅游文化传统》中写道："所谓旅游文化，它指旅游主体和旅游客体之间各种关系的总和。旅游文化具有以下三个特征：地域性、新奇性、继承性。"② 总之，各界人士对旅游文化都基本有个共性的认定：是基于人类的

① 陈辽：《漫谈旅游文化》，《中国旅游报》1987年11月11日。

② 喻学才：《中国旅游文化传统》，东南大学出版社，1995。

一种以旅游为基础的物质和精神活动的总和。

目前，虽然人们在各种意义上使用“旅游文化”这一词汇，但仍模糊不定。就广义而言，旅游文化学是一门研究人类旅游活动发展规律的学问，通过丰富多彩的旅游活动，旅游文化才得以产生，多元文化主体构成旅游主体，但如何合理开发利用，如何立足本国创造富有时代精神和地域特色的旅游文化是今后研究的重点课题。

二　我国旅游文化的发展走向

（一）当前我国旅游文化存在的问题

虽然我国旅游文化产业随着经济的腾飞也正在迅速地发展，但在发展的过程中仍存在诸多问题，其自身发展受到了很大的限制。诸如，旅游文化资源保护不善、缺乏先进的发展理念和旅游文化专业化人才、政府的相关政策不健全等严重影响着我国旅游文化产业的发展。我国旅游文化产业发展面临的主要问题是：

1. 旅游文化资源开发不够，保护不善

我国文化旅游资源丰富，旅游文化资源是当前我国旅游文化产业发展的重要载体，也是我国发展区域文化旅游的重要基础。当下，我国经济高速发展，旅游产业和文化产业的开发力度也不断加大，但开发超出了自身的承受能力，导致旅游文化资源遭到严重破坏，商业化现象也十分严重，逐渐失去了原有的民族气息，传统文化资源和旅游资源逐渐失去了其应有的价值。

2. 缺乏旅游文化产业发展的先进理念

旅游文化产业作为一种新兴的产业，其现有的发展基本是对传统文化产业和旅游产业相关理念进行整合得到的，还没有形成完善的旅游文化产业发展理念。目前的旅游文化理论大多停留在旅游文化学科地位的考究上，停留层次较低，旅游文化产业发展质量还较低。

3. 专业化的旅游文化产业人才相对欠缺

21世纪人才是最重要的资源，任何产业的发展都需要大量的专业化人才，然而我国旅游业兴起时间还较短，在人才培养方面明显落后与缺乏，尤其是专业化旅游业的人才，更是稀缺。旅游文化产业发展所需要的专业化人才不仅要涵盖文化产业、旅游产业等各个方面，还要对当前旅游文化发展趋势及市场发展动态有清晰的洞察。当前，我国高校及科研院所对这方面人才的培养还不够，还比较缺乏这类的专业人才，导致旅游文化的发展失去人才支撑，从而影响我国旅游文化产业竞争力的提升。

4. 文化旅游配套基础设施落后

文化旅游基础设施，不仅包括传统意义上的旅游、交通、酒店，也包括与新媒体新技术结合的旅游信息化基础设施。我国目前一些经济不发达或欠发达的地区，虽然有着丰富的文化旅游资源，但因缺乏相应的配套设施，导致了文化旅游业受到限制。

5. 相关政策法规体系不健全

除旅游基本法外，理应还包括旅游业的各个方面。但目前来看，这一体系的框架结构上还缺乏完善，各项旅游专业法规也不够健全，缺失对旅游文化产业的监督和法律管理，导致恶性竞争、虚假广告，甚至对消费者的欺诈现象频频出现，严重影响了文化旅游产业的长远健康发展。另外，当前我国还没有形成完善的针对旅游文化产业相关的政策，一方面，旅游文化产业政策失位；另一方面，我国各地区旅游文化产业的发展存在较大差异性。各地区还没有出具相关的有针对性的政策，各项配套设施不够完善，以致新的问题不断出现。

（二）我国旅游文化的发展走向

我国旅游文化的研究和发展虽然时间短，但已引起各界人士的注意，生态环境得到进一步的加强，国家也将陆续出具相关的法律政策，这一些都将会推动我国旅游文化的不断发展，向更高层次更健康水平发展。

1. 提升文化层次感

中国旅游业近年的迅速发展，很大程度上得益于中国深厚的文化资源。曾有机构做过调查，外国游客对中国感兴趣的旅游资源，文化类占到首位。这也得益于我国经济的不断发展和素质的提高，因为文化属于精神层面。当下人们有一个很大的转变，就是对自身精神素养的提升和文化与知识的理解上得到进一步加强，文化的作用不断被凸显，这一态度转变的过程，预示着文化的传承。比如长城等古迹文化、贵州村寨等民族文化都被赋予了特定的文化含义。

2. 生态环境与旅游文化的融合作用加强

文化资源开发与生态环境密切相关，文化为主的旅游企业是发展旅游文化产业的主体，也是进行环境保护的主体，应增强环保意识，对文化资源多一些敬畏，对环境多一些关注。我国旅游资源丰富，生态条件较好，自然保护区、森林公园等越来越受到重视，各地这样的旅游资源逐渐兴起，但我国生态旅游时间短，基本还主要依托自然保护区、风景名胜进行发展，也因此使得生态环境保护和旅游开发得到了有机结合。我国自然资源虽然丰富，但当今在片面追求经济发展环境下，生态环境保护一样重要，不能只有经济没有环境，生态保护也是促进旅游发展的重要支柱。只有环境保护到位了，旅游文化才能得到长足发展。游客的增多使资金增加，可以投入生态环境的保护中，这样的一种双向互动态势，必然成为今后旅游文化发展的一大趋势，使旅游文化业向资源节约型和环境友好型转型。

3. 旅游文化内涵价值提升

文化的本质在于创新，旅游文化不是旅游和文化的简单相加，也不是各种文化的大锅粥，它是传统文化和旅游科学相结合而产生的一种全新的文化形态。旅游产品的转变关键在于开发利用各种文化资源，满足人们对旅游产品和服务中的文化需求，旅游文化的内涵十分丰富，外延也相当宽泛，“既涉及历史、地理、园林建筑、民俗娱乐等旅游客体文化领域；又涉及旅游者自身文化素质、兴趣爱好、行为方式、思想信仰等文化主体领域”。因此，在深入挖掘旅游文化内涵的过程中，建立良性的运行机制和发展关系，从而提升产业素质，满足不同层次的需求，获得可持续发展。

4. 旅游文化将会在全面经济中所占的比重不断增加

旅游文化在现代旅游业中的地位和作用不可替代，经济的因素也越来越多地介入。这就要求正确恰当地处理好旅游文化和经济的关系，使二者形成交融关系，才能带动整个旅游业向有益的方向发展。

三 我国旅游文化的发展路径

（一）更新旅游文化发展理念

当前我国旅游文化的发展还缺乏先进的理念，使得成果并不显著。因此，一方面，要树立科学先进的发展理念，摒弃传统的旅游产业和文化产业发展理念，充分发挥中国整体文化、区域文化与民族文化的优势，将这些文化融入吃穿住用行游购娱各环节和旅游业发展全过程，创造整体性的文化氛围，整合旅游文化资源，提升文化内涵。另外，根据当前旅游文化产业发展的特征探索新的发展渠道，使人们能够体验、理解、领悟中国文化的独特内涵与魅力，形成中国区域文化、民族文化各具特色、相得益彰的局面。与此同时，吸收发达国家旅游文化产业发展的先进经验和理念，结合我国的实际情况对其进行“扬弃”。

（二）加大对旅游文化资源的保护力度

加大对旅游文化资源的保护力度是当前首要考虑的问题。一方面，根据各地的不同特点及鲜明特色，出具相关的差异化的保护政策；另一方面，加强监督管理制度，丰富文化载体，充分运用网络、电视、手机等宣传平台进行宣传和监管，扩大旅游文化影响力，打造特色鲜明的旅游文化品牌。

（三）以人为本，培养优秀的旅游文化产业人才

人是旅游文化发展的核心载体。文化的本质在于不断提高人的文明化和现代化程度。因此，首先要发掘特色的旅游文化，必须坚持以人为本的原

则。其次，加大对现有旅游文化产业人才的培养，熟知旅游产业知识，提升其对旅游文化产业发展的指导作用。最后，吸引专业化人才，形成产学研一体化的人才引进模式，采取“引进来、走出去”的策略加强交流和学习深造，为其提供全方位的人才保障。

（四）坚持协调发展的原则，提升旅游文化企业形象

坚持旅游文化软硬协调共进的原则，既抓区域旅游文化的建设又抓旅游文化基础设施建设，努力创造具有丰富个性的旅游文化产品，形成独特的文化产业，以促进文化产业与经济发展联动发展，提升旅游文化企业产业在公众中的形象。同时，应充分挖掘本地名人资源，充分发挥本区域、本地区的旅游文化优势，注重传统与现实的结合，以形成大的旅游文化格局。

（五）加强政府相关政策的支持和引导

旅游文化产业的发展对整个经济社会都具有较强的带动作用。加强政府相关政策的支持和引导是必不可少的。从当前我国旅游文化产业发展存在的问题来看，应尽快建立健全相关法律体系，制定相应的产业政策，做到有法可依。当然也可以结合我国的实际情况，借鉴其他国家的有关的法律法规，取其精华，为我国旅游文化的发展提供健全的法律体系。

参考文献

贾祥春：《旅游文化的特点及其在旅游业中的地位和作用》，《复旦学报》1997 年第 3 期。

王立、刘卫英：《试论旅游文化的三个发展阶段》，《黑龙江社会科学》1997 年第 3 期。

林永匡：《弘扬优秀文化，强化阵地意识》，《中国旅游报》2000 年 1 月17 日。

李四玉：《中国旅游文化产业的思考》，《旅游纵览》（下半月）2013 年第11 期。

李巧玲：《文化旅游及其资源开发刍议》，《湛江师范学院学报》2003 年第2 期。

何宗文：《论旅游的文化意义》，《重庆师院学报》1995 年第 3 期。

B.12
文旅融合视野下历史文化风貌区的旅游开发与保护研究

刘心一*

摘　要：　文化与旅游产业的融合发展是当前转变经济发展方式的必然趋势，也是人民休闲消费品质提升的客观要求。在这一时代背景下，通过对贵州省历史民俗文化资源的梳理以及当地旅游市场的实地调查，探讨作为重要文化遗产和旅游资源的历史文化风貌区的开发与保护问题，针对当前存在的缺乏科学合理的规划与管理、产品化进程中的过度商业化等问题，提出实施整体保护、分区管理，动态维护、文脉相承，有机更新、增强活力三点策略建议。

关键词：　文旅融合　历史文化风貌区　旅游开发　旅游保护

作为知识经济时代的产物，文化产业对我国社会经济和人民的生活方式产生了巨大影响。近十年来，文化产业已成为许多发达国家的支柱产业，在调整经济结构、转变经济发展方式、推动文化大繁荣上发挥着重要作用。文化产业的蓬勃发展，也进一步促进了与相关产业的共生共荣，尤其是文化与旅游的融合发展。增加旅游产业的文化含量，延伸文化产业链，提升附加值，不仅有助于加快两个产业的融合与发展，也能满足人民日益增长的休闲

---

* 刘心一，复旦大学旅游学系在读博士研究生，贵州师范大学国际旅游文化学院讲师，主要研究方向：旅游管理、节事管理、文化产业。

消费需求，同时还发挥着传承与弘扬中华优秀传统文化的功能。当前我国各地正加速文化旅游融合进程，例如以建设“文化旅游发展创新区”为战略定位的贵州省，近年来依托多民族多元文化资源，建设了一批文化产业基地和区域特色文化产业群，大力推进文化旅游融合发展；截至2014年底，贵州省文化旅游产业单位共有2170个，个体工商户有11465户，从业人员有95709人，文化旅游资产达542亿元，收入达118.54亿元，标志着全省的文旅融合已步入快速发展轨道。

旅游从本质上讲是一种文化活动，旅游业的发展有助于文化遗产的保护和文化事业的发展。作为一个城市的重要历史文化遗产，城市历史风貌和各类优秀历史建筑见证了一个城市的发展历程，也是一个城市现代化建设的重要文化基础。历史文化风貌区是指历史建筑成片，建筑样式、空间格局和街区景观较完整地体现某一历史时期地域文化特点的地区。历史文化风貌区是重要的旅游资源，对其进行旅游开发不仅是旅游市场的需要，也是其自身保护和发展的需要。对历史文化风貌区进行旅游开发的目的，既是为了将有历史价值的城市肌理、街区格局和建筑保护下来，也是为了激发区域活力，使过去和现在能够和谐地共生，促进城市和资源的可持续发展。其保护和开发必须坚持科学合理的原则，最终实现“以历史文化风貌区的保护带动旅游业的开发，以旅游业的发展促进历史文化风貌区的保护”这一良性循环。

一　贵州省历史民俗文化资源概况及旅游市场调查

贵州省发展文化旅游产业具有得天独厚的优势与条件，集合了“自然之美”“生态之贵”“人文之魅”三大特色。旅游景区与城市文化综合体的有机结合，是近年来文旅融合的重点方向之一，也是贵州省实施“五个100工程”的打造重点。如表1所示，从贵州省历史民俗文化资源情况来看，其资源禀赋及开发潜力极佳。

表 1　贵州省历史民俗文化资源概况

资源分类	元素与代表	资源说明
古遗址文化	观音洞文化、桐梓人、水城人、大洞人、兴义人、穿洞人、桃花洞人	全省有各类古遗址 58 处,古建筑 73 处,岩画、石刻 185 处。其中列为全国重点文物保护单位的 19 处,列为省级文物保护单位的 285 处
墓穴文化	奢香夫人墓、明十八先生墓、何腾蛟墓、郑珍墓、莫友芝墓	
屯堡文化	遵义海龙囤军事古城堡、安顺云山屯堡群	
红色文化	黎平会议会址、遵义会议会址、"四渡赤水"赤水胜地、息烽集中营旧址	
阳明文化	王阳明龙场悟道	
民族建筑文化	苗、布依、侗、水、瑶等民族的干栏式吊脚楼,布依族、仡佬族的石板房、彝族的土司庄园,瑶族的歇山顶茅屋,苗族的大船廊、木鼓房、铜鼓坪、芦笙堂、姊妹棚、跳花场,侗族的鼓楼、花桥、戏楼、祖母堂,布依族的凉亭、歌台,彝族、水族的跑马道等	

为进一步了解贵州省历史民俗文化旅游市场状况，特选取省内历史民俗风情建筑、街区、景观较为集中的黔东南凯里市进行抽样调查。调查结果显示，以游览当地历史民俗文化景观为主要目的游客构成情况如下：男性游客居多，占比近 60%；年龄主要为 18～35 岁，占比达 77.4%；从受教育程度来看，大学及大专学历为主，占比 79.3%；职业分布上，公司职员、学生、政府公务员等最为主流；收入方面，一半以上的受访游客月收入为 2000～4000 元，以普通工薪阶层为主。

如表 2 所示，游客对当地历史民俗风貌元素感知情况的调查结果表明，游客整体评价较高，尤其是对集中展示民族风情的民族体育馆、博物馆、风情园等标志性建筑给出了高度评价。但同时，游客也反映，希望能够更多地保留地方历史文化风貌的原生形态，通过集中连片的整体性文化空间的形式，完整地呈现特定历史时期的文化特点。

表 2　凯里历史民俗文化风貌游客感知评价调查

凯里历史民俗文化风貌建筑	游客感知评价均值(5 分制)
民族体育馆	4.14
民族博物馆	4.13
侗族风雨桥	4.10
民族风情园	4.09
城市建筑	4.08
风情街道	4.06
公共设施	4.01

二　历史文化风貌区旅游开发与保护的现状及问题

第一，科学处理保护与开发的关系已成为当务之急。旅游资源作为开展旅游活动的三大要素之一，是旅游业赖以生存和发展的前提和基础。旅游资源的种类、数量、规模、特色及保护水平等，在很大程度上决定着一个国家或地区的旅游发展总体水平。然而，旅游资源在开发过程中难免会受到不同程度的影响和破坏，严重者甚至削弱旅游资源的“重复使用性”，从而减弱旅游资源对旅游市场的吸引力。旅游资源的保护，不仅包括旅游资源自我保护的需要，使之不受损伤、破坏，而且涉及周边环境的保护问题。目前，世界各国都十分重视旅游资源的保护，并视其为旅游业可持续发展的根本保证。就我国的现状而言，在加强资源保护的重要性上已形成了共识，但在实际旅游开发过程中仍欠缺合理手段和有效管理。历史文化风貌区主要包括历史建筑、街区、古镇等，这些宝贵资源是地方的魅力源泉和特色名片，蕴含着深厚的文化底蕴与人文情感，是保持地方活力的不竭动力。历史文化风貌区保存有一定数量和规模的历史遗存，具有比较典型和相对完整的历史风貌，并融合了一定的城市功能和生活内容，具有重大的历史文化价值，是不可多得的旅游资源，对其保护与开发是当下极为重要的议题。因此，作为特别需要呵护的文化保护体，其开发利用更应注重方式方法，稍不留意，历史实体就有可能遭受到破坏，甚至可能造成难以挽回的损失。

第二，非物质文化遗产的保护与旅游开发受到广泛关注。非物质文化遗产保护利用是近几年旅游研究的热点之一，多数研究认为旅游开发是实现非物质文化遗产保护和可持续发展的有效途径；但如何在旅游开发中加强对非物质文化遗产的保护，尽量减少对其的损害还有待进一步探讨。历史文化风貌区既有文化价值又有实用价值，除了历史遗产等实体，其人文内涵是核心。文化是旅游资源的重要内涵，是旅游业的依托。实践证明，文化遗产保护得越好，其利用价值也就越大，旅游业和其他相关产业才会得到进一步发展。一旦传统文化因过度开发或保护不力而丧失殆尽，旅游业的发展便成了无源之水、无本之木。无形的非物质文化遗产和有形的物质文化遗产一样既有着重要的历史、艺术和科学价值，对传承民族文化血脉起着至关重要的作用，同时也是珍贵的旅游资源，具有重要的经济价值。如能找到一个平衡点和合理的模式，正确处理好旅游开发和文化保护的关系，而不是杀鸡取卵式、掠夺式地或者篡改式地开发，文化遗产的保护与旅游业的发展可以实现良性互动。因此，对历史文化风貌区的开发，应特别注重对其“原真性”的保护，通过整体性保护和文化空间的保护，实现文化内涵的留存传播和旅游价值的开发利用二者的双赢和良性互动。

第三，高度重视以科学理念指导和推动实践工作。近年来随着全国各地旅游开发的大规模开展，在给当地经济等方面带来一系列积极影响的同时，也伴随一些负面效应。导致这一现象出现的原因是多方面的，其中一个重要原因就是开发前缺乏长远规划和科学合理的评估，并未对资源进行有效鉴别，导致开发出现盲目无序的状况；同时，隐藏在背后的深层原因在于各利益相关体对经济效益的过分追求，忽视了其造成的环境破坏、文化价值的损失。尤其是对于历史文化风貌区的开发，由于其资源的不可恢复、不可补偿、不可逆性等特点，缺乏科学依据的开发很容易造成无法弥补的损失。例如在开发过程中，能够反映当地人文特色、历史背景、地域风情的历史街区和建筑等不可再生资源遭到破坏；或忽视了深层次的文化内涵的挖掘，产品中存在着简单化、庸俗化、雷同化的倾向等，造成诸多问题。因此，要以科学理念来指导和推动实践工作，基于旅游开发的相关理论，对资源进行科学评估，明确资源的开发层次和重点，并根据其特性等进行相应的合理开发。对于历史文化风貌区而言，由于资源特殊，其开发具有复杂性，在规划阶段需要做大量调查研究和准备工作，并基于城市空间景观、社会生活功能、历史文化、技术法规等方面制定出兼顾科学性与操作性的规划编制办法。为保证实践工作的科学开展，需要不断深化理论研究，借鉴先进经验，综合集成多学科、多领域、多视角的理论知识和实践经验。

根据现状来看，当前在我国历史文化风貌区的旅游开发与保护中主要存在以下两大问题。

其一，缺乏规划，管理不力，资源遭到破坏。由于历史文化风貌区的原有环境比较复杂，其改造开发工作难度较大，需要事先进行科学详细的规划，并加以严格管理。以历史文化资源为本地区的发展贡献力量本无可厚非，但如果不是在正确的保护观的引导下，单纯以经济利益为唯一驱动，极易造成历史文化风貌区的“开发性破坏”。在文化资源、历史遗迹的管理方面，由于涉及部门众多，未实行统一归口管理，因此容易产生混乱局面，难以对资源进行有效的管理。同时，随着大规模的旅游开发，游客进入量激增，在区域内的踩踏、触摸，产生的生活垃圾，以及汽车等排放的有害气体等，都会对历史遗迹造成不同程度的破坏；游客也很难体验到理想当中宁静、古朴、优雅、恬淡的风貌。这就要求在旅游开发时，科学地确定环境承载力，将旅游者的数量控制在环境容量之内，从而保证历史遗迹完好，并为旅游者提供满意的体验。

其二，商业化色彩重，忽视人文内涵。许多历史文化风貌区开发得过于商业化，失去了原有的风貌特色，商业经营大行其道。尤其在对非物质文化遗产的保护方面，目前还不够重视；随着保护理念的发展，一切能够反映人类发展进步过程中的、特色的居住、生产、文化要素均构成“非物质文化遗产”，而其产品化过程，必然伴随着商品开发进程，并产生“原真性”等问题。历史文化风貌区的旅游资源是由历史建筑等实体、当地人的生活状态以及“古”“旧”的环境氛围等完整的文化生态所构成的，对旧区进行改造时，部分以“开发”为名对原风貌造成的不可修复的破坏，其损失难以估量。忽视了对人文内涵等价值的深度挖掘及开发，使得单一面貌正在吞噬以历史街区、建筑等为标志的城市和民族特色。开发方应从长远眼光来进行综合考量，遵循开发利用服从保护这一原则，避免商业化经营破坏风貌区的特色景观和文化氛围，使宝贵的历史文化传统得到传播、延续和传承。

三　历史文化风貌区旅游开发与保护的策略建议

第一，整体保护，分区管理。实施整体保护，首先应对历史文化风貌区的概念进行准确的界定，并在认真分析特色的基础上，提出相应的整体保护方案。从全局的角度研究其空间分布规律和空间整合关系、在风貌区整体中的作用和特色定位，将孤立散存的点状和片状结构变成更具保护意义的网状系统。在旅游开发和保护的过程中，一方面要坚持风貌区内部的建筑、空间、色彩、肌理等风貌要素的保护，另一方面是对风貌区自身与周边环境进行协调，形成一个更能体现地域性、历史性和城市风格的网状系统。此外，为保护区域内的风貌特色，可通过划分区域层次来进行管理。例如，将其具体划分为重点保护区、风貌控制区、风貌延伸区及环境协调区四个层次，并设置相应的管理制度与办法：重点保护区内建筑风貌应严格保持现状与恢复原状，维护原有功能，禁止一切与文物保护相违背的生产与建设，对现有范围内不利于文物保护的居住区、办公场所、工厂等予以搬迁，恢复其原有功能并加以维修整理。风貌控制区指为了保护文物的完整和安全、保护和协调文物古迹及历史风貌而必须予以控制的周围地段以及区内有代表性的传统民居区、沿街风貌带；风貌控制区内建筑风貌的保护原则与重点保护区一致，允许有与原风貌一致的仿古建筑存在，严禁进行与风貌区保护以及文物保护相抵触的建设。风貌延伸区指由风貌控制区向周边现代城市景观区域过渡的地段，延伸区内建筑风貌要与邻近的重点保护区和控制区的风貌特征存在延续关系，应注重保持风貌延伸区与风貌控制区在保存城市历史风貌方面的协调，禁止任何割裂风貌区文脉及其固有肌理的行为。环境协调区内的建筑在形体、色调、式样等设计要素方面要与风貌保护区相呼应，在此范围内的新建建筑或更新改造建筑必须服从相关原则。整体而言，在进行风貌区旅游开发时，要从保护历史风貌完整性与协调性出发，形成与重点保护区、风貌控制区、风貌延伸区互相呼应、互为补充的意境空间。

第二，动态维护，文脉相承。历史文化风貌区长期留存下来的文化形态是极为宝贵的历史遗产，蕴含着丰富的民族传统精华，然而由于近年来社会转型和价值观念的多元化趋向，传统的文脉在不同层面遭到冷落和破坏，令人感到痛心和遗憾。为了弘扬城市精神，延续传统文脉，需引入文化自我恢复、发展、传承的动态机制。加强对历史文化底蕴的挖掘，通过探究历史渊源，找出散落在各点之间的时空联系，形成“点线面”不同层次的文化景观，引导强化并彰显其地域特性。文脉的保护具有其特殊性，尤其是以传统民居和传统生活方式为依托的民间习俗，是非物质文化遗产的重要组成部分，其表现形式多种多样，在社会变革时期，保护难度很大；因此，应加强对文化遗产保护的研究及投入，从起步阶段就要注重整体规划，以避免借保护之名造成更大的损失。在开发过程中，深入挖掘当地的传统文化脉络，致力于保存风貌区原有的生活方式、文化氛围、风尚习俗，以体现当地文化特色的传统功能为主，实现功能、文化的延续性。尊重当地历史，不但容易取得较好效果，而且能为当地居民所接受。对历史文化风貌区的保护性开发，必须树立正确的理念，最大限度地保存特定历史阶段的生活区域格局，保护区域的历史真实性和历史遗存的整体风貌，重现原汁原味的市井风情，反映传承有序的城市文化特色。

第三，有机更新，增强活力。历史文化风貌区的“保护”与“开发”应相互协调，走“有机更新”之路。有机更新是指采用适当规模、合适尺度，依据改造的内容与要求，妥善处理目前与将来的关系——不断提高规划设计质量，使每一片的发展达到相对的完整性，这样集无数完整性之和，即能促进整体环境得到改善，达到有机更新的目的。具体而言，这里的更新是指在保护风貌区整体环境和文化遗存前提下，为了满足当地居民生活需要而进行的必要调整与变化，以达到合理利用和永续利用的目的。历史风貌区不同于一般的文化遗产，它是居民生活的有机载体，同时，其保护的原动力也来自居民。因此，应鼓励当地居民广泛参与风貌区规划的制定。此外，还应积极改善基础设施，提高居民生活质量，这样才能充分调动社区居民对于保护风貌区的积极性。此外，在旅游开发的过程中，为增强区域吸引力与活力，在保证区域整体风貌的同时，可适当增加或置换符合区域性质的现代功能，还可尝试适当引入现代的设计理念和材料，与历史肌体形成新旧对比的效果，给游客以全新的感受。这种方式一般更适用于现代化步伐发展较快的大、中型城市，对旧区进行更新再利用。通过成功的旅游开发，一方面尊重原有的建筑风格和历史环境氛围；另一方面根据城市发展的需求，赋予该区域新的城市功能，并增加相应的商业、娱乐及文化场所及空间，使旧区价值得到巨大的提升，发展成为别具一格的旅游景区。

总体而言，对历史文化风貌区的保护性旅游开发，应重点把握三点：第一，深入挖掘历史文化信息，增加风貌区的厚重感；第二，尽量保持风貌区的原生形态；第三，逐步恢复与风貌区相适应的基础设施、配套设施，达到风貌区内部的协调，创造更好的人居环境。通过保护性开发，最终达到保护区域内的风貌与文脉、提高居民的生存环境、实现历史文化风貌区整体的可持续发展的目的。

参考文献

左炀：《历史街区旅游开发研究》，《旅游纵览》（行业版）2011 年第 7 期。

吴海棠：《论旅游资源的保护与可持续发展》，《当代经济》2011 年第 5 期。

李笑白：《开封市历史街区保护与旅游开发设想》，《开封大学学报》2008 年第3 期。

别金花、梁保尔：《中国非物质文化遗产保护利用研究综述》，《旅游论坛》2008 年第 3 期。

伍鹏：《浙江非物质文化遗产保护与旅游开发刍议》，《时代经贸》2008 年第2 期。

陈炜、杨曼华：《论西部地区非物质文化遗产旅游开发适宜性评价的必要性与可行性》，《社会科学家》2011 年第 2 期。

B.13 “旅游”与“房地产”概念及关系浅述

陈 果*

摘 要： 近年来，“旅游热”带动“旅游房地产热”，但是“旅游房地产”在这个词出现的10多年来，业界对其都没有统一的概念界定。对“旅游房地产”的提法是否合适？是否科学？笔者从房地产和旅游的概念出发、从房地产的分类基础出发，提出“旅游房地产”是一个不适宜的伪命题，业界应该更多关注旅游业房地产业的相互关系相互作用，以使产业更加健康发展。

关键词： 旅游房地产 旅游 房地产

一 “旅游房地产”概念及其产生背景

（一）“旅游房地产”的概念

近年来，“旅游房地产”一词异常火热，屡屡见诸各类媒体，对其相关概念、开发模式、类型分类等的研究论述也大量出现。但是，尽管如此常见并深为人们讨论的词至今仍没有一个公认的、清晰明确的概念，是无法达成一致？还是该定义本身就有谬误？

* 陈果，北京中社科城市与环境规划设计研究院副院长，贵州省社会科学院贵州城乡区域与资源环境规划研究中心副主任，清华大学工程硕士。

首先，在描述上就出现："旅游房地产""旅游地产""旅游度假房地产""休闲房地产"等不同的名称。"旅游地产"的说法从学术上来说是不够严谨的，而且因其在诸多文章中与"旅游房地产"混用，权且当作后者的笔误。"旅游度假房地产""休闲度假房地产"在一些研究中被认为旅游房地产的一部分。另外一些学者认为应该用"休闲房地产"的名称替代"旅游房地产"。在研究和讨论中，使用最多的还是"旅游房地产"一词。

其次，对"旅游房地产"概念没有统一的定义。自2001年第一届"中国旅游房地产博览会暨中国旅游房地产发展论坛"在海口举办以来，该词被广泛使用，也被各个学者赋予不同的含义，归纳如下：（1）以旅游度假为目的的房地产开发、营销模式，开发项目全部或部分实现了旅游功能；（2）直接服务于旅游业或者在空间上与旅游区高度密切关联的房地产开发；（3）广义上讲，所有同旅游相结合的物业都叫旅游房地产；狭义上讲，特指引入分时度假模式的旅游房地产（4）是一类重要的房地产产品，是旅游性的商业房地产，围绕旅游业的开发及经营，为旅游系统中的旅游企业自系统项目以及旅游目的地吸引力自系统部分项目提供物质空间与相应服务的产品。

（二）"旅游房地产"概念产生的背景

1. 房地产的发展

我国房地产产业自20世纪90年代初全面起步以来，发展迅猛，已经成为国家的支柱产业，但2009年后，房地产经历了国家的几轮严厉的宏观调控政策，其主要的调控对象是住宅房地产，受影响较大的也是住宅房地产，因此，住宅房地产也开始寻找新的方向和出路，包括工业房地产和商业房地产的兴起，同时开发商们也开始热炒"旅游房地产"。

2. 旅游产业的发展

旅游产业在中国发展迅速，成为国民经济新的增长点。2000年，全国国内旅游人数为7.44亿人次，国内旅游收入为3175.54亿元人民币，国际旅游（外汇）收入达162.24亿美元。而到2013年，国内游客为32.6亿人次，比上年增长10.3%；国内旅游收入为26276亿元，同比增长15.7%。国际旅游外汇收入为517亿美元，同比增长3.3%。，我国实现了从“旅游资源大国”向“旅游经济大国”的历史性跨越。

3. 旅游房地产概念的变化

“旅游房地产”概念是20世纪90年代末随着分时度假在国内的出现而产生的，但是，分时度假在我国远远没有发展起来。而现今所谓的“旅游房地产”，其已经远远超出了分时度假这个单一的概念。“旅游房地产”正是房地产行业发展寻求新的契机和旅游产业大发展相结合的产物。从2008年以后，国内各大房地产企业大规模进军“旅游房地产”。据中国指数研究院统计，在全国百强房地产开发企业中，至少有1/3介入了“旅游房地产”，包括万科、万达、世茂、恒大、中坤等。人们对休闲旅游、对度假养生的新的诉求以及城市住宅房地产限购调控政策，使开发商和投资者都看上了与旅游概念相关的房地产项目。

在这样的背景下，无论是与“旅游”概念在空间上相关，还是在开发模式、物业模式、行为模式相关的房地产被生拉硬扯地冠上旅游的帽子，成为一个所谓“新兴”的产业、一个“独立”的产业。

二　“旅游”与“房地产”的概念

（一）“房地产”概念

“房地产”这一概念包含两个方面的理解：从物质实体的范畴来看，是土地、建筑物及其他地上定着物的统称；同时更有法律权益方面的意义：包含土地、建筑物及其他地上定着物及其衍生的权益。国家标准《房地产估价规范》的房地产定义是：土地、建筑物及其他地上定着物，包括物质实体和依托于物质实体上的权益。

（二）房地产的分类

通常所说的住宅房地产是在标明为住宅性质的土地上开发建设住宅建筑的房地产，商业地产是标明为土地性质为商业的土地上开发建设商业性质建筑的房地产。房地产的类型取决于其土地性质，也就是国土证上的土地地类。

2007 年国家二调地类代码表采用一级、二级两个层次的分类体系，共分 12 个一级类、56 个二级类。其中一级类包括：耕地、园地、林地、草地、商服用地、工矿仓储用地、住宅用地、公共管理与公共服务用地、特殊用地、交通运输用地、水域及水利设施用地、其他土地。

土地规划的土地用途分类根据国土资厅发〔2009〕51 号文件，分为三大类：农用地、建设用地和未利用地。其中建设用地分为 21 城乡建设用地，分别是：211 城市、212 建制镇、213 农村居民点、214 独立建设用地、215 采矿用地；22 交通水利用地，221 铁路、222 公路、223 民用机场用地、224 港口码头、225 管道运输用地、226 水库水面、227 水工建筑用地；23 其他建设用地，分别是：231 风景名胜设施用地、232 特殊用地、233 盐田。

分类中并没有旅游用地一说，与旅游行为相关的是风景名胜设施用地、住宿餐饮用地（包括宾馆、酒店、饭店、旅馆、招待所、度假村等）、公园用地等。

描述房地产的类型依据的是土地以及土地之上建筑的性质，“旅游房地产”这一名称并不妥当，也不严谨。提“旅游房地产”是狭隘地理解了房地产为住宅房地产，忽略了房地产已经涵盖宾馆酒店度假房地产、文化娱乐等房地产的概念。

（三）景区开发建设不是房地产范畴

我国景区的所有权、管理权、经营权混乱，国家也没有对景区内建设的规模、形式等做出明确而详尽的规定，常导致短视的开发经营者掠夺性开发景区，在景区内大量进行度假酒店、甚至别墅的建设，将景区建设演变成房地产开发。实际上，景区的资源为社会公共资源，所有权为国家所有，同时景区的开发建设是为了观光旅游服务，而不是以房产经营为目的。因此景区的开发建设不在房地产的范畴内，不能模糊概念，将景区开发建设贴上所谓的“旅游房地产”的标签，打擦边球，从而进行实际的酒店房地产甚至住宅房地产的开发，牺牲公共资源。

而城市中以主题公园、影视城、仿历史古城等旅游区的开发建设，如前所述，应分别归于文化娱乐房地产和商业房地产的分类中。

（四）“旅游”概念

旅游是人们为了休闲、娱乐、探亲访友或商务目的而进行的非定居性旅行和在游览过程中所发生的一切关系和现象的总和。世界旅游组织和联合国统计委员会推荐的技术性的统计定义：旅游指为了休闲、商务或其他目的离开他们惯常环境，到某些地方并停留在那里，但连续不超过一年的活动。

（五）“旅游”与“房地产”

旅游是游客动态的活动，房地产是静态的物产和权利，由开发建设者所属。“旅游房地产”的提法无法清除辨识所要表达的意义，更混淆了各类房地产现有的明确分类。曾有学者提出，流动的需求和固定的住所两者之间既有相容的一面也有相悖的一面，存在着客观矛盾，如果继续强化旅游房地产这个概念，将不利于这个产业的健康发展。我们不用刻意强调“旅游房地产”，那只是开发商推出的又一个楼盘噱头，用以规避国家某些政策，吸引百姓眼球。

国际上，除了中国和巴西以外，欧美学界都没有旅游房地产的说法，更多的是将其看作两个相关的产业，研究其相互影响和相互作用。就分时度假而言，旅游的发展会使度假旅游目的地的住宿需求增加，能吸引度假房地产的投资；反之，当人们购买了度假产品后，又能促使他们到该地去旅游，即度假房地产投资对旅游产生影响。

归根到底，旅游产业和房地产产业相关，影响房地产的选址，但房地产还是房地产，体现出来的不过是其中某一种形式或者几种形式的组合变化罢了。如“文化娱乐房地产 + 住宅房地产”“度假酒店房地产 + 住宅房地产”“文化娱乐房地产 + 商业房地产 + 度假酒店房地产 + 住宅地产”等。

三　房地产与旅游的关系

（一）现有旅游景区，带动周边住宅房地产、酒店房地产开发

此类案例在成熟优质景区周边最为常见，包括城市近郊甚至市区如三亚、杭州西湖、万达长白山项目等，具有景色优美、基础条件成熟等优势条件。

相互作用：优质的景区使房地产具备得天独厚的区位优势和旅游资源优势，发展起点高、定位高、品质好，而高品质的房地产建设又能给景区带来更大的知名度和更多的客流。

图 1　西湖九龙一号

图 2　杭州富春山居

图3　三亚福湾

（二）新建景点 + 房地产开发

此类案例中新建的景主要有各类主题公园、影视城、仿古旅游城等。早期的以华侨城集团的开发模式为典型代表，中期的杭州宋城、后期以万达的文化旅游项目为代表。有利于开发商周边低价拿地，景点建设好后，周边土

图4　杭州宁城

地升值迅速，再进行住宅房地产、酒店、商业房地产等建设，称为是城市旅游综合功能区。

图5　深圳华侨城

（三）建设景区 = 发展房地产

此类项目主要是在改造古村落、古集镇的同时，将原有民居改造成为外表如旧、内部功能现代的度假接待设施，村镇整体也形成一个新的旅游小镇。如安缦、宏村。

图6　安缦法云

（四）高品质的度假区房地产开发、自身发展成为新景区

作为住宅房地产或度假酒店房地产开发的项目，因其独特的建筑风格、优美的环境吸引大量非住户的参观、游览。住宅房地产的代表是泰晤士小镇，度假酒店房地产有裸心谷、悦榕庄等。

图7　浙江　裸心谷

四　结语

房地产与旅游本就是相对独立、又相互影响的两个产业，今后，会出现新的旅游度假理念，二者还会有更多交叉的可能性。在两种产业的发展融合过程中，没有必要性确定出这种动态发展的名称和定义，不用在概念上纠结，各自定义并探讨其相互作用，以期望二者更好互补相互促进。旅游产业的发展趋势、景区景点的营造、景区的经营管理模式都有待进一步研究，只有度假酒店房地产的生态材料、回归自然、科技节能进行更为深入的研究与实践，旅游与房地产才会在“休闲时代”大放异彩。

参考文献

王学发：《景区休闲度假房地产价值的构成及其分摊管理》，《重庆建筑大学学报》2007 年第 5 期。

魏小安：《旅游房地产名不副实》，载《首届中国旅游房地产发展高峰论坛》，2004。

沈飞：《旅游房地产悄然起步》，《中国经营报》2001 年 6 月 23 日。

宋丁：《关于旅游住宅地产的十点提示》，《特区经济》2003 年第 3 期。

吴老二、吴建华、胡敏：《发展旅游房地产的瓶颈制约》，《社会科学家》2003 年第 2 期。

邱仁都、傅鸿源：《旅游地产的选址研究》，《山西建筑》2008 年第 2 期。

国家统计局：《2013 年国民经济和社会发展统计公报》，http//www. state. gov. cn。

白浩：《中国旅游地产开发模式研究》，天津大学硕士学位论文，2009。

万磊：《房地产概念浅析》，《大众科技》2006 年第 1 期。

吴燕华：《旅游地产的法律性质与分析》，《上海房地》2013 年 12 期。

C. Rodriguez, R. Bustillo. “Modeling Foreign Real Estate Investment: The Spanish Case,” *Real Estate Finance and Economics*, 2008, 41 (3): 354 - 367.

仁唤麟：《旅游房地产与旅游度假房地产概念研究》，《旅游论坛》2013 年第 1 期。

李岸曰：《两大法系房地产概念之比较研究》，《当代法学》2001 年第 6 期。

符启林：《房地产法》，法律出版社，1997。

丁姗：《中国旅游地产开发研究》，复旦大学硕士学位论文，2009。

B.14
安顺屯堡文化资源在文化旅游融合发展中的保护利用现状调查

高守应*

摘　要： 安顺是贵州屯堡文化的核心区，资源禀赋具有独特性，在文化旅游融合发展中保护利用得好不好，直接关系屯堡文化作为独具特色的文化遗产的生死存亡，直接关系这些资源能否发挥作用，造福于生活其中的人民。因此，屯堡文化资源的保护与利用，既不能急功近利，又不能被动融入；既要深度挖掘整理，突出特色，又要实施差异化发展。

关键词： 屯堡文化　保护利用　对策建议

一　安顺屯堡文化资源的保护利用现状

安顺屯堡文化资源，主要集中分布在西秀区、平坝区、普定县。这些地方对屯堡文化资源的认识，随着对屯堡文化的研究的深入，普遍得到了提高，对屯堡文化资源的保护与利用在全市上下达成了共识。按照国发 2 号文件：安顺要建设“文化旅游融合发展示范区”的要求，在建设过程中，市委、市政府把屯堡文化资源的保护利用提高到一个新的高度，通过全国第三次文物普查和非物质文化遗产的普查申报、数字化工程的建设，摸清了屯堡

* 高守应，安顺市社科联主席。

文化资源的家底，分类进行科学的保护与利用。通过走访调查，到目前为止，保护利用现状如下。

（一）园区发展走势向好

按照国发2号文件和《中共贵州省委关于推动多民族文化大发展大繁荣的意见》《中共安顺市委关于推动黔中文化大发展大繁荣的实施意见》的要求，安顺市文改文产办牵头编制了“贵州省十大文化产业园”之一的《黔中国际屯堡文化生态园发展规划》。按照该规划的布局和要求，“黔中国际屯堡文化生态园”重点项目实施，主要在西秀区七眼桥镇的两所屯、郑家屯和平坝区天龙镇屯堡文化旅游景区布局，通过招商引资落户的“苗岭屯堡古镇”“悦道屯堡文化园”和“大明屯堡城”三大项目作为“屯堡文化资源产业化”开发的引领。这三个项目实施建设规划用地面积为5866亩（其中“苗岭屯堡古镇”占地2266亩），预计总投资近30亿元，到2015年10月底已经完成投资23亿元，项目基本建成并投入使用。

其中，落户七眼桥镇两所屯的“苗岭屯堡古镇”由安顺海烨有限公司投资建设，一期工程建成投入使用，二期工程完成80%的进度，基本形成古镇格局，2015年5月，一期工程正式对外开放，文化旅游及相关文化产品业态初步形成，带动了屯堡文化中地戏及地戏脸谱雕刻产品，茶叶及相关屯堡饮食文化的发展，推动了屯堡地戏等非物质文化遗产项目的传承弘扬。

安顺悦道屯堡文化旅游有限公司投资在七眼桥镇郑家屯建设的“悦道屯堡文化园”，走的是城乡统筹发展之路，把项目建设与郑家屯传统古村落、山水田园风光、溶洞等文化旅游资源进行有机结合，充分调动广大村民参与文化产业建设发展的积极性和主动性，既推进项目的顺利实施，又促进郑家屯村民通过对文化遗产的保护与利用而脱贫致富。项目形象工程已经完成，转入重点建设阶段。

位于平坝区天龙镇的“大明屯堡城”，由贵州大明有限公司投资建设，该项目是把棚户区改造、美丽乡村建设与天龙屯堡古镇文化旅游开发进行有机结合，彻底解决古镇文化旅游开发中古建筑保护的瓶颈问题，项目解决了古镇人口密度过大对文物建筑造成的破坏和损毁问题，让参与文化旅游产业建设的古镇人都得到真正的实惠，促进古镇文化遗产的保护与利用。

“大屯堡文化旅游区”，本着保护与开发并重的原则，用开放包容的心态对待，位于平坝区天龙镇的天龙屯堡文化旅游景区和位于西秀区七眼桥镇的云峰屯堡文化旅游景区，由贵州省旅游投资集团公司整体收购，成立贵州屯堡文化旅游公司、贵州旅游发展公司，对两个屯堡文化旅游景区进行整体保护和包装提升。从2014年初开始，用一年多的时间，先后对两个屯堡文化旅游景区进行提升打造，安顺市委、市政府于2015年7月在云峰屯堡景区成功承办了“贵州省第十届旅游发展大会”开幕式，把屯堡村落“美丽乡村让多彩贵州更加精彩”在安顺演绎到了极致，给贵州乡村旅游开发做了示范，两个屯堡文化旅游景区成为贵州西部黄金旅游线上最闪光的明珠。这两个屯堡文化旅游景区的规划建设，丰富了大屯堡文化旅游的内涵，提升了屯堡文化旅游的品质。

西秀区从2014年起，紧紧抓住贵州省第三届小城镇建设发展现场会在旧州古镇召开的良好机遇，一是在基础设施建设上下功夫，彻底改善旧州通达周边的公路交通建设，解决“快进”旧州的问题；二是依托丰富的屯堡文化资源，结合“美丽乡村”建设和贵州省“5个100”工程中的“30个省级示范小城镇”建设，把旧州古镇和与古镇相连的浪塘村重点打造成为又一个屯堡文化新景区，既区别天龙屯堡古镇，又不雷同云峰屯堡景区，实现文化旅游镇村联动新格局。2014年国庆节正式对外开放，2015年，在迎接“贵州省第十届旅游发展大会”中进一步完善和提升，全面推动乡村旅游的快速发展。带动旧州镇及周边乡镇屯堡文化旅游参与互动发展，推动“旧州辣子鸡”、刘官乡周官村木雕制品的市场拓展。

平坝区除继续支持天龙屯堡文化产业园的发展外，重点支持打造白发集团对邢江河屯堡文化旅游景区的开发。

普定县紧紧抓住“5个100”工程建设的契机，规划了“夜郎湖休闲旅游区”，以穿洞古人类文化遗址为载体，以丰富的屯堡文化资源为抓手，进行文化产业项目包装，广泛开展招商引资活动，引进“百花欢乐大世界”

项目落户离县城3公里的青山湖，项目投资4.5亿元，占地面积为3368亩，其中青山湖水体1060亩，按照国家4A级景区建设。预计2016年10月全面竣工投入使用，全面对外开放。

省级白岩镇示范小城镇建设，充分把屯堡文化元素应用到新镇的建设过程中，凸显了屯堡文化元素在示范小城镇建设中的引领作用。

在乡村文化旅游发展上，以波玉河、索桥、牛角孔等屯堡古村落为资源载体，借助兴伟集团投资3亿元扶持普定县龙场乡秀水村的契机，全力以赴支持秀水村乡村屯堡文化旅游的发展，打造波玉河漂流、秀水村休闲旅游、赛马、赛车等文化旅游项目，建设秀水村文化旅游商品一条街。

（二）文化遗产资源的保护利用初见成效

到2014年底，安顺全市有国家级重点文物保护单位10处、省级重点文物保护单位24处、市级重点文物保护单位29处、县级重点文物保护单位110处。市、县两级紧紧抓住国发2号文件和黔党发15号文件实施的历史性机遇，加大对省级以上重点文物保护单位保护项目资金的申报力度，先后争取国家重点文物保护资金4000余万元，对西秀区七眼桥镇云山屯古建筑群，市区内的谷氏旧居、崇祯寺、王若飞故居、文庙、武庙，平坝区天龙镇的天台山伍龙寺，普定县马官镇的玉真山，城关镇的穿洞古人类文化遗址等重点文物保护单位进行了修缮加固，新建王若飞故居新陈列馆；先后申报云山屯等34个传统村落进入国家级保护名录。市区作为贵州省级历史文化名城，开展了历史文化街区建设，融入国家级新型城镇化试点的“历史文化型”试点内容，有效对历史文化街区进行保护和开发利用。加强对各级重点文物保护单位的保护利用，促进文化与旅游的融合发展，有效提升文化旅游品质，为打造文化旅游品牌奠定坚实的基础。

到2014年底，安顺全市有国家级非物质文化遗产保护项目名录8项9处，传承人3人；省级非物质文化遗产保护项目45项，传承人26人；市级非物质文化遗产保护项目147项，传承人47人。对《安顺地戏》《苗族服饰》《苗族芦笙舞》《铜鼓十二调》等国家级非物质文化遗产代表性保护项目全面开展数字化建设。除对项目进行全方位保护、传承和弘扬外，对市级传承人人均3000元的传承工作补助经费全部纳入市级财政预算。对全市部分国家级、省级、市级传承人开展专题片拍摄，到2015年10月，已经拍摄了20集，并在安顺市广播电视台公共频道播出。命名开发区福远蜡染艺术有限公司等22个单位、协会、村寨为安顺市第一批非物质文化遗产传承基地，鼓励傩雕、蜡染、蜡画等非物质文化产业化。

焕彩蜡染公司投资在开发区建设“蜡染艺术园”，已全面启动园区的建设实施。项目建成后，将整合蜡染艺术资源，形成研发、设计、制作一体化，推动蜡染艺术传承与蜡染作品精品化、商品房、市场化，做大做强蜡染艺术文化产业。

普定县马官文化艺术有限责任公司前身是马堡农民艺术团，通过引导和文化产业政策扶持，艺术团组建文化艺术有限责任公司，以省级非物质文化遗产《西路花灯》为主要载体，全面开展对《西路花灯》的保护、传承、开发和利用。以完善的法人治理结构为管理手段，制定完善企业章程和企业管理制度，完全进行企业化运作。通过购买部分政府服务，开辟周边文化演出市场，实现“花灯”遗产的保护、传承和发展。年演出收入超过100万元，解决花灯演出人员就业超过50人，成为贵州省首屈一指的民营文化产业企业。总经理蒋文武2013年被评为贵州省“甲秀人才”经营管理类优秀人才之一，给安顺市民营文化产业企业做出了示范。

平坝区内的东方蜡染厂，是一家以手工真丝彩绘为主的蜡染制品生产厂家，生产规模为每年10万~50万米真丝蜡染服装面料、大长巾5万~10万条、大方巾5万~10万块。在此基础上，当地政府对其进行项目资金支持，将其作为贵州省第十届旅发大会观摩的建设项目之一，对其产品进行升级，主要是对蜡染产品生产工艺进行改进，打造旅游商品项目生产制作。到2015年10月底，项目设计包装及生产工艺改进已全面完工投产。

西秀区重点扶持刘官乡周官村木雕一条街的发展，做大做强木雕文化产品生产。龙宫风景名胜区重点扶持南门蔡官等村传统地戏脸谱雕刻工艺的发展，促进杨正坤雕刻大师等组建雕刻有限公司，保护传承弘扬地戏脸谱雕刻技艺，生产地戏脸谱等文化产品，占领龙宫、黄果树等旅游景区文化旅游商品市场。

普定县扶持化处镇新寨村保护非物质文化遗产，支持传统手工艺荞皮文化产品的生产，扶持马场镇生产水磨面条发展；西秀区扶持大西桥镇九溪村开发已经传承了六百年的“祭灶糖”等；镇宁自治县重点扶持老字号“波波糖”的发展。

（三）屯堡文化与旅游融合发展起步明快

安顺市委、市政府按照国发 2 号文件的要求，全面推进“文化旅游融合发展示范区”的建设，同时启动黄果树风景名胜区和大屯堡旅游景区整体申报世界文化遗产和自然遗产工作。屯堡旅游景区加大对文物建筑和非物质文化遗产的保护力度，取得明显成效。

西秀区认真推进屯堡文化与旅游的融合发展，在全面支持云峰屯堡文化旅游景区发展的同时，在旧州古镇与浪塘乡村旅游景区之间，建设了轨道交通观光设施，丰富屯堡文化旅游休闲内涵，这在安顺市是第一家，也是贵州第一个。杨武乡依托六百多年的元朝时代的普定古城（当地称安榨城）遗址资源，借助安顺至紫云高速公路过境的良好条件，招商引资开发古城遗址文化旅游，一期工程正在建设中。通过“四在农家　美丽乡村”建设，扶持、支持刘官乡大黑土村利用屯堡文化资源和得天独厚的田园风光、冬暖夏凉的气候资源开展乡村旅游，特别是夏季向重庆、南京、上海等大城市市民推销他们凉爽的气候资源和浓郁的屯堡文化资源，让远离城市喧嚣的大黑土村在建设“美丽乡村”中还能卖凉爽的气候。村委组建了文化旅游开发公司，带领村民办起了家庭旅馆，开办了农家乐，取得显著成效，为拥有相同资源的地方开展乡村旅游提供了示范，成为安顺市乡村旅游的又一亮点。

平坝区以屯堡文化资源为抓手，在全面推进天龙屯堡文化旅游发展的同时，谋划招商引资落户建设的白水龙吟文化产业项目已经开工建设，一旦建成，将是平坝区县城边上最大的文化与旅游融合发展的新引擎，将辐射带动周边文化旅游融合发展项目的实施。

普定县通过建设农业园区与屯堡美丽乡村建设进行有机结合，在沙湾片区实施万亩紫王葡萄园、千亩荷花园等项目的建设，充分利用陇嘎浓郁的布依族文化资源，开发沙湾屯堡文化旅游新景点，2015 年，通过葡萄节、布依美食节、相亲会等活动的举办，推动文化产业的快速发展。沙湾农业项目与“美丽乡村”项目实施，同时与当地丰富的民族民间文化的结合，探索了另一条乡村旅游发展之路。此模式正在普定发酵，形成强大的辐射效应。

二 存在的问题

追根溯源，屯堡文化资源被认识，大致是改革开放之后。因此，认识是一个渐进和不断深化的过程。屯堡文化资源的保护利用发端于平坝区的天龙古镇屯堡文化旅游的开发。三十多年过去了，人们对屯堡文化资源的独特性有了基本的共识，在保护利用上，人们的积极性主动性已经被充分地调动起来，但通过调查走访，屯堡文化资源的保护利用仍然不容乐观。

第一，“美丽乡村”建设中，对沿公路线的屯堡传统村落的“穿衣戴帽”实施的“一刀切”，让本来古朴典雅的数百年的传统屯堡古村落，变成“白墙灰瓦”的黔北民居外貌，失去屯堡民居建筑应有的风格。在实施生态移民工程中，让很多独具特色的屯堡古村落彻底成为“空村”，如七眼灶、哨上等完全荒废，这些古村落因无人居住而致使活态文化彻底消失，特别是活态的非物质文化保护传承因缺乏应有的载体而彻底消亡。在屯堡文化与旅游的融合发展中，出现急功近利的情况，对文化遗产资源的破坏较为严重，又新造了一些假古董，违背了对屯堡文化资源的科学保护与利用。缺乏对屯堡文化资源的深度挖掘整理，未能找出不同区域屯堡文化资源的独特性，因此保护和开发利用中雷同现象较为突出。对传统古村落申报国家保护名录积极性不高，比如九溪等屯堡最有名的古村落都没有申报。

第二，对编制的相关屯堡文化产业园区规划执行仍然存在较大差异。屯堡文化资源集中的县（区）都分别编制了“文化产业发展规划”。西秀区结合《黔中国际屯堡文化生态园》规划，推进实施，在此基础上，按照“规划”以屯堡文化为主线，建设了旧州古镇和浪塘乡村旅游示范，扶持和支持了刘官乡周官村木雕整体发展。平坝区全力支持“大明屯堡城”项目建设。普定县围绕“穿洞文化园”率先运作：一是通过发改渠道争取项目资金支持，建成“穿洞博物馆文物库房”；二是引进“百花欢乐大世界”，按照4A级景区建设，2016年10月将全面建成并对外开放。但总体上对“规划”的贯彻落实仍然存在较大的差异，因人员变动等因素，工作缺乏可持续性，负责文化产业发展的人很多不熟悉“规划”，当然就很难谈得上去研究、落实；二是没有把“规划”当回事，通过专家评审的“规划”形同虚设，未能把“规划”落到实处，发挥“规划”的引领作用。

第三，文化产业与其他行业的融合发展还有差距。除了文化与旅游融合发展见效外，在文化如何与新型工业化、新型城镇化、山地现代高效农业等领域中所建园区的结合，推进文化产业发展与这些领域方面共同发展、开展调研，与相关部门对接很少，大多数停留在口头上，没有很好地把现有的文化资源优势嫁接到这些领域，发挥文化引领，推动相关产业文化化，提升这些领域的文化内涵和产品品质，做强文化产业。

第四，创新创意仍是短板。虽然屯堡文化资源集中的县（区）都对自己的屯堡文化资源“家底儿”进行了盘算，一些文化产业项目主要依托各级重点文物保护单位和各级非物质文化遗产保护名录等资源，发展不同特色的文化产业项目，取得显著成效，但在文化产品的创新和创意上，仍然存在较大差距，在整个文化产业发展中仍然是短板。

三　对策建议

（一）在新常态下要提高对屯堡文化资源的认识，高度重视屯堡文化资源在文化旅游产业发展中的引擎作用

中国经济发展进入新常态，正从高速增长转向中高速增长，经济发展方

式正从规模速度型粗放增长转向质量效率型集约增长。新常态对应的是一种以创新为内涵的经济形态，发展更强调创新带来的内生增长活力。这样的发展模式中，文化是最重要的内生因素，文化创新和文化产业的发展将在经济增长中发挥更加突出的作用。

按照2015年李克强总理所作的《政府工作报告》提出的，要打造“大众创业、万众创新”和增加公共产品、公共服务“双引擎”。创业、创新的重要性被提到了一个新的高度。“大众创业、万众创新”的提出与文化产业的发展相契合，将增强文化产业发展的活力和创造力，对构建安顺屯堡文化经济发展的生态圈、为安顺文化产业发展创造良好的外部环境提出了更高的要求。

因此鉴于安顺的实际情况，必须提高认识，高度重视屯堡文化资源产业发展在经济发展中的引擎作用。

第一，屯堡文化资源集中的县（区）要把屯堡文化产业作为支柱性产业来对待，纳入重要的议事日程来安排部署、切实抓好落实。

第二，通过与国家、省出台的相关文化产业发展政策对接，提高对屯堡古村落申报国家级保护名录的认识，加大申报的力度，强化对屯堡文化区各类文化遗产的保护与传承，不喊口号、不说空话。

（二）加大对文化产业发展的投入

加大对屯堡文化产业发展的投入：

第一，“文化产业发展专项资金”要列入各级财政常规预算，并随着财政收入的增长逐年增加。市级要在每年50万元预算的基础上，提高到每年至少200万元，并逐年递增，到2020年做到将每年预算1000万元用于文化产业的扶持上。县（区）已经纳入财政预算的要逐年递增；还没有纳入财政预算的从2016年要纳入财政预算通盘考虑，并逐年递增。形成全市上下全力支持文化产业发展的良好财政投入态势。

第二，通过对小微企业、扶贫政策等相关政策项目的整合，加大对文化产业企业在项目资金方面的扶持和支持力度，推动文化产业企业发展壮大。

第三，在土地使用、税收减免等方面要切实把相关政策优惠兑现到位，提高文化企业发展的积极性和主动性，推动文化企业做大做强。

第四，统筹整合相关资源，协调各方支持发展，推动屯堡文化资源与新型工业化、新型城镇化、山地现代高效农业等领域进行有机结合发展，做大屯堡文化品牌，提升屯堡文化产品品牌知名度，创造安顺独具特色的屯堡文化产品。

（三）创新业态

贵州在国家的大力支持下，已经建设了大数据“云山贵州”。“互联网+”在贵州已经成为热门词语，并付诸实施。

有专家预测，“互联网+文化产业”意味着文化和科技的高度融合。如果说创客空间讲的是草根创业，那么“互联网+”则将从更高的层面上将对国家的整体经济发展带来巨大变化。“互联网+”可以引导文化产业更贴近市场，市场化的发展方向能实现文化产业从以政府部门引领的自上而下发展模式向以企业为主自下而上发展的转变过程。“互联网+”突破了产业的界限，实现了更高端的文化产业投融资方式。

因此，面对“云山贵州”的建成和飞速的发展，给文化产业发展带来前所未有的机遇。我们怎么样抓住这个机遇？应该在以下几个方面要敢于创新，敢于担当，脚踏实地，用开放式的思维方式来谋划屯堡文化资源产业化发展。

第一，要转变屯堡文化产业发展寄希望于政府及其相关部门的传统观念，增强对市场经济规律的认识。在市场起决定性作用的情况下，努力克服完全依赖政府扶持的弊端，激发文化产业创新创意的能力和积极性、主动性。

第二，突破产业界限，积极利用大型互联网企业对文化产业的“偏爱”，吸引对方参与我方的屯堡文化产业企业的建设发展，在安顺屯堡文化产业发展的投融资方式的探索上创造一条新路，给安顺文化产业发展带来新转型，改变文化产业融资难的困局，实现文化产业企业创新发展。

第三，按照“十三五”要全面贯彻落实“创新、协调、绿色、开放、共享”五大发展理念的要求，努力在文化产业创新创意上下功夫，从人才的引进、良好环境的营造、项目资金的支持等，推动智能手机、智能汽车、智能穿戴设备、智能家居等产业与文化产业的结合，促进硬件和内容的结合，创造出无限的屯堡文化创意空间。

第四，谋划建设一个大型的屯堡文化创意孵化和创意投资园区，在“互联网 +”模式下，努力实现安顺屯堡文化创意在信息化、物联网、智能化的大环境下，实现科学技术、文化艺术、创意设计等产业的横向打通，再利用孵化器模式和创投模式融合的新业态，实现文化产业的高速发展。

（四）把屯堡文化产业园区作为重点来抓好落实

在新常态下，文化产业的发展应抓住两个关键词，“整合”与“创新”。整合就是产业在现有条件下通过整合并购等方式释放出更多资源，构建更完善合理的市场体系；积极利用新技术、新业态和新模式倒逼原有产业管理模式改革，进而实现产业转型升级。实现文化产业的持续健康发展，把无形资产纳入 GDP 核算是必由之路。这就需要创新。

顺应创新时代到来，建立完善文化创业园区，培养文化“创客”；打造屯堡文化产业集聚区，抓住一两个龙头企业或龙头项目做到深入，提高支持政策的针对性。通过园区建设，创造文化创意产品，培养文化欣赏，鼓励文化消费，创造文化需求，为文化产业发展提供持续动力。因此，需要在屯堡文化产业园区建设上下苦功夫、硬功夫。

第一，要高度重视已有屯堡文化产业园区的建设和发展，注重政府和市场的双轮驱动，“两只手”科学分工、密切配合，为文化产业发展保驾护航。推动文化产业园区创造品牌、提升品牌、提高文化产品质量，发挥文化产业园区的辐射带动作用。

第二，在“十三五”期间，根据已经编制出台的“文化产业发展规划”，加强与国家和省的对接，谋划好新的文化产业园区的建设实施。推动文化产业从弱到强的发展。发挥文化产业园区孵化器的作用。

第三，通过文化产业园区的建设推进，打造屯堡文化资源优势的文化产业集聚区，发展龙头文化产业企业，带动相关文化产业的发展壮大。

第四，通过屯堡文化产业园区的建设发展，集聚文化产业高端人才，发展文化创意产业，培养文化欣赏，鼓励文化消费，创造文化需求，为文化产业发展提供持续动力。

在民营文化企业方面，要多角度、全方位对这些文化企业提供服务，特别是进入文化产业要求的民营文化企业，要与对待国有文化企业一样，同等看待，在政策、项目、资金支持上一视同仁。民营企业也要注重道德调节，坚守社会责任，把社会效益与经济效益相统一落到实处。

（五）创新体制机制

第一，建立科学的文化创新机制。

一是继续推进屯堡文化旅游融合发展。在守住生态和发展两条底线中，在整合“5 个 100”工程、“四在农家　美丽乡村”建设资源中，全方位推进屯堡文化与旅游的深度融合。努力打造屯堡文化产业品牌。

二是在屯堡文化与现代性结合上，要敢于创新，敢于担当，支持各类文化企业与市内外的高校和科研机构合作，广泛开展文化创新创意。发挥文化创新创意成果对传统优秀屯堡文化产业的带动与提升作用。

第二，完善屯堡文化发展保障机制。

一是完善人才保障机制，能充分调动现有人员的积极性和主动性，发挥骨干人才的创造性；留得住文化人才，引得进高端文化人才，为安顺的屯堡文化发展服务。

二是完善财政政策，不仅要把“文化创意发展专项资金”纳入财政常规预算，而且要在公益性文化事业方面给予足够的保障。

三是完善相关屯堡文化产业发展政策的落实机制。让文化政策真正助推屯堡文化发展。在工商注册、税收政策、土地政策、融资政策、法律法规体系、文化市场体系等方面都要进行完善，在完善的同时要真正的兑现和落实。

案 例 篇

Example Reports

B.15 贵州平塘国际天文科技文化旅游集聚区发展思路研究

蒋莉莉*

摘 要： 随着贵州省平塘县世界最大单口径球面射电望远镜项目（以下简称FAST项目）建成运行，平塘必将成为一个国际天文学术交流与研究中心、世界级的天文科技旅游目的地。为了更好发挥FAST项目这一天文科技旅游主载体作用，打造具有地域特色的国际天文科技文化旅游集聚区，本文从集聚区定位、发展思路、总体目标、空间布局等方面进行分析研究。

关键词： 平塘 国际天文科技 文化旅游

* 蒋莉莉，贵州省社会科学院区域经济研究所副研究员，研究方向：产业经济、财政税收。

一　平塘文化旅游集聚区建设的意义

现代服务业集聚区（以下简称“集聚区”），是按照现代经营管理理念、技术和模式，促使同类或相关服务业企业在一定空间区域内集聚互动，形成具有较好资源整合、服务共享性和较强辐射带动作用的服务业企业集群（或产业集群）。FAST“世界最大口径”和“在未来20～30年内保持国际领先水平”，已经使其超出了其固有的科学科研功用，成为平塘县打造天文科普旅游的垄断性资源和一张令全球瞩目的名片，同时全县境内还有掌布“藏字石”国家AAAA级旅游景区、甲茶旅游景区、卡蒲毛南族风情园、六硐景区、打密河峡谷、甲青大裂谷、干河冰臼群等旅游资源，周边还有荔波世界自然遗产地等。因此，以旅游业为核心，围绕天文科技文化旅游、民族文化旅游、生态旅游发展文化产业具有重大意义。“贵州·平塘国际天文科技文化旅游集聚区”的建设既符合贵州省服务业集聚区发展的高端定位，又能充分发挥FAST品牌效应，突出特色主题。

二　平塘文化旅游集聚区发展总体思路

集聚区既是服务业企业（产业）集聚发展区，也是一定区域内主导及关联产业发展的配套服务功能区或服务后台，通常具有产业特色鲜明、空间相对集中、要素资源集聚、服务功能集成等显著特征，是现代服务业发展的重要载体和有效组织方式。贵州·平塘国际天文科技文化旅游集聚区既要突出为天文科技旅游服务的主题，又要兼顾为全县其他旅游景区（点）服务，从而在推动以FAST为主载体的天文科技旅游和周边以喀斯特为背景的自然山水旅游协调发展、形成互补，弥补当前全县及周边地区自然景观丰富而文化内涵不足的缺憾。

因此，集聚区发展思路是：以“天眼”探秘、“天坑”寻幽、“天书”奇观为特色主题，依托“三天”天文地质奇观和丰富的民族文化资源，围绕山地旅游业，重点发展天文科普教育、天文体验、会议展示、民族文化展示体验等服务，以克度镇为核心，重点建设县城和克度镇“两大板块”，天文科技服务区、商务会展区、天文旅游商业区（休闲购物娱乐）、旅游产品创意设计区、电子商务及物流区、牙舟陶主题商业区、民族文化展示体验区等七大功能区，建设智慧旅游服务、研发及创意设计、电子商务、现代物流、会议展示、企业行政服务等公共服务平台，将集聚区打造成为天文学研究的国际开放门户、国际性天文科普教育及体验中心、世界天文地质山地旅游目的地、全国毛南族民族文化展示中心，构建贵州天文经济示范区。

三　平塘文化旅游集聚区的规划范围分析

贵州·平塘国际天文科技文化旅游集聚区范围的界定应遵循以下几点原则，一是需求引领与前瞻规划相结合。在调研当前与近期服务需求类型、规模的基础上，确定主导服务功能、规模、产业服务及辐射带动能级。同时，应着眼于满足中、远期发展需求，以及辐射带动所在区域内外相关企业、产业发展的需要，为集聚区后期建设预留发展空间。二是集中连片规划与因地制宜布局相结合。集聚区建设的理想状态应是四至边界明晰的、连片的服务功能区和服务产业区。但从贵州省前三批集聚区建设试点经验看，由于认识不足或前期规划缺失等原因，部分集聚区已实际形成地理空间分布较散的功能区块或功能点，平塘服务业集聚区的建设应吸取他方经验，对于可连片规划的地方，坚持集聚的要求，连片规划；对于无法按集聚要求进行调整的地方，按照“平行分区”的方式，将工业区、农业区、居民区或山林荒地摒除后，因地制宜进行规划。对于建设本集聚区需要的其他综合服务，可采取外围支撑的方式进行规划，力争做到形聚与神聚相结合，以统一、高效的集聚区管理体制机制来实现各功能区块的有机联结与功能耦合，促进和实现功能集成。

因此，贵州·平塘国际天文科技文化旅游集聚区将依据山地旅游业定位、业态现状和功能区划，以及前期总规，规划范围集中分成两片，一片在克度镇、一片在县城，具体四至范围还在进一步的讨论磋商中。

四　平塘文化旅游集聚区的功能定位和空间布局

贵州·平塘国际天文科技文化旅游集聚区应该围绕“天文学研究的国际开放门户”“世界天文科普教育及体验中心”“世界天文地质山地旅游目的地”“全国毛南族民族文化展示中心”四个定位从产业发展上进行支撑，以克度镇的天文科技文化旅游区为核心，连接县城建设天文科技服务区、商务会展区、天文旅游商业区（休闲购物娱乐）、旅游产品创意设计区、电子商务及物流区、牙舟陶主题商业区、民族文化展示体验区等七大核心板块。

其中，天文科技服务区的大致区域为现克度天文科普文化园的天文体验园、暗夜观星园、天文教育园等范围，重点围绕天文科普教育、天文体验等内容设计打造。商务会展区大致区域为现克度天文科普文化园的访客服务中心、酒店、度假园等范围，主要为集散、住宿、会议、成果发布等服务。天文旅游商业区大致区域为现克度天文科普文化园的美食街、游乐场、购物街等区域，重点围绕休闲、娱乐、购物、美食的主题打造。旅游产品创意设计区应该重点围绕天文旅游纪念品、民族文化产品、地方特产等进行研发、创意、设计、生产，为创业者提供创业服务。电子商务及物流区大致区域为平塘县城物流园区范围，为全县提供现代物流和电子商务平台服务。牙舟陶主题商业区大致区域为平塘县城牙舟陶主题商业区范围，重点为游客提供休闲、娱乐、购物、美食、住宿等服务。民族文化展示体验区重要围绕平塘独特的毛南族文化，以及浓郁的布依族文化，打造民族文化旅游。

五　平塘文化旅游集聚区的公共服务平台建设

贵州·平塘国际天文科技文化旅游集聚区应该围绕产业发展需求，重点建设智慧旅游服务、电子商务、人才服务、现代物流、会议展示、投融资服务、政务服务等公共服务平台。

其中，智慧旅游服务平台重点打造旅游数据中心，构建集景区介绍、旅游咨询、票务预订等为一体的旅游信息网，并提供景区安全监控、旅游数据分析、线路安排、交通管理等服务功能。建立游客服务中心，集票务服务、导游服务、集散地服务等功能于一体。电子商务平台应发挥旅游“互联网+”优势，与金黔在线、去哪儿网等开展合作，整合提升中国乡旅网等线上资源，优化版面设计，丰富旅游产品，增强在线功能，强化推广运营，建成集品牌宣传、产品展示、线路预订、商品销售等于一体的旅游电商平台。全面提升微博、微信、手机报等新媒体服务，通过企业认证微信、旅游手机报平台等形式，实时发布旅游资讯信息，推广旅游线路产品，形成“PC终端+手机App”二位一体、线上线下实时互动的旅游产品营销推广新模式。人才服务平台可建立导游服务中心，强化导游服务管理公司运作，组建导服公司，积极推进导游人员市场化管理。强化导游培训工作，提升导游服务水平。与省内外大专院校和职业学校合作，成立后备导游人员培训基地，强化导游人员储备工作，确保景区、旅行社各项业务顺利开展。建立人才就业服务中心，为集聚区吸引各类人才提供服务。现代物流服务平台可依托物流园区建设，引入第三方物流企业，为企业特别是电商企业提供物流仓储服务。会议展示服务平台可放在会议展示功能区，建设会议中心、展示中心，提供会议、成果发布、旅游产品展示等服务。投融资服务平台可建立投融资公司，为集聚区基础设施建设、公共服务平台建设等提供资金保障；引入银行、保险、证券、投融资、担保、信托、结算、财务、小额贷款等各级各类金融机构或公司入驻，为企业提供存贷、担保、结算、融资、咨询和投资等多元化服务，为创业提供投融资服务。政务服务平台应建设政务服务中心，集中办理行政许可、政府采购、投资服务、信访接待、政务公开、信息与咨询、管理与协调、投诉与监督等事项，实行“一站式办公，一条龙服务”。

B.16

人与自然可持续发展的新型探索与实践

——万峰谷“文客商”模式在旅游开发中的创新应用

摘　要： 黔西南布依族苗族自治州作为贵州省的三个自治州之一，拥有浓郁多彩的民族文化、雄奇秀丽的山水风光，赋予了黔西南世界山地旅游目的地的资源优势。近年来，黔西南不断加大文化产业投入，鼓励和推动文化产业与其他产业尤其是与旅游业的有机融合。继首届国际山地旅游大会于万峰林国际会议中心举办之后，省委书记、省长陈敏尔指出，把山地旅游作为贵州旅游业的基本定位，将贵州省建设成为令人神往的山地旅游大省。万峰林已被列为省重点文化基地，将被打造成贵州的重量级旅游目的地。兴义市万峰林文化创意基地建设项目（万峰谷）今年已列入全省“十三五”重大文化产业项目之一，并获黔西南州文化产业示范基地称号，针对黔西南的旅游发展相对滞后，如何在竞争激烈的旅游市场崭露锋芒，万峰谷进行了努力的探索和实践，提出了“文客商”的创新发展模式，强调“以人为本”，通过文化带动旅游，旅游促进经济，以可持续发展模式，创造更高价值的绿色GDP。

关键词： 文化旅游　产业发展　文客商　万峰谷　文化创意基地

一　企业发展现状

（一）万峰谷开发单位及项目基本情况

万峰谷是由深圳中科创金融控股集团与森垚集团联合投资开发的一个文化产业项目；深圳中科创金融控股集团成立于2004年，注册资金为2.11亿元，净资产为10.3亿，专注于为超高净值人群及企业提供定制化服务及一揽子综合金融解决方案。10余年来，已为超过100家上市公司提供金融服务，累计管理资产逾500亿元。2014年，以“铂金赞助商”身份亮相APEC工商领导人峰会。2014～2016年连续三年入选博鳌亚洲论坛合作伙伴，成为唯一连续三届参加博鳌亚洲论坛的金融企业。

森垚集团成立于2011年，是一家集实业开发、高端酒店、高尔夫球场、文化产业、教育产业运营于一体的集团化民营企业。森垚集团一贯秉承“诚信发展、和谐共赢”的企业理念，始终以前瞻性眼光去发掘与开创资源优势，以创新精神把握时代发展和市场需求变化，通过对国人未来生活方式的探索，创新商业模式和产业模式，正从多产业发展转向深耕旅游度假产业及相关联产业为主的发展方向。

2015年深圳中科创金融控股集团与森垚集团联合成立贵州万峰谷生态文化旅游发展有限公司，共同投资约200亿元建设旗舰项目“森垚·万峰谷”，联手世界级规划设计大师打造国际一流的现代化旅游综合体，强势崛起成为国内文旅产业开发运营领域领军企业。

万峰谷坐落于黔西南代表景点万峰林中，以“自然原生、新旧共存、善意经营”的营造发展，“文客商”的创新发展模式，尊重地域自然风貌与少数民族原生质朴的生活方式，融入全球化资源、艺术化的设计手法，建造“人类正常生活保护区”，打造一个“回到人类小时候”的艺术谷镇，让人们体验贴近自然与土地的当代桃源生活，回归久违的心灵故乡。

万峰谷总占地面积约为7500亩，是贵州省最大的文化旅游项目，项目规划休闲旅游区、民艺创艺区、健康颐养区 3 大功能区，根据功能分区建设旅游接待、民俗艺文、教育创意、度假休闲、健康养修、家庭户外 6 大主题小镇。项目内将建设地标性建筑“万峰林国际论坛”永久会址、超五星级酒店、世界级山地特色高尔夫球场、温泉养生疗养中心、民族特色旅游休闲商业街、省级重点示范中学、三级甲等综合医院、高端度假物业、国际化企业会所等，极大地满足了旅游度假、长期居住、文化交流、创业创作、社会活动等多重需求。

（二）万峰谷产品及配套设施基本情况

1. 万峰林国际会议中心

万峰林国际会议中心由国际会议中心、购物展览中心、国际五星级酒店、石漠化生态治理工程等项目组成，总建筑面积约为 11 万平方米，总投资 12 亿元，目前已经建成并投入使用。

2015 年 10 月，首届国际山地旅游大会在万峰林国际会议中心举办，来自世界旅游组织以及各国千余名重磅嘉宾齐聚万峰林，探索山地旅游发展模式，将为贵州以及黔西南带来旅游投资前景。万峰林国际会议中心被定为山地旅游大会和中国美丽乡村—万峰林峰会的永久性会址。2016 年万峰林峰会将升级到国家层面。

2. 休闲旅游区

万峰谷项目的南段，是以艺术家小镇为核心的旅游新镇组团，涵盖艺术特色客栈、五星级酒店、书院、合院、公寓、特色商业等复合业态，加上来自世界各地的文旅休闲特色体验，形成了大旅游产业链。

3. 民艺创艺区

万峰谷的北部被规划为以国际学校、新业态写字楼群、金融服务、云科技、现代产业孵化器等为产业基础的现代文化服务区，将引进依文手工坊（民族文化创意产品）、怡丰源贵翠（国际宝石品牌）、唐人坊（创意人偶品牌）、澳大利亚 & 新西兰国际学校等，打造世界文化艺术硅谷。

4. 健康颐养区

万峰谷以华大基因、箱根养生温泉、盛诺一家医疗服务、马泷齿科、颐年康盛、太极禅院为核心的健康颐养组团，引入现代高科技医疗、健康、养身等产业链，打造世界健康养身圣地。

（三）万峰谷目前的运营状况及国际影响力

经过两年的理论与实践检验，万峰谷以全新的业态和模式，收获来自中国乃至世界的赞誉，成为中国首个走向联合国 ICCC 峰会的文旅产业项目。

（1）2014 年 2 月，第二届中国美丽乡村万峰林峰会在万峰谷国际会议中心举行，聚集联合国教科文组织、联合国粮农组织以及 20 多个国家政府官员和专家参与。

（2）2014 年 2 月，中央美院建筑学院在万峰林建立实习基地。9 月，万峰谷文化建筑集群在北京国际设计周荣获“最具设计传播奖”。

（3）2014 年 4 月，森垚万峰谷联席董事长梁上燕女士以中国文化促进会副会长身份，受邀出席首届环球大使文化论坛。会上以“更美好的方式影响世界”为题，以万峰谷为案例，阐述民族文化、古建筑保育意义，演讲得到在场人员的广泛认可。

（4）2014 年 6 月，第二届中国—南亚博览会 & 贵州省旅游产业对接会。作为贵州黔西南州唯一发言企业代表，梁上燕提出“共创、共筑、共赢，大美万峰醉世界”，引发众多与会代表的共鸣。

（5）2014 年 7 月，被誉为“国际动漫奥斯卡”的“丝绸之路国际漫画大赛终评活动”成功举办，第一个国际资源落地项目，正式拉开了万峰谷文化创意硅谷的序幕。

（6）2014 年 11 月，丹麦文化季走进黔西南，中丹建筑设计大师，以万峰谷为案例，以当地自然环境、人文资源为素材，并结合世界先进的建筑理念，进行一场激烈思想碰撞。

（7）2014 年 11 月，全国行业专家在国家会议中心举办了“新常态、新思维、再出发”的城市运营商大会，森垚集团及万峰谷分别获得“城市

(镇)运营商百强奖”及“2014 中国魅力新城镇奖”。

(8)2014 年 12 月，来自 10 余国的世界顶级艺术家再度齐聚万峰谷，举办国际文化作品会展、动漫体验、国际民族民间手工艺制品展，共同见证“万峰艺术硅谷”“纳灰文化村——国际艺术家创作基地”正式揭幕。

(9)2015 年 5 月，梁上燕女士在英国参与温莎城堡磋商，万峰谷的创新城市发展、可持续性旅游和文化发展理念获得世界专家学者的高度赞许，并达成了国际高端文化资源的植入共识。

(10)2015 年 5 月，世界首届山地旅游大会以多彩贵州为主题的 2015“中国旅游日”贵州省分会活动在万峰林举行。

二 成功经验和运营模式

(一)创新的“文客商模式”，以人为本，提升体验

传统的“商客文”的开发模式重商轻文，往往以经济价值为中心，牺牲生态环境，硬性嫁接文化艺术。万峰谷提出创新的“文客商”发展模式，以人为本，切中游客需求的关键点，自上而下的引导模式，是实现现有市场格局差异化突围的创造性变革。

文旅产业是一个关联性、渗透性、综合性都很强的新兴产业，“文客商”的发展模式是发挥文化的引擎作用，通过文化带动旅游，旅游促进经济。商业是形，旅游是媒，文化是魂，城市归根到底是在经营人的需求，自然就不能以“商客文”的线性思维升级，而应按“文客商”的本质去打造，将旅游体验深度介入旅游需求人群的时间、空间之中，与其他资源进行交互式设计，把这片土地的美呈现给世界。

万峰谷创新提出的“文客商”模式是以文化为基础，以旅游为导向，以体验为宗旨，着力发展大健康、大文化、大旅游。在近两年的时间内，通过世界文化资源的引入，万峰谷已经走向世界舞台，受到国内外专家的认同与赞誉。万峰谷的“文客商”模式在 ICCC 联合国峰会和中丹文化季中不仅

得到了峰会专家的赞誉，还吸引了丹麦12位国宝级设计大师来到黔西南，共议未来城镇发展之路。在探讨中，这一模式得到了大师们的一致好评。

（二）尊重自然原生，创造可持续发展的绿色GDP

万峰谷以“尊重自然原生，新旧共存，善意经营”的创新开发理念，始终遵循“保护-复建-再生-开发-可持续”的大原则，不破坏自然生态，实现可持续的共融共生，打造人类正常生活保护区。项目的规划开发与建设运营，均在遵循自然原生的法则下展开，保护原生自然环境与传统建筑，传承民族建筑；在项目规划坚守新旧共生，坚持传承与发展并重原则，让新的建筑空间与传统的人文感受和谐共融。

项目的规划设计、空间与景观设计，全部以尊重兴义原生的自然人文为前提，从对自然人文的临触法则出发，对原生自然无限地接近，却不进行破坏式触碰，临触兴义原真的自然美景，秉持“善意经营”的项目主张，对原生自然与民族文化可持续发展的长远谋略，以全面的系统创新与统筹运营，变旅游发展的观光门票经济为休闲消费经济，开创中国旅游业的优良人文环境的范例。

（三）保留原味风土人情，引入当代文化艺术

单纯的自然风光对游客的吸引能力有限，万峰谷不仅保留了当地的自然风貌，以敬畏自然的心态对自然进行复原，同时，逐步强化吸引客户“深度游”的相关内容，深度挖掘当地文脉、地脉和人脉，发扬与传承人文历史，如黔西南的地方习俗、节日、民间手工技艺等传统文化体验和传播，在万峰谷都得到了和谐融会。

黔西南的布依族、苗族等少数民族神秘的文化、古朴的生活方式在万峰谷以艺术化的手法实景呈现。黔西南的蜡染艺术，在万峰谷的客栈、酒店、公寓等产品的空间、陈设、装饰与细节上，都得到了淋漓尽致的应用；万峰谷推出以民俗为主题的客栈，将民族特色的建筑艺术、居住方式、生活细节全方位呈现，走进民俗主题客栈，就仿佛进入了布依古寨古色古香的民宿，

一种世外桃源般的生活气息让游客感受不一样的风情；未来，在原生音乐街、游客接待中心、文化艺术商业街、国际会展中心，织布、古法造纸、陶艺制作等技艺展示，八音坐唱、阿妹戚托等精彩的歌舞都将得到原汁原味地呈现；万峰谷拥有优越的民族民俗手工艺文化，在民俗文化商业街、乡村文化博物馆、民族手工艺中心，民族特色商品、手工艺品、民族文化与生活方式得到全景展现，借由中国首屈一指的传统文化制造者，整合当地优秀的手工艺品，实现特色旅游纪念品的旅游文化，发扬贵州民俗文化，打造万峰谷民族文化创意交流平台。

同时，万峰谷引入当代世界前卫的文化艺术，打造世界文化艺术新据点。如以水滴、树叶、山峰、水墨为创意的景观随处可见，体现了设计师对自然的独到解读；世界知名艺术大师设计的以神思、心灵、水韵、艺术为主题的客栈，展示了设计师或玄妙或惊奇或淡泊的艺术匠心，体现了天马行空般的想象力，每间客栈都是艺术融入生活的样板间；以森林为主题的合院、公寓、酒店体现了设计师对人、自然、建筑三者关系的深刻理解，而设计师博埃里的“垂直森林”理念早已享誉世界。

民族与世界的交流碰撞是万峰谷的主旋律，原生的自然环境、原味的民族文化与前卫的当代艺术，共同构建了万峰谷作为文旅项目的独特竞争力，从而区别于游览型的自然景点。

（四）整合世界力量，建设世界共同向往的休闲度假胜地

作为最绮丽、最奇妙的景观之一，万峰谷吸引了世界上最具有艺术天赋与审美灵魂的大师，用他们独到的眼光与匠心，融合原生态景观、神奇的地域民族文化，以及现代艺术的神韵，升华了万峰谷的精神内涵。

万峰谷的可持续发展总体规划单位为 AECOM。AECOM 统括全球视野、本土认知、技术创新与专业知识，持之以恒地构筑、改善并维护世界各地的建筑设施、自然环境和社会环境的可持续发展。景观设计公司为英国 ECO 景观建筑设计事务所，ECO 的重点放在广阔的、日益复杂的土地使用规划中，设计兼顾资源的合理使用以及环境的改善。

万峰谷的规划设计师均是世界知名大师。朱锫，世界最有影响力的前5位建筑大师之一，设计万峰林国际会议中心；老瓦，法国顶尖建筑规划设计师；博埃里，享誉世界的著名建筑设计大师、米兰“垂直森林”设计者、2015米兰世博会总规划师；Fernando Menis，西班牙杰出建筑师；马兴文，美国Bloomberg TV称其为“21世纪中国最著名的艺术家”，万峰谷自然艺术生活体验馆设计师……正是有了这些艺术大师的智慧与创意，万峰谷才得以成为中国第一个登上联合国舞台的文旅项目。

联动世界级的大师，历时500天的顶层设计，汇聚200余位国际艺术家的思想碰撞、500多位中国高端峰层人士的理想与追求、超过10000位文艺界专家学者和文化旅游行业专业人士的共识，万峰谷打造了一个融合社交、文化艺术交流、创意创新、金融创投的平台，国际一流养生养心养老集群，让万峰林景区内的峰林、原始村落的民居与各类现代化建筑、街区、学校、高尔夫球场和谐相融，成为大地艺术的杰作。

（五）重视资源整合、平台化发展，实现文旅产业价值

伴随着旅游产业的升级，旅游产业开发与城市运营、产业结构调整等紧密结合，服务提升、产品创新成为主流。文旅项目发展越来越重视突出“文化+旅游”的特色，注重满足客户情景体验感、现场互动性的氛围营造，重视产业叠加效应及资源平台整合。

万峰谷摒弃以融合自然山水、转化文化资源、发展民族文化、打造产业平台的思路，将旅游、文化、金融、互联网等同步引入，搭建综合平台，促进文旅资源向文旅产业转化。万峰谷将打造世界顶级养生养心胜地，创造出最具特色的养生集群、最宁静的养心配套、最具创新力的文化创意产业孵化基地，为下一步延伸产业链、开发新文化产品提供强大物质载体，极大地增加企业的无形资产。万峰谷尊重原生风土人情、自然景观，倡导健康、养生、文化，是中国未来新的生活方式和理念的引领者和代言人，既有生态效益、人文效益，又有经济效益。未来万峰谷将成为一个融合社交、文化艺术、创意创新、金融创投，并且兼具线上线下互动的跨界融合平台，作为贵

州的一张名片推向全国乃至世界，将兴义旅游业推向新的高点，同时能够为当地居民带来更多和谐而蓬勃的发展契机。

三　存在问题及原因分析

（一）黔西南的旅游发展相对滞后

近年来，随着贵州及黔西南的旅游开发重心的倾斜，以及兴义交通条件的不断提升，全州旅游产业发展迅猛，旅游人口及旅游收入保持攀升势头。但兴义的旅游产业发展尚处于发展初期，成熟度不足，给旅游项目的开发带来了极大的难度，兴义城市知名度及产业成熟度均不足以对项目形成明显利好。

兴义属于四五线城市，非核心旅游城市，区域知名度低，虽拥有丰富的环境资源、地貌资源、人文资源等，但各种资源开发都处于初级阶段，产业链条较短，产业能级较低，产业空间分布较零乱，区域价值有待提升。兴义未来发展仍需较长时间酝酿。

（二）黔西南的旅游资源不具备独特性，与周边旅游存在同质化

黔西南当地自然资源丰富，喀斯特地貌发育良好，但并非稀缺独有资源；具备极佳生态环境以及优质空气质量，但就西南地域而言，生态环境不具备稀缺性；拥有较好地三季游的气候条件，但冬季舒适度降低，缺乏对冬季候鸟型游客的吸引力；万峰林、马岭河峡谷、北盘江大峡谷、双乳峰等“金州十八景”都以自然生态观光为主，与周边云南、广西、四川、重庆等省区市旅游产品存在同质化现象。

黔西南具备深厚的布依族、苗族等少数民族民俗文化基底，但兴义市区及项目邻近的万峰林景区内少数民族受汉文化影响显著，对民俗文化的原生保留较差，传统文化多集中在兴义周边乡镇。目前保留的少数民族民俗文化传统如查白歌节、八音坐唱等主要集中在黔西南州下辖的乡镇内，距兴义市

区有一定距离。少数民族聚集地建筑、生活习惯等现在与汉族相近，文化亟待复兴。

总之，兴义有资源基础，但不强势，景观及人文资源缺乏稀缺性，属于民俗底蕴深厚的潜力旅游城市，区域旅游成熟需较长发展时间。

（三）旅游配套不完善对旅游开发形成制约

兴义作为一个旅游城市，旅游产业尚处于发展初级状态，以原生态、自发性旅游为主，旅游产业链短，产业结构相对单一，相关度假深耕产品丰富性不足，缺乏完善的度假衍生商品，除了旅游观光以外的价值缺失；限于兴义的地理位置及城市发展进程，包括交通、旅游接待、消费等城市配套都有所欠缺，游娱购住行等方面的需求满足度不高，游客与资源之间缺乏互动及体验条件，吸引力和承载能力有限。

（四）项目目前的认知度略显不足

万峰谷尚处于发展初期，目前在市场上没有规模化的推广和投放，市场认知度较低，而项目的开发进度相对缓慢，除了万峰林国际会议中心以外，还未呈现出完整的作品，使得人们对项目的认知仍停留在想象阶段。万峰谷的知名度和热度需要合理发展路径和价值平台养成时间。

四　对策及建议

（一）跳出兴义、立足贵州、面向中国

兴义作为潜力区域，具有广阔的发展前景，但仍需较长的发展时间，如单纯依赖区域的旅游推动，难以在短时间内形成效益。因此，建议跳出兴义，立足于贵州，打造面向中国的旅游度假产品。在北京、广州、上海、深圳、杭州、丽江等城市热点核心区打造万峰谷生活体验馆，系统化地进行度假生活模式体验、产品推介、渠道客户积累及邀约等活动，促成外地游客的

万峰之旅。

在对外活动的同时，应借势西南地区民族风情旅游、贵州山地旅游、万峰林及马岭河、北盘江、双乳峰等“金州十八景”的黔西南旅游，同步树立万峰谷的“世界文化艺术硅谷”的旅游品牌，在扩大区域影响力的同时，输出万峰谷的旅游价值，以区域带动项目，以项目反哺区域。

（二）整合资源，做大产业链

多元而全面，能满足立体化的旅游需求，是目前旅游市场的要求，单纯的旅游度假以及单一的目的地旅行很难满足游客的游娱购住行等全方位的需求。当下旅游项目的开发重视相关产业叠加、资源平台整合，以旅游主导，度假资源整合，促进旅游与文化、交通、商贸、教育、科技、健康等相关产业融合发展，打通旅游链条，开发满足市场需求的文旅产品，提升文旅产业的专业化、规模化和集聚化水平，从游客出行，到旅途，到落脚，到体验，到消费的各个环节紧密相扣、层层引导，才有可能对游客产生吸附力。

在充分发挥自身独特地位和比较优势的同时，万峰谷应与周边景区建立资源合作关系，为游客提供具有丰富的、互补的旅游体验，构建共赢体系。并尽可能与政府和旅行社合作，完善旅游线路，整合省内外旅游资源，形象同塑、市场共享、行业互渗、业态互补、发展联动，将项目融合旅游路线的一个环节，如打造贵阳－黄果树－兴义－草海－遵义的省内旅游路线，贵阳－兴义－昆明－丽江的西南旅游路线，形成目的性度假地，刺激游客量提升。

另外，万峰谷的开发运营不应单纯依赖旅游产业，在既有资源基础上进行更高效率的开发利用，并寻找更有效的资源和运营模式，如城市发展论坛、文化交流论坛、行业峰会与国际会议、养生疗养度假等，借此打造出多驱动的、有强势吸引力的目的地，构建起有竞争力的价值平台，从多维度构建项目的价值体系。

同时，坚持非物质文化遗产技艺的传承与创新，提高无形资产价值，提升旅游产品核心竞争力；加强与各级文化产业协会、民间工艺协会、食品烹饪行业协会等的合作，输出黔西南旅游产品，全面激活民族文化资源，整合银器、蜡染、刺绣、民族乐器为代表的民族特色旅游商品和以木雕、奇石、竹雕、特色食品为代表的地方商品，推动民族商品走上产业化发展的道路。

（三）完善配套，提升附加值

配套是否健全直接关系到游客的度假体验，兴义城市的配套相对较弱，因此万峰谷应在项目层面提升配套设施，在既有资源基础上进行适度升级，增加一些成本可控的价值点与配套，强化细节体验，同时借此在产品结构上实现由主流到多样化的升级与过渡，整体适度升级，以打造品质型综合度假体验地，提升游客体验。

文旅项目的核心是以旅游业为基础、文化娱乐产业为核心，在地方旅游资源基础上，积极导入文化概念，嫁接民俗文化体验，注重相关休闲娱乐配套体验、情景化打造，实现全季节、全天候、全家庭持续消费特点，实现可持续化发展动力。而运营的关键在于前期开发注重产业叠加，满足消费者对休闲与旅游的双重追求；后期注重资源跨界，实现资源整合运营，实现整体平台化发展。

在对环境资源和人文资源等既有资源开发利用基础上，适度承接配套，实行多元化产品路线，整合开发高端产品，打造相应的配套设施，如艺术剧场、艺术中心、商业、公寓等，用以承接艺术活动及参与人群的居住、生活、消费等需求，实现功能互动与持续发展，逐渐完善消费链条。

（四）打造特色驱动，强化精品意识，弥补非知名资源不足

文旅产业市场呈现多元化与极致化的市场特征，复合旅游项目与纯粹配套居住项目均能通过产品和价值的差异化获得较好发展。万峰谷有能力整合“景观、生态人文”核心要素，以建筑为载体，打造黔西南首席文旅标杆，满足度假休闲品质生活需求，与同类旅游项目形成差异化，完善黔西南州旅游产业发展链条，为项目跳出兴义、面向全国奠定基础。

典型文旅项目开发多立足体验蓄客、重视资源叠加、特色突出。旅游开

发是一个多元化、持续性的动作，文化体验、氛围营造是项目价值展示及吸引客户的根本前提，前期产业叠加及后期的资源整合均有利于项目的利益实现。旅游项目只有核心价值特色突出、重视现场体验是生存的根本。引入强势特色驱动资源，做艺术人文特色主题模式，以“主题度假酒店 + 艺术商业街区”为核心特色驱动，引进国际品牌度假酒店，充分吸纳当地的地域建筑风格特色，体现地域特征与文化气质，强调与周围环境的有机融合，努力为游客创造休闲放松的环境，是万峰谷能在众多旅游项目中脱颖而出的重要途径。

（五）以活动激活旅游需求，充分发挥少数民族文化的吸引力作用

黔西南 35 个少数民族千百年来创造了灿烂的非物质文化遗产，这些文化神秘而富有魅力，应充分利用这些资源，一方面提升景区的人气和品位，拓展知名度和美誉度，推动项目快速发展；另一方面，能推广和发扬民族文化，为黔西南旅游打造文化品牌。强化西南人文风情展示，如结合民族节日，推出少数民族文艺演出，八音坐唱、阿妹戚托、布依铜鼓、谷艺神袍等具有代表性的歌舞，具有强烈的感染力，是展示旅游特色的重要形式，能吸引关注，培养文化消费意识，对项目起到代言、宣传、推广的巨大作用。

另外，举办大型活动与民族节庆活动，助推整体发展。全国山地运动会、旅游发展大会、美丽乡村万峰林峰会、三月三、六月六、查白歌节等大型民族节庆活动是黔西南州的文化资源、旅游资源转化为产业优势的重要载体，有助于产生良好的经济效益和社会效益。以举办此类大型活动为契机，加强少数民族文化的梳理和宣传，提高景区接待能力和水平，将少数民族资源转化为项目竞争优势，使资源得到合理配置，实现地区经济、社会效益和项目价值的多赢。

五　结语

万峰谷“文客商”的运营模式，更多的是社会社交平台、跨界融合平

台、文化艺术交流平台、创意创新平台、金融创投平台、线上线下互动平台等，它的顶层设计定位，能给予商业更多的想象空间和可持续发展空间。在万峰谷的所有商业业态，都有机会通过万峰谷这个大的社会生态反映出来，并以良性循环创造更多的价值。

万峰谷创立了“文客商”创新模式，打破了传统的“商客文”模式，提升了文旅产业的品质和高度，引领了文旅产业未来的走向。如今，消费者已经不再满足于钢筋水泥浇灌的物理属性，而对于情感表达、个性展现或是精神寄托等附加价值的追求越发强烈，万峰谷的出现恰恰是打破困扰旅游产业开发多年并热切期盼的行业升级的积极实践。

B.17

以文为魂　以产兴业

——安顺市文化体制改革和文化产业发展工作情况报告

安顺市文化产业发展委员会办公室

安顺市深入贯彻中央关于文化大发展大繁荣，提高文化软实力的战略部署，按照全国、全省、全市宣传部长会议精神，以建设文化强市、促进文化与经济协调发展为目标，依托地方文化资源和自然禀赋，以文为魂、以产兴业，不断深化文化体制改革，加快文化产业发展。

一　“十二五”时期文化体制改革和文化产业发展情况

（一）基本情况

1. 强领导，抓组织

市委、市政府高度重视文化体制改革和文化产业发展工作，成立安顺市文化产业发展委员会、安顺市文化体制改革工作领导小组、文化管理体制改革专项小组等，加强对文化改革发展工作的组织领导。出台《关于推进安顺市文化体制改革　加快文化产业发展的若干意见》《中共安顺市委关于推动黔中文化大发展大繁荣的实施意见》等，编制《安顺市文化产业发展规划（2008～2020年）》《黔中国际屯堡文化生态园保护和发展规划（2013～2025）》《安顺民族文化产业集聚区发展规划（2013～2020）》等，为全市文化改革发展工作提出目标，指明方向，提供保障。

2. 抓改革，破难点

安顺市被确定为全国、全省文化体制改革试点地区以来，突重点，攻难点。安顺日报社积极探索跨区域合作，党报自办发行取得成功；成立黔中报业发展公司，率先实现地级市报纸《黔中早报》向省会城市逆向发行。加快广播电视改革发展，全市广电传输网络资源整合，并入贵州省广播电视信息网络股份有限公司，并完成转企改制；完成广播电视合并，组建安顺市广播电视台；推进宣传经营两分开，组建金黄果等多家公司，并在此基础上扩大产业内容，成立安顺市广播电视传媒集团。推进市、县两级文化与广播电影电视两局合并，组建全省首支市级文化综合执法支队，组建县区文化市场综合执法大队。探索国有院团转企改制取得成功，成立安顺市黄果树艺术团有限责任公司，占领安顺演出市场80%以上的份额。市图书馆、市文化馆等公益性事业单位不断深化内部“三项制度”改革，建立以理事会制度为核心的法人治理结构，增强了内生动力和事业发展的活力。2012年，安顺市被中宣部、文化部、国家广电总局、新闻出版总署联合表彰为全国文化体制改革工作先进地区。

3. 重产业，增效益

围绕“一二四”攻坚战，市委、市政府大力发展文化产业，以自然山水、特色文化为重点，突出文化旅游融合发展，实现文化旅游产业转型升级。一是园区基地建设有突破。建成兴伟石博园、天龙屯堡两个国家级文化产业示范基地。“黔中国际屯堡文化生态园”一期纳入贵州省“十二五”时期“十大文化产业园”，“十二五”期间累计完成投资29.1亿元，区内入驻企业226家，其中文化企业有98家。云马厂“三线记忆·美丽乡愁”文化旅游、贵州关岭化石群国家地质公园保护与旅游综合开发、黔中国际屯堡文化生态园列入省重点文化产业项目。加快推进“苗岭屯堡古镇”“多彩万象旅游城”“悦道生态文化度假园”“百花欢乐大世界”等一批重大项目建设，其中部分已投入使用。发挥园区基地示范带动作用，评选出黄果树多彩数字文化艺术有限公司、黄果树艺术团有限责任公司、安顺脸子傩雕文化艺术有限公司等10家企业单位为安顺市文化产业示范基地。二是文旅融合有实效。抓好重点文化产业项目的园区化建设和重要节庆赛事活动的打造推介，使文化产业结构不断优化、文化业态不断丰富、文化旅游不断融合发展。通过

“黔中国际屯堡文化生态园”的建设实施，带动“山里江南”“云峰八寨”等文化旅游项目建设，实现“大屯堡”景区的形成和发展。云峰八寨文化旅游区、旧州生态文化旅游古镇、兴伟石博园、多彩万象旅游城成功申报为“国家 AAAA 级旅游景区”。黄果树瀑布节、龙宫油菜花旅游节、格凸河国际攀岩比赛、镇宁国际半程马拉松赛、坝陵河大桥跳伞国际邀请赛、格凸探秘丛林穿越挑战赛等重要节庆赛事的成功举办，使文化旅游品质有效提升。推进休闲观光农业、乡村文化休闲旅游等融合发展，建成普定秀水、平坝小河湾、旧州精品客栈、旧州时光、黄果树石头寨、刘官大黑村等一批文化特色乡村和客栈。推进朵贝茶、瀑布茶、屯堡木雕、银饰等名优土特产品的升级改造和文化包装，丰富文化旅游商品种类，带动农户参与旅游发展，文化助力产业扶贫。不断开发民族风情、大型乡村观光、特色村寨深度体验等产品。三是“文化 + 大数据”有亮点。依托全省大数据产业高速发展的机遇，大力实施“文化 + 大数据”发展战略，在安顺大数据中心成立“蚂蚁众创空间 · 文化创意产业园”，实现“文化 + 大数据 + 创意 + 创业”融合发展，打造时尚、新兴、高附加值文化产业业态。在黄果树风景名胜区，打好智慧旅游大数据牌，建成黄果树规划展览馆、喀斯特生态科普体验馆等“文化 + 旅游 + 大数据 + 科技”融合项目，提升景区文化内涵，丰富游客文化体验。把握平坝夏云镇区位和产业优势，建成平坝创客小镇，实现“文化 + 大数据 + 互联网”融合发展，通过互联网平台，用活大数据分析，通过文化创意设计，提升产品文化内涵和产品附加值，打造产供销一条龙的电商平台，推动创业，带动就业，积极打造“大众创业、万众创新”的文化产业板块。四是差异化发展见成效。西秀区大力推进“大屯堡”文化旅游项目建设；平坝区扩大蜡染等民族手工艺品产能，打造特色旅游商品；“普定百花欢乐大世界”暨青山湿地公园项目加速推进，成功承办全市第三届旅游产业发展大会；镇宁自治县通过招商引资重新包装打造夜郎洞景区，推进西南国际生态石材交易博览中心建设；关岭自治县国家化石群地质公园成功申报为全省文化产业示范基地；紫云自治县加大格凸河文化旅游体育综合开发；安顺开发区引进合作伙伴，加快推进云马老厂“三线记忆 · 美丽乡愁”项目，打造《天地屯堡》大型舞台剧目；黄果树加大景区文化植入力度，推动文化科技旅游融合发展，打造黄果树智慧旅游、黄果树生态科普体验馆、西游漫道等，与多彩贵州文化产业集团合作开设“山地百货”黄果树分店。龙宫风景区积极打造大型山水实景演出、民族民宿等文化业态，不断丰富景区文化内涵。

（二）主要做法和经验

1. 创新发展敢突破

深入调查研究，以问题为导向，以发展为目标，起草《关于安顺市深化文化管理体制改革　推动文化产业大发展的实施意见》等“1+5”文件，待市委深化改革领导小组审议后下发实施。以黄果树、龙宫重大体制改革为契机，努力打造生态文化旅游融合发展示范园，以文化为内涵，以旅游为载体，提升文化旅游产品的吸引力和竞争力，大力推动文化旅游融合升级。

2. 协调发展汇融合

牢牢把握“文化”的包容性、黏合性、催化性和助推性，大力实施“文化+大旅游”“文化+大数据”“文化+大扶贫”“文化+大健康”发展举措，推动文化与三次产业的融合发展。抓好重点文化产业项目的园区化建设和重要节庆赛事活动的打造推介。通过黔中国际屯堡文化生态园二期建设，“屯堡文化汇”等大型活动的实施，助推“大屯堡”景区的升级发展。依托全省大数据产业高速发展的机遇，成立安顺大数据中心蚂蚁众创空间·文化创意产业园，建成黄果树规划展览馆、喀斯特生态科普体验馆、平坝创客小镇等。通过“文化+农业+旅游”等形式，实现文化产业大扶贫，打造“百花欢乐大世界”“沙湾农业大观园”等一批项目，普定县被列为全省文化产业扶贫“千村计划”试点。

3. 绿色发展强推进

牢牢把握文化产业绿色、可持续发展的产业属性，凝聚合力，共同推进。推动国资公司成立贵州黔中产业发展公司，引进上海木马工业设计集团等，重点发展文化创意产业。进一步优化“山里江南”文化业态，打造时尚、高端文化产业。整合资源，着力推进历史文化街区规划建设，推进文庙仿古建筑群开发利用。

4. 开放发展见实效

加强黔中文化对外交流，积极构建大招商、大宣传、大展示的文化开放格局。积极组织文化产业项目招商引资推介，文化创意企业展示交流等。

5. 共享发展促统一

在文化改革发展工作中，始终坚持把社会效益放在首位、实现社会效益和经济效益相统一的原则，推进文化共享和文化繁荣。加快推进安顺市大剧院文化综合体、安顺市博物馆、安顺市文化馆、安顺市图书馆等项目建设的有关工作。

“十二五”期间，全市文化产业增加值从2011年的7.66亿元、占GDP比重2.68%，上升到2015年的25.65亿元、占GDP的比重4.1%，高于全省平均水平，位列全省第二。

二　“十三五”期间文化体制改革和文化产业发展思路打算

“十三五”期间，安顺市文化体制改革和文化产业发展工作将按照中央、省委的要求，紧紧围绕市委、市政府的部署，围绕中心，服务大局，完善制度，重点推进，以改革促发展，以发展增信心。

（一）明确方向，有目标

以大改革激发大活力，以大改革换来大发展。以“真转、真换、真活、真放”统筹推进文化体制改革。推进政府职能由办文化转向管文化，向提供公共文化服务上来。大力推进文化单位改革步伐，转换体制机制，撤销核销不适应发展的文化单位。深化转企单位改革，激发内部发展活动和潜力。放开准入，鼓励、支持和引导社会力量进入非特殊领域，形成多种市场主体平等竞争、相互促进的良好格局。积极推进文化产业与相关产业互相促进，与全域旅游互为支撑，努力建设有核心竞争力和比较优势的文化产业集群，积极创建国家级文化产业示范（试验）园区，推动文化产业成为国民经济支柱性产业。出台《关于安顺市深化文化管理体制改革　推动文化产业大发展的实施意见》《关于推动安顺市国有文化企业把社会效益放在首位　实现社会效益和经济效益相统一的实施办法》《安顺市国有文化资产监督管理办法》《关于建设多彩贵州秀美安顺特色文化强市的实施意见》等文件，从市场准入、财政扶持、税收优惠、土地保障、投融资、人才建设等方面出台一系列优惠政策，努力为“十三五”期间文化产业发展提供政策保障，以大改革激发大活力，以大改革换来大发展。抓好中央、国家层面十八大以来出台，涉及文化改革发展方面的20余个文件的贯彻落实，举办专题培训班，帮助文化企业用好政策、用活政策、用足政策。

（二）找准定位，明思路

分析优势，围绕“突出品牌、组团集聚、园区突破”做文章。突出品牌，即依托山水文化、多民族文化等具有全国意义的特色文化资源，塑造和传播“多样化文化典范”“瀑乡洞府”“穿越到史诗时代”等文化产业品牌，打造特色文化旅游产品。山水文化产业重点依托黄果树、龙宫自然风光，提升景区文化内涵，拓展开发户外运动、旅游演艺、旅游商品、运动健身、度假休闲等产品。多民族文化产业重点依托村屯、古镇，打造文化汇、文化旅游演艺，创新开发传统木雕、银饰、编织等工艺产品，开发风味餐饮和主题住宿等。集聚组团，即优化空间格局，以嵌入城区、围绕景区、依托度假小镇和工艺小镇打造文化创意小镇、融入主题乡村等方式，重点布局一批文化产业组团，即黄龙山水文化产业组团、屯堡文化产业组团、紫云亚鲁王文化产业组团、安顺重商文化产业组团、普定历史文化产业组团、关岭古生物文化产业组团和镇宁布依文化产业组团等。园区突破，即组团内以园区为核心实现产业集聚，开发生产主要文化产品，优先建设屯堡国际文化生态园，重点建设黄龙文化产业园、格凸河户外运动公园、文庙历史文化街区、云马航空文化和创意产业园、亚鲁王文化产业园、朵贝古茶文化创意产业园、关岭地质公园、坝陵河户外运动基地和镇宁夜郎文化产业园等。

（三）突出重点，强创新

一是加强平台建设。按照市委、市政府《关于加快推进“1+5”平台建设的意见》要求，创新文化管理体制机制，激发黔中文化优势，推进国家级文化产业示范园区创建工作。二是加快重大项目建设。推动与珠影集团深度合作“珠影·星光城”项目。推进云马厂“三线记忆·美丽乡愁”文化旅游项目、关岭化石群国家地质公园保护与旅游综合开发项目、黔中国际屯堡文化生态园二期等省级重点项目建设。加快推进安顺市大剧院文化综合体、安顺市博物馆、安顺市文化馆、安顺市图书馆等项目建设有关工作。做大做强兴伟园博园、天龙屯堡两个国家级文化产业示范基地。以安顺市第一批文化产业示范基地为重点，推动重大项目扩容增效，带动园区文化产业规模化发展。举办安顺文创大赛，推动特色文创设计向文创产品转换，丰富旅游商品市场。举办中国安顺屯堡面具节，促进屯堡文化旅游产品营销。三是加快文创产业带建设。以中国蜡染艺术研究院、中国蜡染艺术文创中心为依托，推进蜡染文创产业发展；依托安顺市工业设计中心项目，加快文创设计发展，推动形成黔中工业设计、文创设计集聚区。实施“文化+创业创新”行动，促进文化与旅游、金融、工业化、城镇化、农业现代化等深度融合发展。四是组建安顺市文化产业协会。在服务、协调和自律等方面发挥积极作用，促进文化企业资源、品牌、资本和人才的整合，形成推动安顺市文化产业发展的强大合力，打造具有自主产权和较强竞争力的文化品牌。五是建立安顺市文化产业发展基金。建议由政府引导，财政资金、国有文化企业、其他国有企业和金融机构按照一定比例，共同出资建立安顺市文化产业发展基金，以安顺文化产业为投资方向，主要投资文化创意、影视制作、出版发行、印刷复制、会展广告、演艺娱乐、广电网络、文化旅游、民族民间工艺、动漫和数字内容等领域。六是举办特色文创活动。继续举办安顺文创设计大赛，推动特色文创设计向文创产品转换，丰富旅游商品市场。举办中国安顺屯堡面具节，促进屯堡文化旅游产品营销。

（四）推进“文化+”战略

一是推进“文化+旅游”融合升级。提升景区、景点文化内涵，拓展开发户外运动、旅游演艺、旅游商品、运动健身、度假休闲等产品。深入推进省“十三五”重点文化产业项目云马厂“三线记忆·美丽乡愁”文化旅游、贵州关岭化石群国家地质公园保护与旅游综合开发、黔中国际屯堡文化生态园二期等建设。加快实施重点文化招商引资项目“龙宫大型山水实景演出”和“永宁州冰雪小镇”，力促省文联与紫云自治县尽早开拍电视剧《亚鲁王》。二是推进“文化+大数据”融合发展。在安顺历史文化街区规划建设中，打造文化创意产业园区和文化产业大数据中心，形成市级创意孵化、科技创新、投资融资、展示交易、产业联盟等文化产业发展平台。培育新型业态，运用互联网、大数据不断提高产业规模化集约化专业化水平，实现文化产业供给侧改革，推动文化产业转型升级。三是推进“文化+大扶贫发展战略”。按照《2016年文化产业扶贫“千村计划”实施方案的通知》要求，抓好普定县文化产业扶贫试点，并以此为辐射，以文化为内容，以旅游为平台，以产业为抓手，带动全市广大农村创业、就业、增收。用好用活大数据、互联网平台，打造文创孵化园和创客空间，通过“大众创业、万众创新”，在推动文化产业提质增效的同时，带动创业和就业。四是推进“文化+大健康产业”。以健康科技和健康服务为支撑，以特色文化为内涵，以兴东大健康文化产业园、百灵生态文化园等为重点，打造集总部基地、文化体验、孵化创业、会展基地、新技术研发、休闲养生、产业成果转化等为一体的综合性大健康文化产业集群项目。

B.18

地方发展电子商务产业园的问题研究

——以贵州铜仁高新区电子商务与信息产业园为例

铜仁市文改文产领导小组办公室

摘　要： 电子商务产业园作为现代服务业的一种新的业态，正在成为引领经济转型和产业升级的重要驱动力。本文分析铜仁高新区发展电子商务产业园现状、存在的问题，提出对策建议。

关键词： 电子商务　产业园　问题　对策

一　铜仁高新区电子商务与信息产业园发展现状

铜仁高新区电子商务与信息产业园（以下简称电商园）是国家电子商务示范基地，被贵州省团委授予“全省青年创业就业示范园”，也是铜仁市电子商务人才孵化基地。铜仁高新区电子商务示范基地位于高新区核心区，是贵州省首批通过的省级电子商务示范基地，用地面积为120亩，总建筑面积约为11万平方米，目前已建成8万平方米，各类配套设施齐全，用地面积280亩的电商产业综合体也将在2015年下半年全面动工。

（一）发展条件

1. 生态环境优良，特色产品荟萃，电商发展有资源优势

铜仁市属于亚热带湿润季风气候，土壤以地带性黄壤和非地带性石灰土为主，适宜生长各种不同的作物，森林资源丰富、山清水秀、自然生态环境

良好，民族众多，加之境内无污染较大的化工、冶金企业，形成了种类繁多、风味各异的特色产品，如德江天麻、梵净翠峰茶、铜仁社饭等，深受消费者青睐。目前，已优选、开发农产品108种产品上线销售。

2. 基础设施健全，交通优势凸显，电商发展有扩容空间

位于高新区境内的铜仁凤凰机场已开通北京、上海、广州、深圳、杭州、长沙等9个大城市航线，境内有贵阳至长沙和贵阳至郑州两条高铁线路及渝怀铁路经过，高速公路四通八达，公交方便，物流畅通，与周边黔中经济区、成渝经济区、长株潭经济区、珠三角经济区的贸易联系紧密，服务便利。境内电力充裕，光纤网络流量大、流速快，与外界网络联系通畅。

3. 平台建设顺利，企业入驻迅速，电商发展有聚集效应

铜仁高新区成立了企业服务中心、青年创业就业服务中心、文化旅游产业培育孵化中心、创客基地、科技孵化器，文化创意平台和商务区、休闲区。电商园的“淘宝·特色中国铜仁馆”是立足于铜仁特色资源，打造铜仁整体营销推介平台。阿里巴巴农村淘宝运营中心、武陵源·西拓中小电商孵化培育基地、宅尚O2O体验中心及IBM大数据培训中心、武陵山商城、为米网、仁城购等各类行业平台在园区迅速聚集，已有45家电商企业和6家物流及快递企业入驻。一期电商产业园建成后，将容纳150余家电商及配套企业入驻，电商聚集的发展势头正猛。

4. 国家政策支持，地方政府鼓励，电商发展有政策保障

国务院《关于进一步促进贵州经济社会又好又快发展的若干意见》《关于依托黄金水道推动长江经济带发展的指导意见》和国务院扶贫办、国家发改委《武陵山片区区域发展与扶贫规划》等文件的出台，使得铜仁市所在区域的经济社会发展被纳入了多项国家战略，为电商产业基地建设提供了广阔的发展空间。商务部高度重视西部地区电商产业的平衡发展，省商务厅出台了《贵州省2014年加快发展电子商务工作方案》，对铜仁电商产业给予了悉心指导和切实帮助，并在铜仁高新区召开全省电商产业现场观摩会，为铜仁电商产业发展营造了良好的法治、政策和舆论环境。2013年，铜仁市委、市政府将电子商务纳入了优先发展、重点发展的战略性新兴产业，出

台了一系列支持电商产业发展的政策文件，铜仁高新区被市政府确定为电子商务产业核心示范区，初步建立支撑铜仁电子商务发展的地方法规、行业标准、电子商务诚信、物流配送、安全支付等体系，铜仁市人民政府和高新区管委会分别制定了电子商务产业发展规划。

5. 组织保障，人才支撑，技术支持，电商发展有动力

铜仁市委、市政府以市委书记、市长为顾问，市政府及铜仁高新区专门成立了电商发展领导小组，为电商的快速发展提供了组织保障。电商园处于市教育园区北边，有城市的科研文化中心、学术交流中心和基础教育基地，包含铜仁学院、铜仁职业技术学院、铜仁幼儿师范专科学校、铜仁一中、铜仁是人民医院、体育中心、图书馆等多项功能配套。铜仁学院、铜仁职业技术学院已与义乌工商学院和相关企业签约，在高新区电商园共同设置电商专业，培养电商人才。从 2013 年开始，“淘宝·特色中国铜仁馆” 每年设置电商人才培训班，免费培训本土电商人才。与此同时，“淘宝·特色中国铜仁馆”、阿里巴巴农村淘宝运营中心、武陵源·西拓中小电商孵化培育基地、宅尚 O2O 体验中心及 IBM 大数据培训中心等企业、机构入驻园区为电商在技术、信息、服务等分别提供了支持。

（二）基本概况与功能定位

1. 基本概况

电商园一期占地面积为 140 亩，已完成建筑面积 11 万平方米，另配套 8000 多平方米的人才公寓和人才交流中心，二期规划占地面积 500 亩，含茶文化电商综合体及快递物流园等项目，在 2016 年完成电商园的全部建设和招商入驻。园区内的科技孵化园项目总用地面积为 416833 平方米，项目总投资 89214. 52 万元，项目包含 264333. 8 平方米的多层标准厂房、49863 平方米的科技孵化中心、24148 平方米的商业服务中心、13000 平方米的商务酒店、4400 平方米的人才公寓、9840 平方米的大型餐厅等，建成后将成为西南区域具有一定规模的综合性科技孵化示范园区。人才公寓、商务酒店、大型餐厅、科技孵化中心即将建成。科技孵化中心 A 区 1 号、2 号、3

号楼，B 区 1 号、2 号、3 号楼已全部封顶。科技孵化园十五号路、十六号路的路基及管线安装已完成。现有电商物流园、保障性住房、多功能会议中心、商务酒店等，能满足企业办公、产品研发、营销推广、人才服务、物流配送、生活休闲等基本需求。铜仁高新区电商园集产学研于一体，为发展电子商务、服务外包、呼叫中心、大数据中心等现代服务业提供基础平台，促进电商企业从孵化向独立经营的转变，实现电子商务规模化、集群化。

2. 功能定位

以国家级电商基地为基础，形成政府与电子商务企业的联系平台和载体，进一步增强地方相关电子商务政策的针对性，在武陵地区形成良好的电子商务发展环境，全面提升电子商务应用、服务与管理水平；发挥电子商务产业聚集优势，支撑城市、区域现代市场体系建设；进一步增强电子商务服务企业的品牌效应与协同优势，促进产、学、研、用协作发展，提高对城市、区域现代流通体系建设的服务能力，加快区域产业结构的转型与升级；创新公共服务模式、整合社会服务资源，促进电子商务服务业做大做强的重要依托。在聚合电子商务相关服务资源同时，探索政府公共服务和产业政策环境建设的新模式，增强政府服务能力；增强城市和区域经济发展活力、聚合资源，推动区域协同发展的有效途径。发挥电子商务跨地域的服务辐射力优势，在增强城市经济活力、放大结构性互补区域协同效应的同时，促进经济实现跨域发展。

（三）运营模式与发展目标

1. 运营模式

高新区电商园为政府主导型的实体电商园。政府为了推动地方创业发展，实现创业对电子商务产业集群的需求，通过扶持中小型电商企业，孵化电商创新技术企业，培养和鼓励电商创业企业来带动区域电子商务聚集发展，同时，对发展电商商务产业集群的责任进行承担，对其发挥政府职能。在发展模式和原则上，坚持“政府支持、市场主导、企业主体、创新驱动”，充分发挥产业园区投资方、运营方以及其他参与主体的积极性、主动性和创造性，不断优化管理能力和水平。

2. 发展目标

（1）前景目标。围绕基础农业与现代服务业“双轮驱动”，以“智慧城市”建设为核心，在基础设施、公共平台、金融创新、物流配送、信用体系等领域，开展多项电子商务重点工程建设，以电商倒逼传统产业转型升级，倒逼区域经济聚集发展，倒逼城乡统筹产城互动，把铜仁高新区建设成为武陵山区域电子商务创新创业示范高地，把铜仁市建设成为具有较强竞争力和辐射带动作用的国家级电子商务中心城市、中国电子商务示范市。（2）具体目标。到2018年，力争全市电子商务交易额达到50亿元；网络交易额相当于社会消费品零售总额的10%以上；规模以上企业电子商务应用比率达30%以上；引进和培育2家10亿元级交易额、5家5亿元级交易额的具有行业领先优势的第三方电子商务平台企业，培育80家国家级、省级、市级、区级的电子商务示范企业，打造2家具有核心技术的电子商务企业技术研发中心，培养50支电商创业人才团队；开通2000个农村淘宝服务站，拓展其他电商服务，形成以电商扶贫为特点且可复制可推广的农村电商模式；培育大宗商品交易市场，积极探索跨境电商，尽快形成覆盖武陵山片区电子商务应用示范高地。

（四）取得的成效

1. 已具备一定的信息化基础

一是高新区以职业教育培训规模化、集团化、专业化发展为导向，推动区域合作、区校合作、校企合作，健全高新区职业教育培训体系，促进高新区职业教育培训业加快发展。二是不断与附近川硐教育园区对接，创新发展模式，充分发挥淘宝·特色中国铜仁馆、电子商务孵化示范中心、特色中国铜仁馆线下体验基地的作用。以铜仁学院、铜仁职业技术学院等院校的资源条件，开展校企合作，探索建立了具有专业特色的人才培养模式，建立了校企“双主体”高素质劳动者和技能型人才培养机制。三是依据高素质劳动者和技能型人才培养需要和高新区建设发展需求，引入行业、企业资源，鼓励企业接收学生实习实训和教师实践，建设以学校、企业为主体的直接服务高新区乃至区域社会发展的产学研联合体，完善技术服务体系和专家服务系统，强化产业技术服务、科技成果的推广和应用，大力培养培训电子商务、装备制造、物流业等重点领域的专业技能人才。四是充分利用铜仁凤凰机场良好的区位交通、气候环境和运行保障条件，抢抓国家大力发展通用航空的政策机遇，以铜仁市优美自然风光和支线航空运营基础，整合优势资源，加快铜仁蔚蓝国际飞行学校的建设，建立大兴航空培训基地，引进民航飞行院校及培训机构入驻，着力开展飞行员、机务、空管、机场管理、通信导航、维修技师等航空人才的培训，发展度假式航空培训、支线模拟机飞行培训和乘务类培训等项目。

2. 已具较为完备的政策支持体系

根据《商务部“十二五”电子商务发展指导意见》（商电发〔2011〕375号）、《贵州省关于加快发展电子商务的指导意见》（黔商发〔2013〕367号）和《贵州省2014年加快发展电子商务工作方案》的文件精神，为促进铜仁市电子商务产业的快速、健康发展，市人民政府出台了《关于加快电子商务发展的若干意见》《铜仁市促进电子商务发展扶持办法》，高新区管委会出台了《高新区产业发展扶持政策》等相关政策和措施，争取扶持政策，加大对示范企业的支持力度，打造国家级电子商务龙头企业，推动武陵山片区电子商务产业快速发展。

二　铜仁高新区电子商务与信息产业园存在的问题

（一）电商意识淡薄

电商意识淡薄主要体现两个方面，一是网商和网店业主；二是货主电商意识淡薄。目前，处于“60后”“70后”的企业主电脑操作能力差，互联网意识弱，对线下贸易形态依赖强，创新意识薄弱。客户服务意识不到位，经常不在电脑旁且回复率很低，习惯电话沟通，营销方式单一。软件配套不完善，欠缺各种工具辅助企业店铺的运营。“80后”“90后”店主对电脑运营和互联网意识较强，但专业性和互联网思维不足，对开拓市场、客服等方面亟须提高。

（二）电商人才不够

从政府层面来看，已形成专门的电商管理机构，但具体办公室人数及专门的电子商务管理人才较少，跟不上国家电商基地的发展需要。从专业人才层面讲，铜仁市的电子商务与传统产业、搜索引擎、云计算、物联网、管理型人才和应用型人才少，引进力度有限。从本土电商企业主来看，电商总数较少，专业性弱，发展动力不足。

（三）电子商务生态体系未形成

建设电子商务产业园的首要目的是要集聚电子商务产业的相关的相关资源，整合发挥各方优势，形成电子商务产业生态体系。目前，铜仁市尚未形成电子商务产业链上下游体系，未能充分实现产业的有效聚集。

（四）管理机制与运营机制待完善

虽然建立了市级、高新区的电子商务领导小组及办公室，甚至即将探讨建立电商联盟，但电商产业园牵涉到政府、企业和社会各个方面，特别是电商园区的自主运营、委托运营和合作运营未能形成与管理机制的有效结合，在电商园区的运营关系到政府的众多部门和具体政策，对接与落实仍存在不顺畅等问题。

三　地方电子商务产业园发展的对策

（一）优化电商生态环境

电商生态环境是电商发展的载体，是电商发展关联或辅助支撑条件，是指电商产业园发展不可或缺的物流体系、金融服务体系、创新体系、教育体系等各个支撑行业。

1. 完善生产要素

一是为电商企业提供稳定、高速、灵活、低廉的互联网接入条件，满足互联网企业运行的基本接入需求。二是发挥基地引领作用，服务市场体系建设。利用基地规模效应、政策优势和完善的电子商务服务环境，吸引产业链上下游企业进驻基地开展电子商务，形成特色产业聚集优势，促进城乡统筹和区域经济一体化发展。鼓励和支持基地电商企业为传统企业、中小企业应用电子商务提供专业化的服务保障，促进传统产业转型升级。拓展流通企业电子商务应用，拓宽社区和农村电子商务服务功能，拉动消费增长，方便百姓生活，推动现代市场体系建设。三是高水平的物流服务支持，为电子商务运用企业提供低成本、高效率、广覆盖的物流服务支持。与此同时，从电子商务发展权产业链的实际出发，建立上下游融合顺畅的供应链，为园区开展电商的企业提供优越的生态环境。

2. 强化公务服务，构筑电商产业发展支撑体系

加强部门协作，整合公共资源，建立公共服务平台，为基地企业提供一站式、全方位服务，实现电子政务与电子商务的有机结合，创新服务与监管机制。积极引入第三方网上支付、安全认证、信用评价、检验检测、运营外包、教育培训、数据分析应用等电子商务服务企业，形成完备的电子商务发展服务支撑体系。特别是将电商服务平台与园区云化管理平台、产业配套平台等加以整合协同，实现生产企业的产品网上展示与交易；生产企业的原材料网上采购竞价与交易；生产企业、经销商、客户、金融机构的网上互动配对，成立网上商人社区；及时发布各行业最新的市场行情、国家政策、行业发展前景等信息，实现资源共享；提供贴身的物流供应链管理服务。组建高效可靠的金融服务支持，为电子商务进行提供方便快捷、安全可靠和覆盖面广泛的金融服务，打造精准化和个性化服务。

3. 发展电商众创空间，健全产学研用合作与创新机制

发挥市场主体作用，构建电子商务孵化平台，打造一批电商众创空间。推动电子商务产、学、研、用战略合作和建立产业创新联盟，结合贵州大学、铜仁学院、铜仁职院大学科技园建设，促进企业与高校、科研院所和第

三方机构合作，推动创新孵化和成果转化。加大对电子商务技术创新、模式创新、业态创新、管理创新、服务创新等方面的研究和实施推广力度，制定和完善相关优惠政策鼓励和支持电子商务创新创业活动。

（二）实施配引的主体培育战略

铜仁市发展电子商务较晚，需在加大出台优惠政策，为入园企业提供财政、税务、项目申报、融资信贷等多方面支持，完善扶持等企业投资额度，在税收、信贷等方面给予入园电商企业更多优惠；设立扶持个体工商户入驻园专项资金，对入驻电商产业园的本土小微企业给予一次性资金扶持，大力培育本地电商企业。另外，制定产业园电商企业科学化评估体系，对产业园里电商企业的成长速度、发展规模、对高新区及铜仁市的贡献量、连续经营年数、解决当地就业人数等各项指标进行评估认定，管委会及市政府有关部门根据评估结果对电商企业给予相应的财政补贴奖励，帮助和引导电商企业扩大经营规模。

（三）完善基础设施，建立健全运营与管理机制

（1）完善基础设施，搭建电子商务的规模化集约化发展环境。全面完成电商产业园和电商综合体建设，为基地企业提供较为完善的办公环境、基础网络、数据中心、呼叫中心、仓储物流、快递分拣、技术研发、高标准IDC机房和云计算中心，为电子商务运营企业提供大数据应用与管理方面的服务以及人才培训等多层面的公共基础设施保障和服务平台，实现电了商务规模化、集群化发展，着力打造国家级电子商务产业集聚区。推动铜仁高新区高新技术产业特别是服务业向产业形态特色化、空间布局集约化、服务领域国际化方向发展，突出强化金融商务、信息通信、教育培训、航空物流等几大功能，与电子商务形成相互支撑、融合发展态势。特别是要加快建立生产资料和生活消费品现代物流园，建设集装箱作业区、理货场区、现代分拣中心、标准化仓储区、公共配套服务区、工业设备备件配备超市区，使园区成为一个拥有现代化物流基础设施，集标准化仓储配送中心、

分拣中心、流通加工、安全包装、信息服务、创意设计等功能于一体的现代物流流通体系。

（2）科学的管理体制和高校的运营机制是支撑产业园健康快速发展的重要保障，必须学习和借鉴国内外先进的发展模式，结合实际需要进行设计优化。在管理体制完善方面，坚持“政府支持、市场主导、企业主体、创新驱动”的发展原则，充分发挥产业园投资方、运营方及其他参与主体的积极性、主动性和创造性，不断优化管理能力和水平。在运营机制方面，要重点突出激励机制和约束机制的优化。适当采用现代企业制度的组织架构，园区董事会通过授权给经理层的充分的经营权，发挥其经营才能；另外，董事会、监事会对经理层的控制权的形式进行直接监督约束。在薪酬设计方面注重长期和短期的结合，注重多元化激励，确保薪酬合理，激励。

（四）引进发达地区电商服务企业和挖掘本地传统企业发展电商相结合

积极引入杭州、深圳等地的有一定规模和品牌的电商服务企业和带动电商产业园其他企业发展。铜仁市乃至武陵地区的中小企业众多，特别是农特产品企业、手工企业、文化旅游产品企业可以引导发展电商，拓展线上线下营销与营销渠道，从而提升企业知名度、增加产品销售通路。在电商园里，可以适当引进一些适合发展电子商务的传统企业，即可保留原有实体的销售渠道又可在园区通过第三方的电商服务公司来支持这些传统企业发电商，实现线上线下结合的销售模式，助力传统企业发展的同时，丰富和壮大电商园的发展。

（五）引进复合型电商人才和开展针对性人才培训

电商产业涉及多门学科和应用，如电商、商贸、研发、供应链、法律、管理知识等。由于铜仁市的高校本身在人才培养系统上一方面在学习内容上比较单一，另一方面也缺乏实操经验，与实际脱节较大。在电商企业管理上，也缺乏相关专业人才。为此，要搭建电商人才创新创业平台，大力培育引进电商人才团队。依托电商产业基地，结合高新区全省青年创业就业示范园和科技孵化园建设，建立一批众创空间，搭建电子商务人才创新创业平台，鼓励有条件的企业创建电子商务实训基地，鼓励高等学校、科研机构和企业联合开展培训，加强电子商务高层次人才的培养和引进，制定电子商务人才、智力和项目相结合的柔性引进机制，畅通电子商务人才引进绿色通道。支持园区与淘宝大学等专业院校进行合作，定向培养人才，定期组织到杭州、深圳等电商发展较好的地方进行学习、培训、考察，全面提升园区电商素质和开阔视野，做好村淘服务体系。

B.19

推进印江文化事业和文化产业繁荣发展

黄继生*

摘　要： 加快印江县文化事业和产业发展，要立足于梵净山丰富的旅游资源和印江特色文化，加快推进文明素质工程、文化惠民工程、优秀文化遗产保护工程、文化产业工程、文艺精品工程、文化体制机制创新工程、文化人才工程，强化发展要素保障，促进地方特色文化和旅游的融合发展。

关键词： 文化事业　文化产业　繁荣发展

党的十八大以来，以习近平同志为核心的党中央高度重视文化事业建设和文化产业发展。党的十八届五中全会《中共中央关于制定国民经济和社会发展第十三个五年规划的建议》明确提出"坚定文化自信，增强文化自觉，加快文化改革发展"。我们要深入学习领会、认真贯彻落实，以改革创新为动力，以满足人民群众精神文化需求为出发点和落脚点，进一步激发全社会文化创新活力，创新文化发展方式，繁荣文化事业，壮大文化产业，努力实现印江文化跨越发展，为印江与全国同步全面建成小康社会提供坚强的思想保证、强大的精神力量、丰润的道德滋养、良好的文化条件。

* 黄继生，中共印江县委党校副校长。

一　实施文明素质工程,努力用社会主义核心价值观教育干部群众，提高人民群众的道德水准和文明程度

1. 加强理论武装工作，推进党的创新理论深入人心

坚持不懈地用马列主义、毛泽东思想和中国特色社会主义理论体系武装党员、教育群众，不断巩固全县人民团结奋斗的共同思想基础。充分运用党委（党组）中心组学习平台，创新学习方式方法，丰富学习载体，深化“季末大讲堂”活动，构建全县党委（党组）中心组和领导干部理论学习新平台，打造理论学习品牌。继续开展部委机关与基层理论联学和“四学模式”（讲学、巡学、考学、述学），推进学习型党组织建设，加强理论强基工作。充分发挥党校培训干部主阵地和新闻媒体的宣传作用，提高理论宣传效果，加强理论凝心工作。以“三百三送”活动为载体（组织100名以上村干部和百姓宣讲员培训，深入100个以上行政村，开展100场次以上的送政策、送温暖、送服务的基层宣讲活动），深化拓展理论下基层等活动，加强理论普及工作。推动党的创新理论进机关、进社区、进乡村、进企业、进学校，提升党员干部群众的思想理论素养。

2. 大力倡导社会主义核心价值观的价值取向

加强爱国主义教育，继承和发扬优秀民族文化传统，深入挖掘和提炼印江民族文化、红色文化、生态文化、书法文化、佛教文化特质，与以爱国主义为核心的民族精神和以改革创新为核心的时代精神相融合，大力倡导社会主义核心价值观的价值取向，激发全县人民的创业热情和创新活力，筑牢全县人民共同团结奋进的思想基础。加强思想政治工作，强化理想信念教育；加强公民文明素质教育，开展“道德模范”评选活动，推进公民道德建设，提升人民群众的道德水平，积极营造干事创业、敬业奉献的浓厚氛围。切实加强未成年人思想道德建设，深化青少年爱国主义读书教育活动，深入开展“祖国好·家乡美”活动，构建社会、学校、家庭“三位一体”的教育网络，创造青少年健康成长的良好社会环境。推进廉政文化建设，弘扬清正廉

洁之风。广泛开展“诚信单位”“诚信行业”“诚信公民”创建活动，以“五心”（忠心献祖国、孝心献父母、爱心献社会、诚心献他人、信心留自己）教育为载体，推进“诚信印江”建设。加强法制宣传教育，弘扬社会主义法治精神，提高全民法律素质。

3. 深化群众性精神文明创建

利用各种传统节日开展丰富多彩的文娱体育活动，在公路主干道、城区、集镇、村寨、企业利用大型户外广告、文化墙、橱窗、专栏等大力弘扬社会主义核心价值观。开展先进典型人物推荐评选表彰活动和道德讲堂活动，着力培育社会文明新风尚。以“四在农家”活动为重点开展文明单位、文明村镇创建，推进农村精神文明建设。以“多彩贵州·文明行动”为基础，以“网格化”管理为抓手，协同开展“五城同创”工作。建立完善创建常态工作机制，让创建成果惠及更多群众，进一步提高群众整体文明素质。

4. 大力加强和改进舆论引导

牢固树立政治意识、大局意识、责任意识、阵地意识，坚持团结稳定鼓劲、正面宣传为主，不断增强新闻宣传的亲和力、吸引力和感染力，坚定干部群众对共产主义的信仰、对建设中国特色社会主义的信念、对改革开放和现代化建设的信心、对党委政府的信任。加强新闻舆论阵地建设，以报纸、电视台、印江政府门户网、印江网、微印江为主，整合各种宣传资源，增强新闻宣传的主流舆论引导力。建立健全新闻发布制度、网上舆情收集研判引导制度、重大突发舆论应急处理制度，做好重大突发事件和重要时期、重要时段的新闻报道和舆论引导，不断提高舆论引导的权威性、公信力和影响力。

二　实施文化惠民工程，加快公共文化服务体系建设，保障人民群众基本文化权益

1. 实施“基层文化覆盖工程”

按照《国家基本公共文化服务指导标准（2015～2020年）》，重点加强县图书馆、博物馆、展览馆、文化馆、互联网公共信息服务点等公共文化基

础设施建设。各乡镇要实施一批农民体育健身工程、文化广场、图书室等基础设施工程。要进一步完善乡镇综合文化站管理维护工作，坚持公益性事业单位性质，配备专职人员管理，认真履行服务社会、指导基层、协助管理农村文化市场的职能。要进一步加快村、社区文化活动室建设，加强规范化管理，加大内容供给，提高利用率和受益面，为城乡居民提供优质高效的公共文化服务。进一步完善“农家书屋”建设管理工作，到2020年，村、社区实现综合文化活动室、农民文化家园、农民阅报栏全覆盖。加快文化资源整合力度，实现城乡文化基础设施共建共享。到2020年，县级图书馆建设标准全部达到国家一级馆标准；所有乡、镇综合文化站实现规范化管理，达到二级站标准，全县374个村（居）建有文化活动室。

2. 积极推进广播电视数字化工程和农村广播电视村村通工程

加强“数字印江”建设，大力发展数字电视，完成乡镇数字电视整体转换工作，实现所有广播电视节目的数字化传输，有线数字广播电视节目达100套以上，全面实现20户以上自然村寨电视“村村通”，力争到2020年广播电视人口全覆盖。

3. 实施文化信息资源共享工程和农村数字电影放映工程

以数字资源建设为核心，以基层服务网点建设为重点，建设覆盖城乡的文化信息资源共享体系。到2020年，县级建成文化信息资源共享工程一级中心，全县17个乡镇建成文化信息资源共享工程二级中心，所有社区和行政村建成服务点。继续做好农村数字电影放映工作，确保每个村（居）每月放映1场电影。

4. 深入开展城乡文化活动，积极推动基层文化活动创新

深入推进“三下乡”活动，广泛开展全县农村文艺调演、社区广场文化和送书、送戏、送电影、送演出等公益性文化活动。积极探索“文化下乡”活动的长效机制，鼓励和组织专业文化工作者到农村辅导群众文化活动。加大力度扶持基层文艺团队，鼓励乡镇、村寨、农民自办文化活动，支持开展各种积极健康向上的民间民俗文化活动，推进城乡文化联动发展。积极搭建公益性文化活动平台，在公共场所、社区、乡村、

企业、校园、军营等广泛开展丰富多彩、形式多样、参与度高的群众性文体活动。

三　实施优秀文化遗产保护工程，加强民族文化资源保护与利用，实现文化可持续发展

1. 加强优秀文化遗产保护工作

加强印江县红色文化遗址、自然遗产地、重点文物保护单位、历史文化名镇名村、文化艺术之乡保护和文化传承。编制《印江自治县文物保护和利用总体规划》，并将其纳入全县城乡建设规划和旅游发展规划。建立健全文物保护责任机制，强化文物安全工作，推进文物合理利用。充分发挥各类文物的历史传承和文化教育作用，使各级文物保护单位成为基层文化活动的重要阵地。

2. 加强对全县非物质文化遗产的保护和利用

制定切实可行的非物质文化遗产保护方案，积极推进非物质文化遗产数据库建设，加大非物质文化遗产申报力度，争取更多更好的非物质文化遗产列入省和国家保护名录。积极利用非物质文化遗产资源，开展区域文化建设，努力将非物质文化遗产资源优势转化为经济发展优势。加大对非物质文化传承人保护，提高传承人待遇，积极将传承人补贴列入县财政预算。结合印江县文化旅游特点，加大对印江紫袍玉带石、红纸伞、印江印染、蔡伦古法造纸等传统手工艺品的开发利用。切实加大“民族文化艺术之乡”创建力度，创建更多的文化品牌。

四　实施文化产业工程，壮大文化产业实力，推进文化产业跨越发展

1. 抓好文化产业项目库建设

认真研究中央、省委、市委关于支持文化产业发展的政策措施，按照传

统文化产业和现代文化产业发展的要求，加快编制一批文化产业项目，抓好文化产业项目库建设，争取更多的文化产业项目纳入中央、省、市文化发展规划，列入中央、省、市重点支持的项目，获得更多的资金支持。对在中央、省委、市委优惠政策以外，需加大力度予以扶持的项目，可实行一事一议、一企一策的措施。

2. 规划建设七大文化旅游产业基地

把文化产业作为新的经济增长点来建设和培育，围绕地方民族文化、书法文化、红色文化、生态文化、佛教文化、茶文化、长寿文化等七大文化板块，整合各类文化旅游资源，规划建设六大文化旅游产业基地。一是以县城为中心，借助长号唢呐之乡、花灯之乡、书法之乡等文化品牌，整合全县的民族民间文化资源（摆手舞、傩戏、长号唢呐、花灯等），形成多姿多彩的民族民间文化基地；二是以县城为中心，依托中洲新城和甲山古建筑群，建造一座书法文化博物馆，修建一个书法文化休闲广场，设置2～3处碑林苑、景观亭，形成气势幽雅的书法文化基地；三是以木黄为中心、五甲为依托，规划建设红色文化历史名镇及红军文化主题公园，形成永放光芒的红色文化旅游基地；四是依托梵净山，围绕环山路，打造景观点，规划建设梵净山西线原始生态养生休闲度假区，形成生态文化旅游胜地；五是围绕梵净山金顶和万米睡佛核心景区景点，以天庆寺、护国寺为依托，打造主题为“朝圣之旅．心灵家园”的佛教文化基地；六是以县城为中心，以全县各乡镇形成的茶叶产业带为依托，规划建设好茶博城、茶叶交易市场，凭借“梵净山翠峰茶”著名品牌，打造武陵山区独具魅力的茶文化基地。七是以紫薇镇为中心，以游长寿谷、享长寿宴、品长寿茶、拜长寿老人、观长寿树、做长寿人为内容，着力打造长寿文化基地。为实施好文化产业发展工程，要搞好文化产业项目招商引资工作，积极创造条件吸引有实力的企业投资发展文化产业，培育一批有实力、有竞争力的骨干文化企业。

3. 开发休闲观光旅游业，打造一批特色民族文化产业示范基地

以梵净山为龙头，加大对团龙民族文化村、芙蓉养生休闲度假区、金厂特色食品村庄、朗溪古镇、合水古法造纸、甘川旅游商品生产专业村、

甲山古建筑群等地旅游观光基础设施投入力度，努力打造休闲观光旅游精品工程，形成一批特色民族文化产业示范基地，提升印江县人文魅力和文化旅游知名度。

4. 尊重自然规律，因势利导造就壮丽景观，拓展文化旅游产业转型发展新空间

打造朗溪湖，修建环湖观光道，加快建设栗子园水库和偏岩水库，把三个库区所形成的壮丽水体景观申报为梵净山西线国家级湿地公园，充分利用好人工水体景观的湖光山色，拓展梵净山西线文化旅游产业发展新空间，形成印江文化旅游经济转型发展的新机遇和新优势。

5. 大力发展文化娱乐业

加大演出娱乐市场的开发力度，积极运作面向市场、面向大众的休闲娱乐项目，引导文化消费。不断提升演出娱乐场所服务质量和档次，不断优化演出娱乐产业的类型和结构，引进文明健康、科技含量高的现代演出娱乐项目，在全县范围内有计划地建设2～3个高端品牌文化娱乐城、文化娱乐超市和民族风情文化街区，为满足群众精神文化需求提供阵地。

五　实施文艺精品工程，丰富群众文艺活动，满足人民群众多层次文化需求

1. 实施文艺精品工程。坚持文艺创作“二为”方向和“双百”方针，尊重文学艺术创作规律，为文学艺术创作创造宽松的环境

深入挖掘民族文化、红色文化、生态文化、佛教文化、书法文化、长寿文化、茶文化内涵，进一步发挥各个协会的作用，组织艺术采风、创作活动，激励文艺工作者积极创作，力求多出精品力作。创造文化交流平台和载体，创办文化性、知识性、宣传性刊物。实施舞台艺术精品工程，创作排演既富有思想内涵又有市场前景的民族特色精品剧（节）目。鼓励社会演艺力量创作排演适应文化旅游市场需求的精品节目。

2. 培育民族文化品牌

深入挖掘印江县民族民间文艺资源，抓好民族民间艺术创作生产项目的实施，支持各类具有民族特色的文艺项目进入市场，促进民族文艺交流、创新、发展。一是提升传统工艺品牌。加快印江红纸伞、线耳鞋、蔡伦造纸制作技艺、绿茶制作技艺等传统工艺的转型升级，提高旅游商品、纪念品的制作水平和文化品位，努力在规模化经营上下功夫，在市场化运作上做文章，进一步繁荣文化旅游消费市场。二是发掘地域文化品牌。积极挖掘、整理印江花灯、傩戏、高腔山歌详细资料，加大包装、策划、宣传力度，创新形式，形成品牌。促进文化旅游深度结合，建立送地方特色文化进景点、进景区活动，不断丰富印江文化旅游的内涵，积极提升地域特色文化的吸引力和感染力。三是打造文化节会品牌。继续办好“中国梵净山·印江严寅亮书法艺术节”、“梵山印水·印江印象”民族民间文艺调演、“春节七天乐”等传统文化节会活动，扩大节会影响力。四是打造对外文化交流活动品牌。按照“高端展示、受众对外”的要求，把“中国书法之乡”“中国名茶之乡”“花灯之乡”“长寿之乡”等文化品牌影响力转化为文化旅游产业发展的助推力，把“茗茶飘香·翰墨邛江”文化旅游品牌叫响叫亮，以此加大对印江的宣传推介力度。

六　实施文化体制机制创新工程，形成有利于文化大发展大繁荣的体制机制

1. 深化完善文化管理体制改革

加快政府职能转变，推动政企分开、政事分开，构建科学有效的文化管理体制。坚持主管主办制度，落实谁主管谁负责和属地管理原则，提高文化管理水平。健全文化行业组织，增强服务功能和自律功能，提高自我约束、自我管理的能力，构建健康有序的城乡文化市场管理机制。加强文化法律法规的建设和宣传，营造良好的文化法治环境。

2. 加快公益性文化事业单位改革

加快推进和完善公益性文化事业单位内部人事、收入分配、社会保障制度改革，形成责任明确、行为规范、富有效率、服务优良的运行机制。深化文化市场综合执法改革任务，推动文化市场执法工作进一步法制化、科学化、规范化。建立公益性文化事业基金，鼓励社会各界捐资兴办公益性文化事业。深化对印江电视台、《印江报》、微印江、印江网广告业务的优化整合，组建印江文化传媒公司。发展壮大县民族歌舞团。

3. 建立健全文化交流合作机制

构建和完善“多位一体、政企联动、联合发力”的大外宣格局，推出一批外宣精品，大力开展经贸外宣和文化旅游外宣。创新印江文化“请进来”“走出去”体制机制，统筹开展对外文化交流，鼓励开展民间文化交流，建立文化产品与服务外出推介的协调机制，为文化企业“走出去”提供良好服务。积极组织参加国家、省、市组织的文化艺术比赛和文化交流活动。

七　实施文化人才工程，培养造就高素质文化人才队伍，为文化繁荣发展提供有力人才支撑

1. 加强领导班子和干部队伍建设

加大文化领域与其他领域领导干部交流任职力度，选好配强文化领域各级领导班子。切实落实中央和省关于文化领域重要阵地、重要岗位领导干部管理监督制度，建立管人与管事相结合的文化干部管理体制，健全完善领导班子和领导干部考核评价机制，把文化改革发展成效纳入考核评价体系，对不胜任的要及时做出组织调整，不断提升全县文化领域干部工作能力和工作水平。围绕发展文化事业和文化产业，培养造就一支德才兼备、锐意创新、结构合理的文化人才队伍，提高推动文化改革发展的能力和水平。

2. 加强文化工作拔尖人才和高素质专业队伍建设

加大全县宣传文化系统人才选拔培养管理力度，制定文化人才培养规

划，不断完善文化人才的引进、选拔、培育、锻炼等体制机制，着力培养和引进一批懂文化、会经营、善管理的复合型文化人才。建立靠事业培养发掘人才、靠优惠政策吸引人才、靠机制留住人才、靠产业发展吸纳聚集人才的机制。实现非公有制文化企业人员在评定职称、参与培训、申报项目、表彰奖励方面，与国有文化企事业同等待遇。

3. 加强基层文化人才队伍建设

落实公共文化机构的人员编制和经费投入，配齐乡镇党委宣传委员和乡镇综合文化站专职人员，加大基层文化人才教育培训力度。设立城乡公共文化服务岗位并落实基本津贴，采取“县聘乡管村用”方式配备工作人员，引导高校毕业生到村工作，服务期满报考公务员享受加分等政策。加强对民间文化人才队伍的教育引导、培养培训和管理服务。扶持基层尤其是农村业余文化人才队伍建设，培育和支持文化志愿者参与基层文化工作。加强文化工作者职业道德和作风建设。

八　加强领导，为促进文化大发展大繁荣提供保障

1. 加强文化建设的组织领导

把文化建设摆到更加突出的位置。县、镇党委政府要牢固树立抓发展必须抓文化、抓文化就是抓发展的理念，真正把推动文化大发展大繁荣放在全局工作的突出位置，切实纳入经济社会发展总体规划，一同规划部署、一同推进落实、一同检查考核。切实加强党委对文化工作的领导，进一步建立健全党委统一领导、政府管理服务、党委宣传部门牵头协调指导、行政主管部门具体实施、有关部门密切配合的领导体制和工作机制。县委、县政府建立文化建设领导小组，负责研究文化发展的重大问题，制定发展规划，指导全县文化产业的发展，定期对各项工作进行督促检查与考核评价。

2. 形成文化建设的强大合力

文化建设是一项社会系统工程，必须统筹协调各方力量，形成共谋文化

发展、共建文化大县的强大合力。宣传文化部门要发挥职能优势，加强对宣传文化事业和文化体制改革的协调指导，当好文化建设的主力军。发改、建设、国土等部门要搞好对重大文化项目和文化设施建设的立项、规划、建设。财政、税收、市场监管部门、人力资源和社会保障等部门要抓好国家文化经济政策的落实，优化文化企业发展环境。统计部门要加强文化产业统计工作。工会、共青团、妇联、文联等要发挥联系群众、组织群众的重要作用，动员全社会力量参与文化建设，形成人人支持文化建设、人人参与文化建设的强大合力。

3. 加大文化建设投入

认真贯彻落实国家和省、市已有的文化经济政策，加大执行力度，确保对宣传文化单位实行的增值税优惠政策、鼓励对宣传文化事业捐赠的经济政策、文化体制改革单位应享受的优惠政策等确保落到实处。健全社会资本进入文化领域的有关政策，简化审批登记程序，积极鼓励个人、企业、外资、社会团体进入国家政策法规准许的文化领域。进一步落实民营文化企业在规费减免、财政扶持、投融资以及从业人员职称评定等方面与国有文化企业的同等待遇。进一步加大公共财政对文化事业的投入力度，充分发挥财政资金的导向作用，建立稳定的投入增长机制。保证公用财政对文化建设投入的增长幅度高于财政经常性收入增长幅度，提高文化经费占财政支出的比例。设立县文化产业发展专项资金，专项用于扶持发展具有示范性、导向性的重点文化产业项目。落实中办发〔2005〕27 号文件规定，设立农村文化建设专项资金，确保农村重点文化建设的资金需求。落实中办发〔2007〕21 号文件规定，把社区文化中心建设纳入城市规划，从城市住房开发投资中提取 1% 用于社区公共文化设施建设。落实国办发〔2015〕74 号文件精神，积极争取各级政府对基层综合性文化服务中心建设资金的补助。

4. 建立文化建设的考评机制

把文化建设作为评价地区发展水平，衡量发展质量和领导干部考核的重要内容，纳入党委、政府目标考核体系之中。研究制定全县文化建设目标考核测评体系，建立公共文化服务体系建设和考评标准，完善文化产业统计指标体系，强化督促检查。实行重点文化工程和项目责任制。各级各部门要立足当前，结合实际，每年确定一批重点文化工程和项目，认真制定实施规划，建立责任制，集中力量抓建设，确保所承担的文化工程和项目按时保质保量完成。

B.20

绽放“黔中首郡”文化与旅游融合发展新魅力

黄 勇 王 前*

摘 要： 思南县为贵州开发最早的县份之一，素有“黔中首郡”之称，文化底蕴深厚，历史文化、民族文化、红色文化等内涵丰富。旅游资源独具特色，素有“百里乌江画廊”之称，集山、水、泉、石林于一体，被评为贵州思南乌江喀斯特国家地质公园。挖掘思南县文化旅游资源，文化旅游业发展潜力巨大。思南县文化旅游业的发展，要顺应乌江经济走廊建设大势，提高文化创意、旅游、信息、休闲养生等服务业要素资源集聚化、组合化、现代化水平，建成乌江经济走廊具有较强辐射带动能力的区域性文化旅游中心。着力建设滨江商务文化旅游带，打造乌江中游商务服务中心、乌江中游文化旅游中心，提升滨江山水城市品质。大力发展文化产业，加快历史文化、民俗文化与旅游产业融合，打造具有思南特色的人文体验项目，加快文化产业园区建设。深入推进旅游产业化，推进山地旅游业特色化品牌化发展，全面塑造国家地质公园旅游形象，优化旅游空间布局，加快旅游产品开发，推进旅游重点项目建设。

关键词： 文化 旅游 融合发展 “黔中首郡”

---

* 黄勇，贵州省社会科学院贵州文化产业发展研究中心执行主任、研究员，中国社会科学院研究生院经济学博士研究生，研究方向为区域经济、产业经济、投资经济、发展经济学；王前，贵州省社会科学院贵州文化产业发展研究中心副主任，研究方向为区域经济、产业经济、文化产业。

一 文化旅游融合发展的基础

（一）文化与旅游资源丰富

思南县因得乌江航运之便，自古商贾云集，经贸繁荣，是乌江中下游地区的商品集散地、经济文化中心，素有“黔东首郡”“乌江明珠”之称。在文化资源方面，思南文化底蕴深厚，特色鲜明，被命名为“中国民间文化艺术之乡”。思南古城古迹颇多，最为著名的是思南文庙，始建于元代，重修建于嘉庆二十年（1807 年），前临乌江，背倚五老峰、占地面积 6000 多平方米、气势恢宏，有大成殿、达成门、崇圣祠等六座建筑。在旅游资源方面，素有集古建筑群、山、水、泉、石林于一体的“乌江画廊”和“乌江喀斯特国家地质公园”之称。县境内神奇瑰丽的乌江山峡、千姿百态的天然溶洞、巧夺天工的石林景观、令人沉醉流连的天然温泉沐浴以及省级风景名胜区白鹭洲、黑河峡、四野屯、郝家湾清代古民居等极具旅游开发价值，已被列入长江三峡库区风光旅游线路和贵州省旅游总规 12 个旅游重点区之一；地热养生资源丰富，被列为“全国温泉开发利用示范区”。思南着力打造“乌江、石林、温泉”三张旅游名片，获得了“思南乌江喀斯特国家地质公园”、“全国温泉开发利用示范区”和“国土资源地质科普基地”三大旅游资源品牌。

（二）文化与旅游产业较快发展

近年来，思南县以乌江为骨架、文化为底蕴、休闲为主题、温泉石林为特色的文化与旅游产业迅速发展，2014 年旅游接待人数在 2010 年基础上实现了翻番、旅游综合收入为 2010 年的 3 倍，文化旅游成为县域发展新亮点。2016 年，全县累计接待游客 800 万人次，实现旅游综合收入 60 亿元，旅游总收入突破 100 亿元。在文化发展与文化产业方面，着力推动公共文化和文化产业同步发展，积极打造乌江文化园，建设电子图书、舞台艺术、知识讲座和影视节目等数字资源库，完善公共文化服务体系，建成22个镇（乡、街道办事处）综合文化站、489个农家书屋、17个农家电子图书室、100余个各类文化广场、27个乡镇实现有线电视覆盖；实施文艺精品工程，设立专项资金奖励扶持原创性歌曲、舞蹈、影视剧等文艺作品；完成乌江博物馆、花灯博物馆、红色教育基地等提质改造，保护修缮府文庙、王爷庙、川主宫、周家盐号、安化古街等一批古建筑；完成了思南县体育场、县体育馆和“环县城乌江两岸15公里健身步道工程”等建设项目，端午龙舟赛、职工篮球比赛等群众体育健身工程扎实推进；“全国先进文化县”申报工作有序推进，2014年全县文化产业增加值实现2.56亿元，占GDP比重达到2.91%，文化产业增加值总量及占GDP比重均列全市第二位，“书香思南”正成为全省县域文化发展的亮点。在旅游业发展方面，成功举办了三届全国舞龙邀请赛，承办了全市第三届旅发大会、第四届旅游业融合与创新论坛等重大活动，先后获得美丽中国·十佳旅游县、全国十佳生态文明城市、最美中国·文化魅力乡村旅游目的地城市、首批中国森林康养基地试点、最美中国魅力休闲之城、思南乌江水利风景区、中国楠木之乡等荣誉。另外，九天温泉城已被评定为国家4A级旅游景区，是贵州重点旅游景区和市场综合体项目，是以5A级标准为目标进行打造的集旅游、休闲、观光、餐饮、疗养、沐浴、康体、会议、文化娱乐、星级酒店、度假别墅等为一体的温泉旅游风景区。近年来，围绕“乌江、石林、温泉、历史文化”四大品牌，思南县高起点推进位于县城乌江二桥至乌江三桥段的沿江文化旅游观光带建设，积极打造了思南古城、思南县城乌江观光段、九天温泉城等重点景区。

（三）文化旅游业发展潜力较大

从思南县的发展来看，当前思南经济社会发展总体上正处于突破发展阶段，发展的潜力点和突破口正在积极酝酿，发展大有可为。一是融入长江的区位战略能级正在跃升。思南综合区位条件较好，地处武陵山经济协作区、黔中经济圈、黔北经济圈、乌江特色产业带、梵净山文化旅游经济圈和乌江流域中游腹地，是乌江中下游地区的商品集散地、经济文化中心，在国家和省大力推动乌江经济走廊建设中必将重焕“黔东首郡”“乌江明珠”的区域战略功能生机。二是立体综合交通优势正在形成。杭瑞、沿榕、铜遵等公路、乌江黄金水道纵贯东西南北，乌江500吨级船舶通航，都匀至黔江、遵义至吉首两条铁路纳入建设规划，毗邻的德江机场即将建设，思南县公路、铁路、水运、航运立体交通正在形成，将缩短与全国各大中城市的时空距离，将思南融入思德印半小时、铜仁一小时、贵阳两小时等经济圈层。三是思南、德江、印江一体化同城化建设加快，将为建设黔东北、铜仁西部地区的区域性中心城市奠定基础，将为思南县文化与旅游业的发展奠定条件。

因此，思南县文化旅游业的发展，要贯彻创新、协调、绿色、开放、共享五大发展理念，守住发展和生态两条底线，围绕市委、市政府构建“两区一走廊”的战略部署，围绕依托乌江黄金水道建设贵州北入长江桥头堡的战略目标，充分发挥思南地处黔北经济圈、武陵山连片开发区域，以及遵义、铜仁两大中心城市中心节点、乌江流域中心地带的区位优势和产业基础，顺应乌江经济走廊建设大势，提高文化创意、旅游、信息、休闲养生等服务业要素资源集聚化、组合化、现代化水平，建设思南乌江印象文化城，建成滨江山水城市，全面建设综合性文化旅游发展大平台，建成乌江经济走廊具有较强辐射带动能力的区域性文化旅游中心。

二　建设滨江商务文化旅游带

依托区域现有资源及产业优势，着力提升商务服务、旅游体验、旅游服务、休闲度假、文化创意等功能，推动生态、文化、旅游、科技融合发展，重点发展商务和文旅产业，形成集高端商务、历史文化、古城文化、康体疗养、温泉开发、娱乐、文化创意、星级酒店、休闲购物、旅游集散、教育培训、高档房地产和生态景观于一体的滨江商务文化旅游带。发展定位为乌江中游商务服务中心、乌江中游文化旅游中心。该商务核心区采取“以商务为主、商业为辅”的发展战略，服务定位于思南县及周边区域。商务核心区遵循“沿轴生长、垂直拓展”的原则，整个区域位于乌江西侧的老城区，结合县级办公区布局，是以商贸办公、酒店餐饮、商业中心、休闲娱乐为主的商务服务中心区、商贸配套功能区，并适当配套布局休闲餐饮等配套功能，以满足商务办公人群日常生活所需。同时，依托乌江山地河谷型城市特征，沿江两岸强化城区的旅游服务中心功能，充分挖掘历史文化，重点发展旅游服务业和文化产业，形成集历史文化、古城文化、康体疗养、温泉开发、娱乐、文化创意、星级酒店、休闲购物、旅游集散、教育培训、高档房地产和生态景观于一体的滨江文化旅游带，突出亲水特征，唱响集“乌江文化”和“十里乌江画廊”于一体的“印象思南”品牌，打造乌江中游文化旅游中心，提升城市的服务功能和休闲功能，构建精神场所，为贵州“文化旅游创新区”建设做出贡献。在乌江三桥附近，建设游客服务中心。努力到2020年建设成乌江中游商务服务中心、乌江中游文化旅游中心。

（一）打造乌江中游商务服务中心

着力提升两岸滨江大道商贸办公、金融、会展、酒店餐饮、商业中心、休闲娱乐、商务中心、商贸配套等服务功能。大力发展电子商务和商务服务等商贸配套和关联产业，优化完善商贸服务业发展体系，促进商贸服务业加快发展。大力发展代理、代办、经纪、拍卖、会计、审计、资产评估、咨询等商贸中介服务业，充分发挥中介市场的媒介和引导作用。大力发展商贸产业产品设计、研发、创新等服务业的同时，积极发展专业化、市场化的科技成果转化服务的科技中介服务机构，围绕当地和周边地区石材、中药材和特色农产品等领域，建设一批产业技术创新联盟，提升思南县服务业发展的核心竞争能力。重点引进培育一批集创意策划、营销策划、媒介代理、信息咨询、品牌整合等为一体的综合服务型广告企业。到2020年，商务服务业为思南服务业集聚区发展提供强有力的支撑。

（二）打造乌江中游文化旅游中心

以“乌江画廊”“十里画廊”“盐市街”品牌为引领，以提升发展思唐古城、康体疗养城、万胜山森林公园、兽王山森林公园、中和夏绿、鹭洲泛月、德江晚渡、雁塔标霞、五老撑云、仁寿秋高、三台积雪、圣岭春耕等旅游景点为支撑，加大10公里河道及两岸亮丽工程建设，大力发展文化创意、文化休闲娱乐业，形成集历史文化、古城文化、康体疗养、温泉开发、休闲娱乐、文化创意、星级酒店、旅游集散、高档文化旅游地产和生态景观于一体的滨江文化旅游产业。把思南县建成贵州省乌江沿江地区滨江文化旅游示范城及铜仁市环梵净山“金三角”文化旅游创新区次中心。重点实施以清理河床淤泥与打造两岸旅游景观为主的河道、河岸治理工程；在乌江三桥附近，建设区域性文化旅游服务中心；打造滨江城市不夜天，加快建设滨江两岸建筑物灯光亮丽工程；加快“两廊、两园、三城、四关、八景”的景观改造，提升滨江文化旅游品质；加快旅游星级宾馆与文化旅游服务中心建设，提高旅游接待能力；依托五星级九天温泉大酒店，在北部规划用地600亩，建设城北温泉城、温泉度假基地，建设酒店、休闲度假村、游览道和一系列水上娱乐设施；努力创建思唐古城文化创意产业园，大力发展文化创意产业，推动文化旅游向高端化发展。

（三）提升滨江山水城市品质

充分利用县城独特的山水人文历史资源，突出滨江特色、文化特色、生态特色，着力提升基础设施水平，提高县城承载能力，完善城市综合功能，推动城市环境的大改善和城市品质的大提升，做美“一江两岸、滨江名城”文章，努力将县城建设成为设施齐全、功能完善、经济活跃、环境优美的乌江生态宜居宜业城市。坚持“整合资源、共创共建”工作思路，重点实施好以道路、交通、水电、环卫、通信、公共厕所、文化旅游、园林景观、历史文化、市场规范等为重点的基础设施建设和“四化”建设（绿化、美化、亮化、净化）。注重历史文化资源保护与开发，加强纪念馆、广场等红色旅游景点的保护，推进乌江沿江风光带建设，打造以对外交通、现代物流、旅游接待、休闲娱乐、生活居住为主体，基础设施完善、山水秀美、文化厚重的黔东北宜居、宜商、宜业、宜游的滨江山水生态休闲城市，提高县城综合承载力和居民生活舒适度。

三　大力发展文化产业

深化文化体制改革，完善文化产业体系和文化市场体系，推动文化事业和文化产业大发展、大繁荣，加快历史文化、民俗文化与旅游产业融合，打造具有思南特色的人文体验项目，建设思南土家民俗博物馆、博物苑，充分展示土家族民俗风情，包括歌舞、服饰、风俗、节庆等方面的表演，提倡游客亲身参与。

（一）大力推进公共文化惠民

加快公共文化基础设施建设。构建公共文化服务网络，完善县、乡、村三级公共文化服务基础设施体系。到2020年，文化馆、图书馆、档案馆达到国家二级馆标准。完成乌江文化健康产业园、乌江演剧院、乌江博物馆、旷继勋纪念馆、乌江图书城、中和书院、思南县武陵山区土家民族文化影视基地、乌江文学艺术中心、思南花灯博物馆、乌江历史文化遗产展示中心、档案展览馆、方志馆、文化艺术展览馆等场馆建设。做好文物古建筑保护修缮工作。依托乡镇综合文化站建设，广泛实施“数字小影院”工程，加大社区文化中心、村级文化活动室建设力度，配置基本设施。到2020年，实现乡镇文化小广场、图书室和公共电子阅览室全覆盖，乡镇文化体育设施条件明显改善。实现综合文化活动室、农民文化家园、农民阅报栏全覆盖。继续实施农村广播电视“村村通”工程，到2020年基本实现户户通。

大力推进城乡文化资源共享。实施以城带乡文化帮扶计划，管好、用好各类公共文化服务设施。县乡各级各类公共文化服务设施和爱国主义教育示范基地向社会免费开放。加快城乡文化一体化发展，增加文化服务总量。深入实施农村公益性电影放映、农村文化大院、农家书屋等文化惠民工程。广泛开展文化进单位、进企业、进农村、进社区、进校园、进医院活动，开办地方民族文化培训班，对全县广大干部职工开展民族文化培训。在全县各中小学开设民族文化课程，每校每周至少要有 1 个课时用于乡土民族文化教育。积极开展文化下乡活动、广场文艺活动、民族民间文艺调演等。

（二）大力繁荣文艺创作

积极培养本土文艺人才。不断提高现有文艺人才的思想理论水平、文化素养和文艺创作水平。大力开展文艺普及，积极培养本土新生文艺力量。以中小学为基地，开展文艺辅导、交流、讲座和评析等多种形式的文艺培训，定期举办各种文艺创作活动，在文艺普及中挖掘、培训培养年轻人才，逐步建立起一支本土文艺骨干队伍，着力打造“乌江文艺作家群”，使其成为文化活动的主力军。对创作热情高、潜力较大的本土文艺人才，为其工作学习生活提供良好条件或破格录用。设立乌江文艺创作基金，建立切实可行的激励机制。

打造乌江地域文艺精品。以精神文明建设“五个一工程”和“乌江文学奖”为主要抓手，充分利用思南特色文化资源，建设乌江、温泉、石林、四野屯、城头盖、荆竹园、郝家湾、思唐古建筑群等原生态摄影基地、音乐创作基地、影视创作基地、文学创作基地、书画创作基地，吸引省内外名家大师到全县创作生产。加强对创作生产的规划引导，加大对特色文化历史题材创作挖掘，结合盐油古道、土司制度演变、号军起义、旷继勋等重大历史、民族、革命题材，认真组织实施影视剧、小说、诗歌、舞台剧、广播剧、歌曲等精品创作工程，大力支持思南土家花灯戏、土家阳戏、傩戏、苗族高台戏、打闹歌、民歌、民间文学、乌江船号、喜文化、摄影、书法、绘画等“原创振兴计划”，努力打造一批精品力作。

（三）大力推进特色文化建设

挖掘传承发展思南优秀传统文化。挖掘思南历史文化遗存，挖掘民族民间歌舞乐等文化遗产，挖掘甩神节、闹丧歌、哭嫁歌等民俗文化传统，挖掘汉、土家、苗、满、蒙等民族长期创造的农耕文化、土司文化、儒佛文化、傩文化、花灯艺术文化中的积极元素，推出更多“思南花灯戏”优秀作品，拓展全省、全国演出市场。挖掘黔东地下党、旷继勋、肖次瞻等红色文化精髓，深入研究思南文化内涵，提炼思南文化精神。

加强文物保护、改善文物利用。加强对思南古籍和历史档案的保护、整理和出版工作。编制实施思南县重要遗址总体保护规划。整合开发各种文化元素，“物化”“活化”各种文化资源，支持历史文化名城、名镇、名街、名村建设，建设一批有特色的博物馆、遗址纪念地和文化园区，重点建设邵家桥古纤道随想文化体验游基地、板桥文化遗产传承基地、塘头土家喜文化刻纸艺术创作基地、长坝石林民俗文化观赏基地。编纂出版一批有影响的出版物，扶持一批有思南民族特色的省级、国家级优秀民族节庆活动品牌，不断推出以思南历史文化资源为题材的优秀作品。

加强非物质文化遗产传承、利用。建设非物质文化遗产保护专题博物馆、传习所，加强代表性传承人命名和保护，加强对民俗活动的研究和传承。改进非物质文化遗产保护方式，利用先进技术，对非物质文化遗产进行可视、动态、立体、数字化的抢救性记录、摄录和保护，加快非物质文化遗产信息化建设。通过公共文化机构、各种媒体和每年的“文化遗产日”等渠道，广泛开展非物质文化遗产普及活动，形成全社会关心重视和支持非物质文化遗产保护工作的良好氛围。

打造乌江文化品牌。编制并实施《乌江文化建设规划纲要》。建设一批展示乌江地域特色和历史文化的文化设施，建设乌江演艺中心、乌江文化会馆等集餐饮、娱乐、演艺为一体的综合性文化活动场所，丰富完善乌江及周边地区文化设施的服务功能。创作生产以乌江文化资源为题材，具有广泛影响的电影、电视剧、纪录片、歌舞、动画片和文学作品。建设以乌江保护开发区为中心的文化旅游产业集聚区，促进全县旅游产品、影视拍摄、演艺娱乐、工艺美术等产业向乌江汇聚。结合影视文化产业建设，兴建乌江传媒外景基地。

（四）大力发展文化产业

确立重大产业发展战略。把文化产业作为打赢脱贫攻坚、实现全面小康的重要着力点，打造以县城为核心，以高速公路、乌江沿线为两带的“一核两带”文化产业增长极。坚持优先发展新兴产业、改造提升传统产业、打造特色产业相结合，加快文化产业结构调整和转型升级。重点发展广播影视、文化旅游、文娱演出、印刷包装、民俗文化等传统产业，加快发展创意设计、数字出版、移动多媒体、网络新媒体等新兴产业。大力发展与信息、旅游、体育、休闲农业等结合紧密的文化产业。加快推进非公有制文化企业发展，吸引更多社会资本进入文化产业领域，参与重大文化项目建设。

加快文化产业园区建设。把园区建设作为文化产业增量发展的重要载体，以园区建设带动招商引资和产业聚集。科学规划园区布局，加快建设一批文化产业园区、文化主题公园、文化遗址公园和文化商业街区。规划建设一批重大文化产业项目，加大文化产业招商引资力度，推动文化产业集聚发展。大力支持民营文化企业发展。培育一批“专、精、新、特”中小文化企业。鼓励全社会特别是高校毕业生创办文化创意产业，从市场准入、工商注册、场地、技术、信贷、税收、项目等方面给予扶持，形成多种所有制共同发展的文化产业格局。

加快推动文化与其他产业融合发展。发挥文化产业优结构、扩消费、增就业、促跨越、可持续的独特优势，推动文化产业与第一、第二、第三产业深度融合发展，延伸文化产业链，增加相关产业的文化附加值。以服饰文化、餐饮文化、休闲文化、健康文化为重点，进一步提升传统服务业和新兴服务业的文化内涵。促进城镇建设与文化建设的结合，在城镇规划建设中更好地融入文化元素，提高城市文化品位。

推动文化资本聚集和科技创新。建立文化企业信用评价指标体系，建立文化投资融资专业公司，积极为文化企业提供服务。强化金融机构对文化产业的支持力度，拓展适合文化产业发展特点的融资方式，逐步扩大文化产业投资基金规模。积极对接争取省内外高等院校支持，健全以企业为主体、市场为导向、产学研相结合的文化技术创新体系，增强文化产业核心竞争力，催生更多具有自主知识产权的创意文化产品。

拓展文化消费市场。加快培育消费主体，丰富文化消费市场，发展大众性文化消费，开发中高端文化消费，培育特色文化消费。适应“互联网+”等新趋势，创新文化商业模式，拓展大众文化消费市场。引导民间资本参与兴建文化活动和消费场所。加强文化消费引导，培养公众文化消费意识，培育文化消费主体，使健康丰富的文化休闲娱乐成为城乡群众的生活方式。创新文化消费经营模式，连锁经营、网点直销、电子商务等经营渠道延伸到基层，在乡镇和村建设一批集购物、娱乐、休闲、餐饮于一体的消费综合体。加强文化市场体系建设，培育文化要素市场，完善文化流通网络。完善文化市场管理，深入开展“扫黄打非”专项行动，确保文化市场健康发展。

四　深入推进旅游产业化

充分发挥思南地处黔东北腹地、水陆物流便利的综合条件和山水文化资源优势，创新旅游产业和现代服务业发展模式，加快全域旅游业发展，千方百计深挖住房、汽车、养老健康等内需潜力，加快商贸流通、现代物流、商贸服务等产业发展，推动服务业创新发展，推进服务业成为县域经济发展新引擎，实现贫困群众和地方财政双脱贫、双致富。

（一）推进山地旅游业特色化品牌化发展

全面塑造国家地质公园旅游形象。坚持把旅游产业化作为跨越发展的最大潜力，以“乌江山水画廊”为骨架、历史文化为底蕴、自然生态为主题、石林地质为特色，做足“石林、温泉、乌江、文化”旅游文章，大力发展全域旅游，开启“旅游+融合”时代，全力推进农旅、文旅、旅游与体育产业、旅游与养生养老等大健康服务业深度融合，奇山、秀水、密林、清泉与历史文化、民族文化、地质科普文化、红色文化、建筑文化交相辉映，乡村旅游与特色旅游同频共振，全方位提升全县旅游品质，打响思南旅游品牌。按照全国一流、全国知名旅游胜地标准，稳步推进、优势优先，突出发展重点，加强旅游资源的整体深度开发，塑造国家地质公园的旅游整体形象。“十三五”期间，实现全县文化旅游产业大突破，到2020年旅游总收入突破50亿元，旅游产业增加值占全县经济总量的比重提高到10%以上。

（二）优化旅游空间布局

加强规划统筹、高端策划和资源整合，推动形成“一心（旅游核心区）四带（乌江画廊风光带、东南部运动休闲带、北部山地度假带、西部乡村旅游带）”全域旅游开发大格局，建立以县城—温泉等景区为核心的旅游大回路，加快形成以县城、石林、温泉、腾龙峡、郝家湾古寨和塘头现代农业园区等景区为重点的思南旅游核心区，打造县内“一小时旅游圈”，融入“张家界至凤凰至铜仁至遵义至贵阳”黄金旅游线路，带动全县旅游产业协同发展。到2020年，5A级景区达到2家（石林、温泉），4A级景区达到8家（腾龙峡休闲度假区、万圣山森林公园、四野自然保护区、白鹭湖国家湿地公园、塘头现代山区水利高效农业示范园、许家坝高山草原生态养殖示范园、张家寨生态茶产业示范园、郝家湾古寨），全面提升思南旅游竞争力，形成全域化、特色化“大旅游”格局，把旅游业发展成为思南县国民经济的重要支柱产业。

（三）加快旅游产品开发

创新旅游发展新模式，根据新的旅游六要素“商、养、学、闲、情、奇”特点，顺应自助自驾游发展趋势，鼓励发展自驾营地、房车营地、探险营地、露营地、度假营地以及智慧景区、智慧城镇等新型旅游项目，提高旅游业服务质量，拓宽客源市场，开发四季游；着力打造“生态游、体验游、民俗游”，力创国家级旅游名镇，培育旅游新业态；将乌江石林文化艺术节和花灯艺术节、舞龙大赛等节庆活动举办成为国内知名品牌。大力开发服装、鞋帽、饰品、玩具等旅游商品。通过构建集群生产平台、多业态销售平台、专业性物流平台和展示中心平台，重点扶持有潜力的旅游商品生产企业，鼓励通过联合、兼并、收购等整合培育大中型规模企业，鼓励社会资本参与旅游商品开发。全面普查旅游商品资源，充分挖掘民族文化，整理开发有价值的民间工艺、民间小吃、民间绝活，加大特色旅游商品研究开发力度，积极开发民族工艺品，重点开发蜡染、扎染、傩戏面具、木雕刻、土家服饰、特色食品和各种手工艺品等具有地方特色并易于推广的旅游品牌产品，充分彰显文化特色。围绕“绿色”“生态”主题，大力发展特色餐饮，形成“思南特色、田园风味、健康美食”的餐饮风格。加强旅游行业管理，加大对宾馆酒店服务人员、导游人员的业务和技能培训，规范服务行为，提升行业管理服务水平，为游客提供优质服务。

（四）推进旅游重点项目建设

围绕塘头夜郎宫旅游项目、石林文化旅游生态文明示范镇建设项目、腾龙峡景区建设项目、万圣山森林公园接待中心项目、白鹭湖主题运动公园综合开发项目、大岩关景观群综合开发项目、白鹭湖水上娱乐城开发项目、乌江水上游乐中心建设项目、兴隆温泉休闲文化村开发项目、四野屯省级风景名胜区旅游开发项目、黑鹅峡民俗文化村旅游开发项目、许家坝镇万塘万亩草场观光农业建设项目、塘头高效示范农业园区农旅一体化观光旅游综合体建设项目、旷继勋纪念馆建设项目、乡村旅游开发项目、石林景区旅游开发与地质遗产保护项目、温泉旅游综合体项目二期工程——温泉酒店建设项目、白鹭湖景区旅游开发项目、旅游商品街建设项目等重点项目，加快推进旅游重点项目建设。

（五）完善旅游基础设施

加快推进全县旅游交通设施建设，形成以县城为中心、链接主要景区、对接快速通道的县域立体旅游路网。以杭瑞、思剑两条高速公路为外联主线，实施县内旅游环线建设项目，推进环白鹭湖旅游公路、石林—温泉、郝家湾古寨等景区公路提级改造，积极推动景区公路建设，完善各景区微循环交通网络，提升景区通达水平。优化提升全县旅游标识牌，推进数字景区建设，完善电力、通信等基础设施，全力突破思南旅游发展硬约束。加快发展旅游地产，打造集观光度假、温泉养生、文化体验、田园养老、人文艺术于一体的旅游度假胜地。

参考文献

贵州省社会科学院课题组：《思南县“十三五”国民经济与社会发展规划研究》，2015。

大 事 记

Memorabilia

B.21 2016年文化产业大事记

王 曼*

2016 年初，贵州省颁布《关于加快构建现代公共文化服务体系的实施意见》，将现代公共文化服务体系建设纳入“建设多彩贵州民族特色文化强省”的中心工作。

1 月，“多彩贵州文化艺术有限公司”正式更名为“多彩贵州文化艺术股份有限公司”，并完成股份制改造，正在推动上市。

1 月 2 日，在举行的 2015 中国会展业年会上，中国（贵州）第一届国际民族民间工艺品文化产品博览会，被誉为特色浓、高水平、国际性的民族民间工艺品和文化产业盛会，获“2015 年中国十佳品牌会展项目”殊荣。

1 月 10 日，“红色圣地 · 醉美遵义”文化产业投资推介会在北京举行，成功签约 18 个文化产业项目，总投资 87.3 亿元。

---

* 王曼，贵州省博物馆研究馆员。

截至当年1月上旬，大型民族歌舞《多彩贵州风》演出已超过3100场。

1月13日，全省宣传部长会议在贵阳召开。

1月17日，贵州年货节暨贵州特色商品（北京）展示交易会在北京开幕。中共中央政治局委员、中央书记处书记、中央办公厅主任栗战书，在省委书记陈敏尔，省委副书记、代省长孙志刚等陪同下，来到贵州年货节现场参观考察。

1月19日，央视“感动中国2015年度人物评选”投票结束，入围《感动中国》的贵阳盲眼女教师刘芳以高票在22位候选人中位列第六。

2月1日起，《贵州省有线广播电视网建设维护管理办法》施行。

3月1日，全国文化改革发展工作负责同志座谈会在贵阳召开。

3月10日，全省文化暨文物工作会议在贵阳召开。省文化厅与省旅游局在会上签订战略合作备忘录。

3月15日，贵州省报送的音乐剧《嘎老》和舞蹈诗《巫卡调恰》成功入选第五届全国少数民族文艺会演，此次会演是由国家民委、文化部、广电总局、北京市人民政府主办的，将于8月中旬和9月中旬在北京举行。

3月17日，《省人民政府办公厅关于打造“黔系列”民族文化产业品牌工作方案》出台。

4月1日，由国家旅游商品研发中心和贵安新区旅游文化产业发展中心共同打造的国家旅游商品研发中心（贵安）联合研发基地在贵安新区马场镇平寨社区正式挂牌成立。

同日，贵州省杂技团首次少数民族风《醉在黔城·多彩绽放》大型杂技专场晚会在贵阳开演。

4月17日，由多彩贵州文化艺术股份有限公司摄制的《中国石桥古法造纸》荣获全球历史最悠久的独立电影节——第49届美国休斯敦国际电影节纪录片最高奖——雷米铂金奖，由黔籍侗族导演欧丑丑编剧执导的电影《侗族大歌》获雷米金奖最佳艺术指导奖、大评审团特别雷米金奖最佳导演奖两项大奖。

5 月 12 日，第十二届中国（深圳）国际文化产业博览交易会在深圳会展中心开幕。当天，多彩贵州文化产业集团与深圳宝安区签约，标志着“多彩贵州非遗村”正式落户宝安区。多彩贵州非遗文化村项目，拟规划面积 1.1 万平方米，建筑面积约 3000 平方米，总投资 3900 万元。

5 月 13 日，“多彩贵州”民族文化博览交易节开幕式暨“多彩贵州非遗村”揭幕仪式在深圳艺立方文化产业园举行，标志着贵深两地共同推动的“多彩贵州非遗村”正式落户深圳。

5 月 16 日，为期 5 天的第十二届中国（深圳）国际文化产业博览交易会落下帷幕。贵州展团收获颇丰，获优秀组织奖、优秀展示奖两个奖项。

6 月 8 日，2016 首届多彩贵州文化艺术节开幕。本次文化艺术节以“多彩文化，共建共享”为主题，分为多彩贵州艺术展演、多彩贵州非遗展示、阳明文化咏诵和长征文化传承四大篇章，通过 6 月至 10 月的持续举办，着力打造文化艺术的盛会、人民群众的节日。

6 月 9 日，由省委宣传部、省文化厅、省教育厅、双龙航空港经济区、多彩贵州文化产业集团有限责任公司联合主办的 2016 多彩贵州非遗展示篇周末聚活动，在多彩贵州文化创意园正式启动。

6 月 21 日，多彩贵州文化艺术股份有限公司在全国中小企业股份转让系统中，挂出公开转让说明书，将于近日正式挂牌新三板。

6 月 22 ~ 24 日，全省文化产业发展推进暨项目观摩会分别在兴义、安顺、贵阳召开。

6 月 26 日，全省脱贫攻坚农业产业化项目银企对接会在贵阳举办。据统计，共有 28 家金融机构和 1000 余家企业参加了此次对接活动，其中 21 家银行业金融机构与农业产业化企业签约农业产业化项目 838 个，签约金额 345.1309 亿元。

7 月 11 日，2016 ~ 2017“中俄媒体交流年”莫斯科·贵州媒体合作暨少儿友好关系缔结仪式在莫斯科市麻雀山国家少年宫举行。

7 月 12 日，“情系多彩贵州——两岸文化联谊行”系列活动在贵阳拉开帷幕，130 多位台湾和大陆的文化艺术界、教育界、新闻界人士出席开幕式。

同日，贵阳朗玛信息技术股份有限公司入榜中国互联网协会、工信部信息中心联合发布的2016年中国互联网企业100强榜单。是贵州省唯一入榜的企业，排名榜单第57位，是国内唯一入选的“互联网+医疗”企业。

7月21日，主题为“构建中国人居环境可持续发展新模式”的中国人居环境国际论坛在兴义举行。

8月1日，第九届中国—东盟教育交流周活动在贵阳举行。

8月2日，由省文化厅、毕节市政府主办的“藏羌彝走廊·彝族文化产业博览会”在大方县开幕。

8月6日，韩国梨花女子大学在多彩贵州文化创意园举行海外实习基地揭牌仪式。

8月12日，“文企贷”集中发放贷款仪式暨座谈交流会在贵阳市举行，贵州黔粹行民族文化发展有限公司等6家文化企业参与了集中发放贷款签约。

8月26日，贵阳观山湖投资（集团）有限公司挂牌成立。注册资本为50亿元。

8月27日，在2016首届多彩贵州文化艺术节“非遗展示篇黎平周末聚”上，贵报传媒文化集团（贵州日报报业集团）与黎平县人民政府签署了《黎平县全域旅游品牌传播推广战略合作协议》，正式开启“侗都黎平·颐养胜地”国际文化旅游品牌的传播活动。

8月28日，全省服务业转型升级银企动员会在贵阳召开，这是省委、省政府加大金融支持实体经济发展的系列重要活动之一。

8月30日，贵州省委十一届七次全会审议通过《中共贵州省委贵州省人民政府关于推动绿色发展建设生态文明的意见》。建议将每年6月18日设立为“贵州生态日”。

9月20日，省委宣传部、省文联、多彩贵州文化产业集团、三品美术馆联合主办的“纪念红军长征胜利八十周年名家书画展”在多彩贵州文化创意园开幕。本次书画展集中展出了王新元、刘云、高步明、阎揆、管峻、张六弢六位书画艺术家以“长征精神”为主题创作的60余幅书画作品。

9月22日，由国家旅游局、国家体育总局、国务院扶贫办、省政府共同主办的“2016国际山地旅游暨户外运动大会”在兴义市万峰林开幕。《国际山地旅游减贫宣言》正式发布。

9月23日，文化部、财政部拉动城乡居民文化消费项目（2015）西部试点地区遵义市汇川区试点工作启动仪式在汇川区行政办公中心举行，国家文化消费西部地区唯一试点项目在贵州正式启动。

9月28日，以“山地公园省　多彩贵州风”为主题的2016中国（贵州）国际民族民间文化旅游产品博览会（简称民博会）在贵安新区举行。

10月，第十一届中国北京国际文化创意产业博览会上传递出消息：贵州文化产业在“中国省市文化产业发展指数（2016）”和“中国文化消费发展指数（2016）”中影响力指数增速名列前茅。

10月，2016首届书法文化艺术节（中国·印江）。印江是贵州省唯一被中国书法家协会授牌的“中国书法之乡”，也是国家文化部授牌的“中国书法艺术之乡”。

10月8日，文化部文化产业司、贵州省委宣传部、贵州省文化厅共同主办的第十三期西部文化产业经营管理人才培训班暨贵州省第三届文化创意产业培训班在贵阳孔学堂举办。

10月9日，贵阳市出台《关于推动文化创新发展的意见》。

10月10日，省政府新闻办公室召开新闻发布会，发布贵州省第一批大生态十大工程包和绿色经济“四型”产业发展引导目录。今年6月，贵州被列入全国首批国家生态文明试验区。

10月14日，《贵州省民营文化产业发展报告》首发。这是贵州省首个专门针对民营文化产业的研究报告和发展年度报告，较为全面地反映了2015年全省各地民营文化产业的发展现状，填补了全省民营文化产业研究方面的文献空白，对推进民营文化产业发展有一定的参考价值和借鉴作用。

10月28日，贵州省京剧《黔人李端棻》（贵州京剧院有限责任公司选送）代表贵州赴陕西参加展演并角逐第十五届文华奖。这是经文化部从参加第十一届中国艺术节全国各地优秀剧（节）目57台演出中遴选出来的。

10月31日，由省委宣传部、省文化厅、遵义市委、遵义市人民政府主办的纪念红军长征胜利80周年主题文艺活动暨多彩贵州文化艺术节在遵义闭幕。

11月10日，多彩贵州文化艺术股份有限公司成功挂牌新三板。

12月22日，贵州省副省长、省文化体制改革和发展工作领导小组副组长何力在黔南州出席2016年全省文化产业项目观摩会并讲话。

S 子库介绍
Sub-Database Introduction

中国经济发展数据库

涵盖宏观经济、农业经济、工业经济、产业经济、财政金融、交通旅游、商业贸易、劳动经济、企业经济、房地产经济、城市经济、区域经济等领域，为用户实时了解经济运行态势、 把握经济发展规律、 洞察经济形势、 做出经济决策提供参考和依据。

中国社会发展数据库

全面整合国内外有关中国社会发展的统计数据、 深度分析报告、 专家解读和热点资讯构建而成的专业学术数据库。涉及宗教、社会、人口、政治、外交、法律、文化、教育、体育、文学艺术、医药卫生、资源环境等多个领域。

中国行业发展数据库

以中国国民经济行业分类为依据，跟踪分析国民经济各行业市场运行状况和政策导向，提供行业发展最前沿的资讯，为用户投资、从业及各种经济决策提供理论基础和实践指导。内容涵盖农业，能源与矿产业，交通运输业，制造业，金融业，房地产业，租赁和商务服务业，科学研究，环境和公共设施管理，居民服务业，教育，卫生和社会保障，文化、体育和娱乐业等 100 余个行业。

中国区域发展数据库

对特定区域内的经济、社会、文化、法治、资源环境等领域的现状与发展情况进行分析和预测。涵盖中部、西部、东北、西北等地区，长三角、珠三角、黄三角、京津冀、环渤海、合肥经济圈、长株潭城市群、关中—天水经济区、海峡经济区等区域经济体和城市圈，北京、上海、浙江、河南、陕西等 34 个省份及中国台湾地区 。

中国文化传媒数据库

包括文化事业、文化产业、宗教、群众文化、图书馆事业、博物馆事业、档案事业、语言文字、文学、历史地理、新闻传播、广播电视、出版事业、艺术、电影、娱乐等多个子库。

世界经济与国际关系数据库

以皮书系列中涉及世界经济与国际关系的研究成果为基础，全面整合国内外有关世界经济与国际关系的统计数据、深度分析报告、专家解读和热点资讯构建而成的专业学术数据库。包括世界经济、国际政治、世界文化与科技、全球性问题、国际组织与国际法、区域研究等多个子库。

法 律 声 明